2020 全球玉米种业及产业发展报告

2020 GLOBAL CORN SEED INDUSTRY AND
INDUSTRY DEVELOPMENT REPORT

国家玉米产业技术体系
中关村国科现代农业产业科技创新研究院　组织编写
北京种业协会

中国农业科学技术出版社

图书在版编目（CIP）数据

2020全球玉米种业及产业发展报告/国家玉米产业技术体系，中关村国科现代农业产业科技创新研究院，北京种业协会组织编写. -- 北京：中国农业科学技术出版社，2021.9

ISBN 978-7-5116-5336-9

Ⅰ.① 2… Ⅱ.①国… ②中… ③北… Ⅲ.①玉米—农业产业—产业发展—研究报告—世界— 2020 Ⅳ.① F316.11

中国版本图书馆 CIP 数据核字（2021）第 109163 号

责任编辑	于建慧
责任校对	贾海霞
责任印制	姜义伟　王思文

出 版 者	中国农业科学技术出版社
	北京市中关村南大街 12 号　邮编：100081
电　　话	（010）82109708（编辑室）（010）82109702（发行部）
	（010）82109709（读者服务部）
传　　真	（010）82106650
网　　址	http://www.castp.cn
经 销 者	各地新华书店
印 刷 者	北京印刷集团有限责任公司
开　　本	210mm×285mm　1/16
印　　张	12.5
字　　数	282 千字
版　　次	2021 年 9 月第 1 版　2021 年 9 月第 1 次印刷
定　　价	298.00 元

━━◁ 版权所有·侵权必究 ▷━━

《2020 全球玉米种业及产业发展报告》编写委员会

组织编写 　国家玉米产业技术体系
　　　　　　　中关村国科现代农业产业科技创新研究院
　　　　　　　北京种业协会

主　　编 　李新海　　田冰川　　侯云鹏

副 主 编 　张蕙杰　　仇焕广　　刘景圣　　屠　焰　　路　明
　　　　　　　李军民　　屈　平　　谭　城　　张成尧

编写人员（按姓氏笔画排序）

马恩泽	王　超	卢　实	卢　猛	田　丰
朴泯宇	毕研亮	刘　茜	刘回民	刘美宏
刘博浩	齐世杰	李九月	吴玉柱	张　琪
张　鑫	张昊雪	张春桃	赵城彬	赵静娟
胡凤明	郭晓盼	麻吉亮	董欣楠	潘　菲
薛树媛	魏志雪			

参加单位　　中国农业科学院作物科学研究所

中国农业科学院生物技术研究所

中国农业科学院农业信息研究所

中国农业科学院饲料研究所

中国农业科学院农业经济与发展研究所

中国人民大学农业与农村发展学院

北京市农林科学院农业信息与经济研究所

吉林农业大学

吉林省农业科学院玉米研究所

内蒙古自治区农牧业科学院

中国种子协会玉米分会

北京种业协会

北京金色农华种业科技股份有限公司

北京屯玉种业有限责任公司

北京宝丰种子有限公司

中关村国科现代农业产业科技创新研究院

前 言
PREFACE

玉米是全球第一大作物，其籽粒营养丰富、综合利用率高，被称作"饲料之王"，也是重要的工业原料。近年来，在育种创新水平显著提高、加工业快速发展、消费需求不断升级和国际贸易形势趋于复杂等因素叠加影响下，不仅传统玉米产业链上的养殖、化工、发酵、食品等产业发展势头迅猛，医疗、健康等高附加值产业也有了玉米的身影，带来了巨大的经济效益和社会效益。可以说，玉米产业发展的一举一动，能在多行业引发连锁效应，甚至可以影响经济发展格局，因而一直备受行业关注。

我国作为农业大国，党中央、国务院始终高度重视农业发展，不断加大投入、完善农业支持政策以稳定粮食生产。2020年起，在全球新冠肺炎疫情愈加复杂、国际交往受限和经济全球化受阻的大环境下，我国提出要加快构建以国内大循环为主、国内国际双循环相互促进的新发展格局，这对我国粮食安全和重要农产品有效供给提出了更高的要求。玉米是我国种植面积和产量最大的作物，在全球产业链供应链参与度极高，做好玉米产业形势分析与预测十分重要。2020年4月，北京市发布《北京现代种业发展三年行动计划（2020—2022年）》，其中，将玉米作为12大重点发展物种之一，强调要利用好首都科技创新资源集聚的优势，发挥玉米科技创新引领作用，促进北京玉米种业高质量发展。2020年10月，第二十八届北京种业大会——首届中国玉米种业及产业链大会隆重举行，会上发布了《2020全球玉米种业及产业发展报告》，引发社会广泛关注。

《2020全球玉米种业及产业发展报告》由国家玉米产业技术体系、中关村国科现代农业产业科技创新研究院和北京种业协会共同完成，来自中国农业科学院、中国人民大学、吉林农业大学、北京市农林科学院、吉林省农业科学院、内蒙古自治区农牧科学院、北京金色农华种业和中关村国科现代农业产业科技创新研究院的多位业内高水平专家共同参与编写。报告立足国内，放眼全球，涵盖近年来全球及中国玉米生产、种业、消费、价格与贸易、科技创新、加工和政策等产业链各环节内容，同时分析玉米产业存在的问题，并对未来五年全球及中国玉米产业发展进行展望，是近年来我国在玉米领域内容最全面的一份产业研究报告。报告分为引言、全球玉米种业及产业发展现状、中国玉米种业及产业发展现状、近期中国玉米种业及产业发展展望与建议

（2021—2025年）四部分，共十七章。报告数据主要来自联合国粮农组织（FAO）和美国农业部（USDA）等，以及中国统计部门公开发布的统计数据和农业部门市场监测数据，也包括相关研究机构多年积累的实地调研数据。引言部分由路明撰写；第一章、第八章由李新海、路明撰写；第二章、第九章由李新海、赵静娟、李军民撰写；第三章、第十章由屠焰、张鑫撰写；第四章、第十一章由张蕙杰、仇焕广撰写；第五章、第十二章由屠焰、薛树媛、张鑫撰写；第六章、第十三章由刘景圣撰写；第七章、第十四章由仇焕广撰写；第十五章至十七章由编写组专家共同撰写。中国农业科学院作物科学研究所、中国农业科学院农业经济与发展研究所、中国种子协会玉米分会、北京屯玉种业有限责任公司、北京宝丰种子有限公司对本报告作出了贡献。中关村国科现代农业产业科技创新研究院和北京种业协会在报告全文统稿与修改、会商研讨组织等方面做了大量具体而细致的工作，为顺利完成该报告提供了有力保障。

本报告得到北京市农业农村局和北京市财政局的大力支持。在此表示感谢。

编写《2020全球玉米种业及产业报告》是一项具有难度和突破性的工作，幸运的是，编写过程中多方献计献策、团结协作、沟通顺畅，高效高质量地将第一本玉米全行业发展报告呈现在大家面前。但在报告中难免会出现一些疏漏与不足，恳请业内同行多提宝贵意见，我们将在今后不断完善提高。我们真切地希望，读者能从报告中获益。

本书编写组
二〇二一年七月

目录 CONTENTS

引 言
Introduction ·· 1

一、玉米是全球第一大作物 ·· 2

二、玉米是保障全球粮食安全的重要基石 ·· 2

三、玉米是提升人类营养健康的重要支撑 ·· 4

四、玉米是促进全球加工经济发展的重要原料 ·· 4

五、玉米是全球粮食贸易的重要驱动力 ·· 6

第一篇　全球玉米种业及产业发展现状
Chapter 1　The Development of the Global Corn seed ················ 9

第一章　全球玉米生产情况 ·· 11

一、全球玉米种植区域分布 ·· 11

二、全球玉米产量分析 ·· 12

三、全球玉米单产分析 ·· 13

四、玉米生产影响因素分析 ·· 15

第二章　全球玉米种业情况 ·· 38

一、近五年全球玉米育种科技创新情况 ·· 18

二、全球玉米种业发展特点 ·· 23

第三章　全球玉米消费情况 ·· 39

一、全球玉米消费概述 ·· 39

二、不同消费用途情况分析 ·· 40

三、全球玉米替代品消费情况分析 ·· 43
　　四、世界玉米消费影响因素分析 ·· 47

第四章　全球玉米贸易与价格分析 ··· 49
　　一、全球玉米价格分析 ·· 49
　　二、全球玉米贸易分析 ·· 54

第五章　全球饲料产业情况 ·· 58
　　一、全球饲料产业概况 ·· 58
　　二、不同畜禽饲料产量情况 ··· 59
　　三、全球主要饲料企业情况 ··· 61

第六章　全球玉米加工情况 ·· 66
　　一、全球玉米加工产业发展概况 ·· 66
　　二、全球玉米食品加工情况 ··· 66
　　三、全球玉米深加工情况 ·· 68

第七章　全球主要国家玉米产业政策 ·· 73
　　一、美国 ·· 73
　　二、巴西 ·· 76
　　三、欧盟 ·· 77

第二篇　中国玉米种业及产业发展现状
Chapter 2　Development of the China Corn sector ······································· 79

第八章　中国玉米生产情况 ·· 81
　　一、中国玉米种植区域分布 ··· 81
　　二、中国玉米产量分析 ·· 83
　　三、中国玉米单产分析 ·· 85
　　四、玉米生产影响因素分析 ··· 86

第九章　中国玉米种业情况 ·· 91
　　一、中国玉米种业创新情况 ··· 91
　　二、中国玉米种业情况 ·· 101

第十章　中国玉米消费情况 ·· 119
　　一、中国玉米消费概况 ·· 119

二、不同消费用途情况分析 ·· 120

　　三、玉米替代品消费情况分析 ·· 125

　　四、中国玉米消费影响因素分析 ··· 127

第十一章　中国玉米贸易与价格分析 ·· 129

　　一、中国玉米价格分析 ··· 129

　　二、中国玉米贸易分析 ··· 136

第十二章　中国饲料产业情况 ·· 140

　　一、中国饲料产量概况 ··· 140

　　二、不同饲料种类产量情况 ·· 141

　　三、不同畜禽饲料产量情况 ·· 143

　　四、中国饲料生产情况 ··· 145

　　五、中国饲料企业情况 ··· 148

第十三章　中国玉米加工产业情况 ··· 151

　　一、中国玉米加工产业概况 ·· 151

　　二、中国玉米食品加工情况 ·· 151

　　三、中国玉米深加工情况 ·· 152

第十四章　中国玉米产业政策 ·· 161

　　一、生产支持政策 ··· 161

　　二、流通、贸易政策 ·· 163

　　三、种质资源保护及进出口政策 ··· 166

第三篇　近期中国玉米种业及产业发展展望与建议（2021—2025 年）
Chapter 3　Prospects and Suggestions for the Development of China's Corn sector (2021−2025) ·· 167

第十五章　中国玉米产业发展存在的问题 ·· 169

　　一、玉米生产领域 ··· 169

　　二、玉米种业领域 ··· 170

　　三、玉米消费领域 ··· 172

　　四、玉米加工领域 ··· 172

　　五、玉米贸易领域 ··· 173

第十六章 中国玉米产业发展展望 ······ 174
- 一、玉米生产展望 ······ 174
- 二、玉米种业展望 ······ 176
- 三、玉米消费展望 ······ 177
- 四、玉米价格展望 ······ 178
- 五、玉米加工展望 ······ 179
- 六、玉米贸易展望 ······ 179

第十七章 中国玉米产业发展建议 ······ 181
- 一、玉米生产发展建议 ······ 181
- 二、玉米消费市场建议 ······ 182
- 三、玉米种业创新发展建议 ······ 182
- 四、玉米加工业发展建议 ······ 183
- 五、玉米产业政策发展建议 ······ 184

图表索引 ······ 185

引 言
INTRODUCTION

玉米（Zea mays L.）是禾本科一年生草本植物，俗称苞谷、苞米棒子、玉蜀黍、珍珠米等。玉米历史悠久，栽培历史距今已有 4 500 ~ 5 000 年，原产地是墨西哥或中美洲，1494 年，哥伦布把玉米带回西班牙后，逐渐传至世界各地。

一、玉米是全球第一大作物

在全球主要作物中，玉米因用途广、种植简单等优势，种植面积迅速扩大，由 1961 年的 10 556 万公顷扩大到 2019 年的 19 722 万公顷，增长幅度 86.82%，2007 年，超越水稻，成为种植面积仅次于小麦的第二大作物（图 1）；随着玉米遗传改良的科技进步，单产水平快速提高，由 1961 年的 1.94 吨/公顷提高到 2019 年的 5.82 吨/公顷，增长幅度 199.82%，单产位居首位，是水稻、小麦和大豆的 1.25 倍、1.64 倍和 2.1 倍（图 2）；总产量由 1961 年的 20 503 万吨提高到 2019 年的 114 849 万吨，增长幅度 486.16%，2001 年超过水稻，成为世界第一大作物，到 2019 年，总产量是水稻、小麦和大豆的 1.52 倍、1.5 倍和 3.44 倍（图 3）。玉米作为重要的粮、经、饲作物，在世界农业经济中占有重要的战略地位。

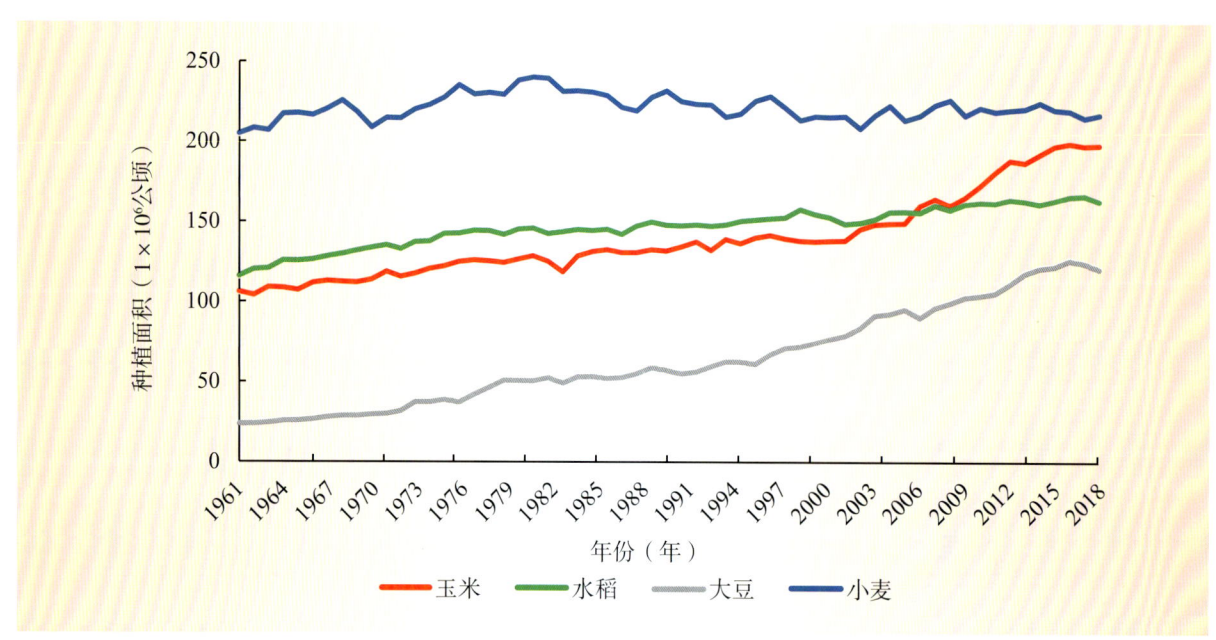

图 1　1961—2019 年世界主要作物种植面积

（数据来源：联合国粮农组织，FAO）

二、玉米是保障全球粮食安全的重要基石

玉米这种古老的作物滋养了璀璨的玛雅文明，几乎成了玛雅农业文明的支柱。因其适应性广、生长周期短、产量高等优势传播到世界各地，很大程度上解决了全球人口迅速增长所带来的

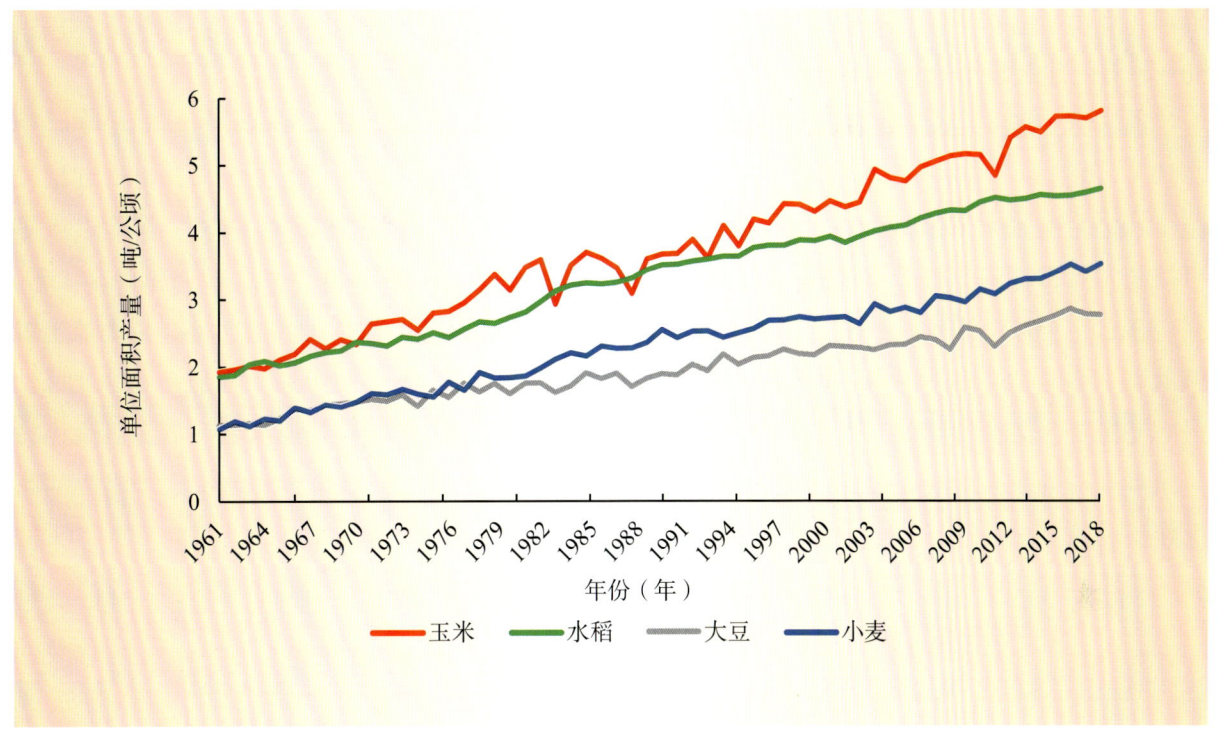

图2　1961—2019年世界主要作物单产

（数据来源：联合国粮农组织，FAO）

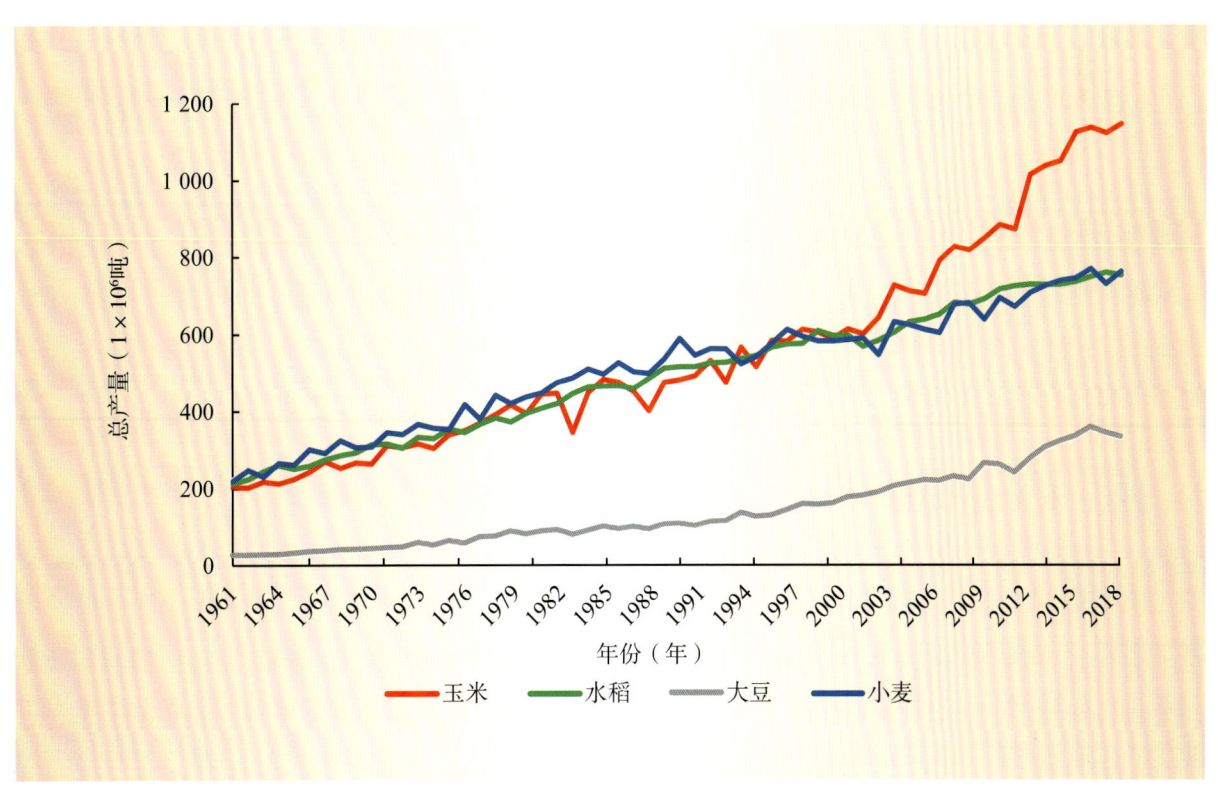

图3　1961—2019年世界主要作物总产量

（数据来源：联合国粮农组织，FAO）

负担。现今全世界约有 1/3 的人以玉米籽粒作为主要食粮，其中，亚洲人的食物组成中玉米约占 50%，有的地区甚至达 90% 以上，非洲占 25%，拉丁美洲占 40%。

近年来，全球人口数量持续增加，2011 年突破 70 亿。联合国发布的《世界人口展望 2019》，预测到 2030 年全球人口将达到 85 亿，2050 年将达 97 亿，到 21 世纪末，将持续增长至 110 亿左右。未来 30 年人口增长最快的国家中有许多是最不发达国家，减贫、消除饥饿等可持续发展目标将面临严重挑战。联合国粮农组织（FAO）《2020 年世界粮食安全和营养状况》报告显示，全球饥饿人口数量自 2014 年起一直呈缓慢增加趋势，据估计，有近 6.9 亿人处于饥饿状态，占总人口的 8.9%。世界上大多数食物不足人口依然集中在亚洲，人数多达 3.81 亿，另有超过 2.5 亿食物不足人口生活在非洲，且数量增长速度快于世界其他区域。消除饥饿仍将是全球面对的重要任务，而作为世界第一大粮食作物的玉米一直并将继续在解决人类吃饭问题上作出巨大贡献。

三、玉米是提升人类营养健康的重要支撑

玉米籽粒中含有丰富的淀粉、蛋白质、脂肪、维生素等，是饲用价值较高的农作物。玉米的供给数量和质量是畜牧业赖以发展的重要基础，纵观世界上一些畜牧业发达的国家，大都位于玉米集中产区。从籽粒来看，玉米是家畜、家禽的上等精饲料，对提高猪肉、牛乳和蛋类产品的产量和品质有显著作用；从茎叶来看，玉米含有丰富的维生素，青贮秸秆是牛的高能饲料；从加工副产品看，玉米加工生产的胚、麸皮、浆液等副产品也是重要的饲料资源，提供的饲料价值与其他谷物相比有明显优势，被称作"饲料之王"。

饲料消费近年来一直呈刚性增长，2019/2020 年度饲用玉米消费量 7.06 亿吨，约占全球玉米消费总量的 62%，近 10 年来，饲用需求的年复合增速为 3.6%，极大提高了肉蛋奶的产出。以我国为例，近年来，肉蛋奶消费呈增长趋势，尤其是肉蛋增长最为迅速，2019 年较 2013 年分别提高 14.94% 和 30.49%（图 4）。玉米在提升畜牧产品质量，加快畜牧业发展，支撑人类营养健康等方面发挥着重要作用。

四、玉米是促进全球加工经济发展的重要原料

玉米是重要的工业原料，其综合利用率可达 99%，远高于其他作物，近几十年来，世界玉米加工工业发展迅速，是玉米增值的重要方式。玉米初加工和深加工产品有 200～300 种，而且初加工产品和副产品可作为基础原料进一步利用，在食品、化工、发酵、医药、纺织、造纸等工业生产中制造种类繁多的产品（图 5）。

玉米籽粒淀粉含量高，是深加工转变成变性淀粉、高糖糖浆、食用油、燃料乙醇等产物的原材料。在食品领域，一是用来生产淀粉，世界上大部分淀粉由玉米生产，2019 年，中国淀粉产

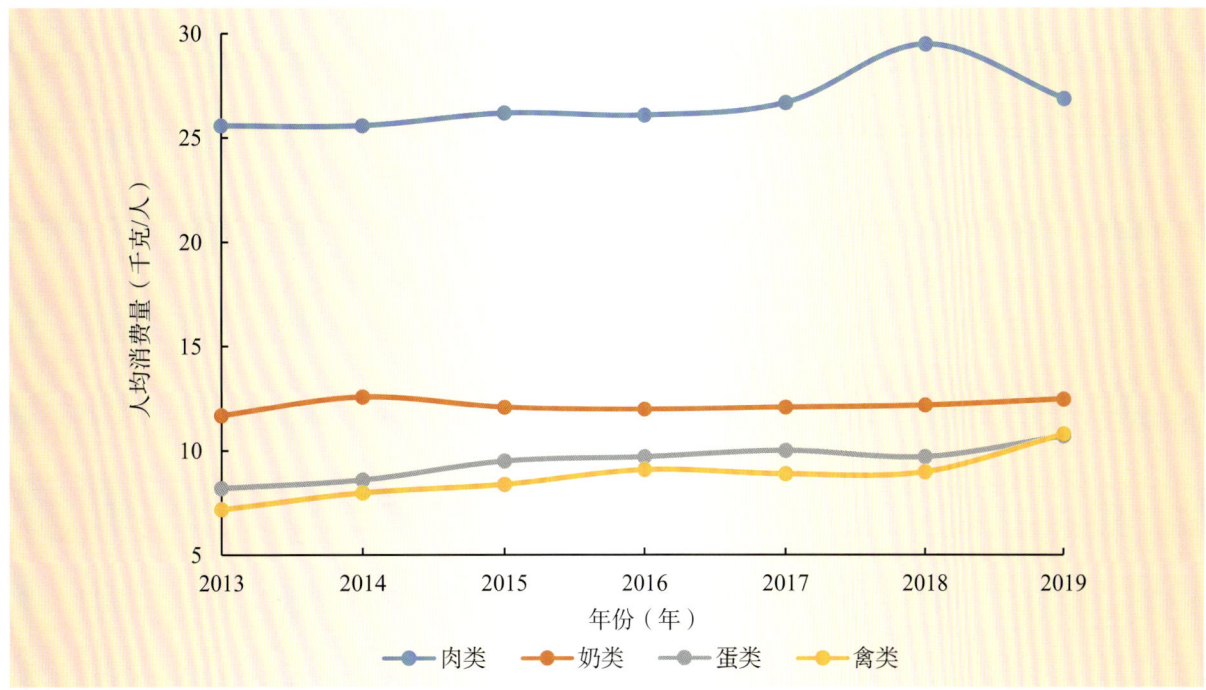

图4 近年来我国人均肉蛋奶消费量

（数据来源：国家统计局）

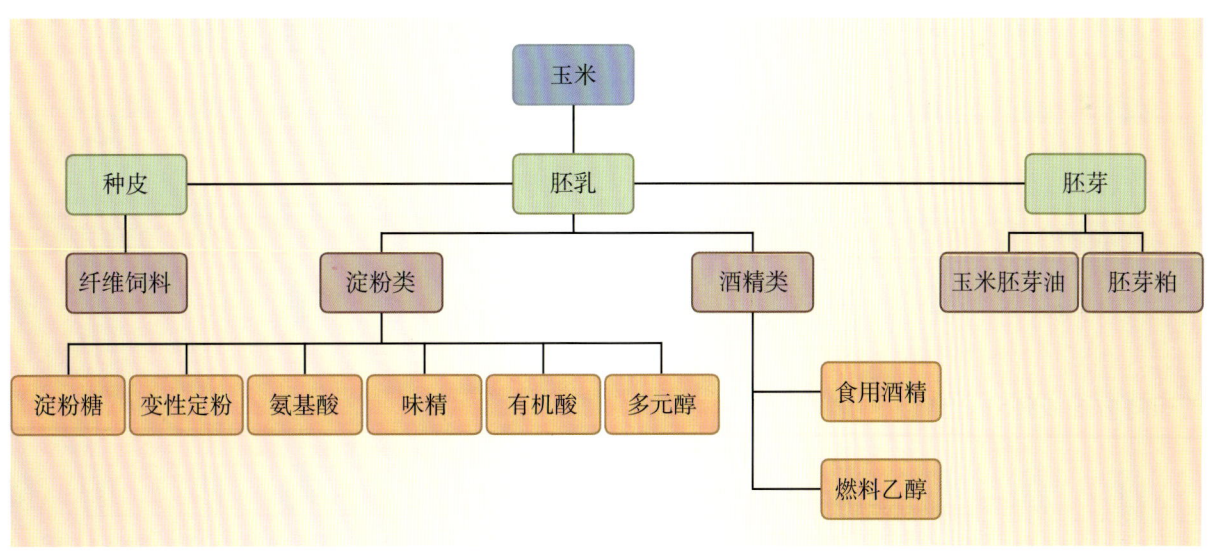

图5 玉米深加工种类

量3 213.4万吨，玉米淀粉产量达3 097.4万吨，占淀粉总产量的96.4%[①]；二是可作为制糖原料，随着科技发展，以玉米为原料的制糖工业正在兴起，未来有很大的发展潜力；三是可作为食用

---

① 数据来源：中国淀粉协会。

油原料，玉米油富含维生素E，含较低饱和脂肪酸，被称作"健康营养油"，随着人们对健康膳食愈加重视，玉米油逐渐开始受到追捧。在能源领域，利用玉米可生产出纯度超过99.5%的无水乙醇，将它与汽油以适合比例混合，能使汽油更加充分燃烧，改善大气环境，据统计，2019年，全球燃料乙醇产量达到8 672万吨，66个国家（地区）推广使用乙醇汽油，年消费乙醇汽油约6亿吨，占全球汽油消费总量的六成左右，美国和巴西燃料乙醇的年产量和消费量位列世界前两位，占世界总量的80%以上，美国约有40%玉米用于生产燃料乙醇[①]。

五、玉米是全球粮食贸易的重要驱动力

玉米是重要的国际贸易农产品。1961年以来，随着全球玉米生产的发展和消费需求的不断增长，玉米国际贸易量呈持续稳步上升趋势，进口量由1961年的1 425万吨提高到2019年的18 178万吨，增长幅度1 175.23%，2019年，超过小麦，占当年谷物进口总量的38.9%（图6）；出口量由1961年的1 400万吨提高到2019年的18 375万吨，增长幅度1 212.65%，2019年超过小麦，占当年谷物进口总量的39.26%（图7）。美国是全球第一大玉米出口国，2019年出口4 156万吨，占全球出口总量的22.62%。目前，我国每年进口玉米配额是720万吨，从2016年开始，乌克兰成为我国主要玉米进口国，美国进口玉米所占比重逐渐降低，在中美贸易战中，掌握了贸易的主动权。

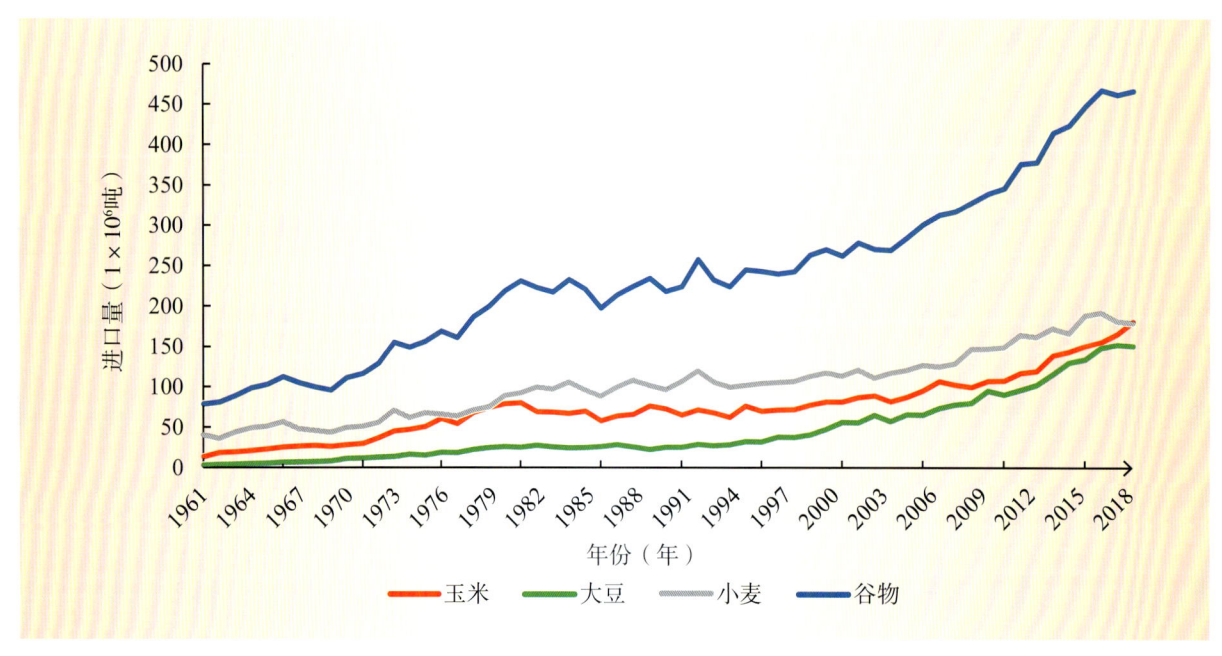

图6　1961—2019年世界谷物及主要作物进口量

（数据来源：联合国粮农组织，FAO）

---

① 数据来源：美国可再生能源协会（RFA）。

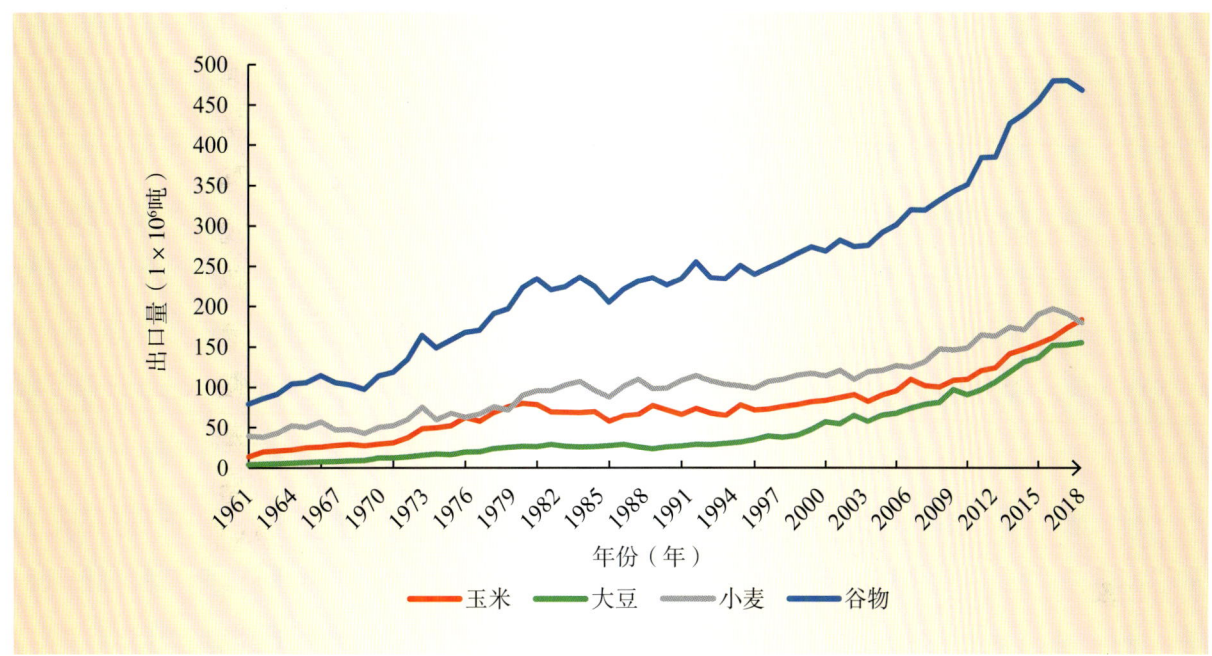

图7 1961—2019年世界谷物及主要作物出口量

（数据来源：联合国粮农组织，FAO）

第一篇

全球玉米种业及产业发展现状

CHAPTER 1
THE DEVELOPMENT OF THE GLOBAL CORN SEED

第一章
全球玉米生产情况

一、全球玉米种植区域分布

玉米是世界上种植最广泛的作物之一，在全球170余个国家和地区均有种植。从地理位置和气候条件看，世界玉米集中产区主要分布在北半球温暖地区，例如，美国、中国等，播种期在4—6月，收获期在9—10月，以北美洲种植面积最大，亚洲、欧洲、非洲和拉丁美洲次之（图8）。

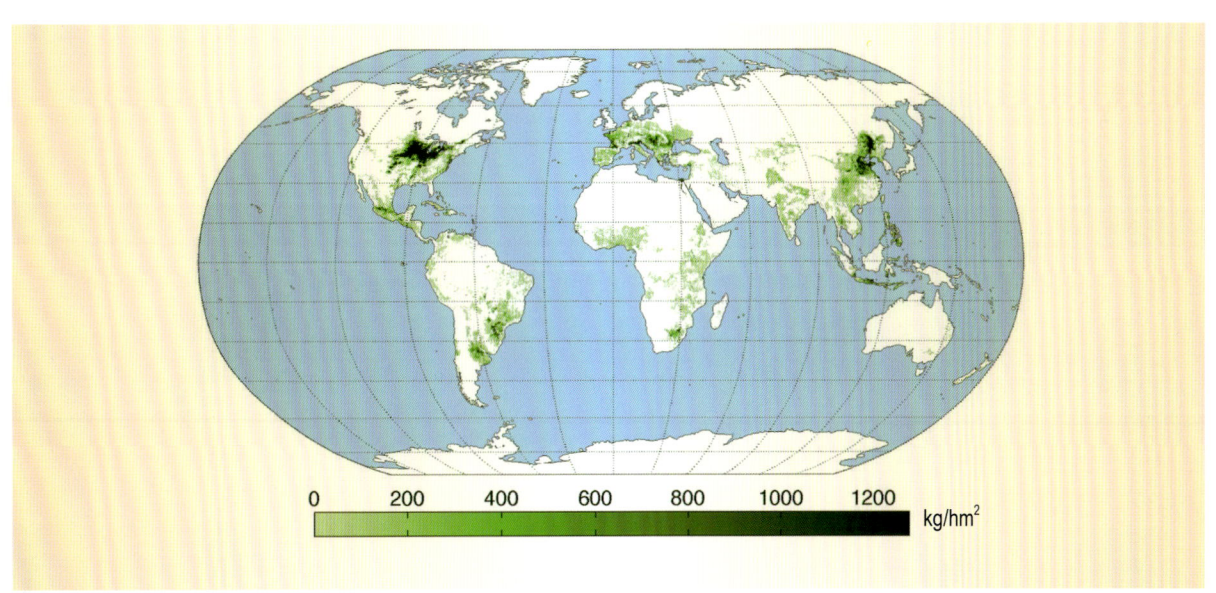

图8 全球玉米生产分布概况

（资料来源：https://decolonialatlas.wordpress.com/2016/10/09/agricultural-maps-of-the-world/）

据联合国粮农组织（FAO）统计，近40年，全球玉米种植面积从1979年12 368万公顷增加到2019年1 972万公顷，增长幅度达59.45%（图9）。2019年，全球玉米种植面积排名前五位的国家分别为中国、美国、巴西、印度、阿根廷（图10），约占全球种植面积的54.77%。

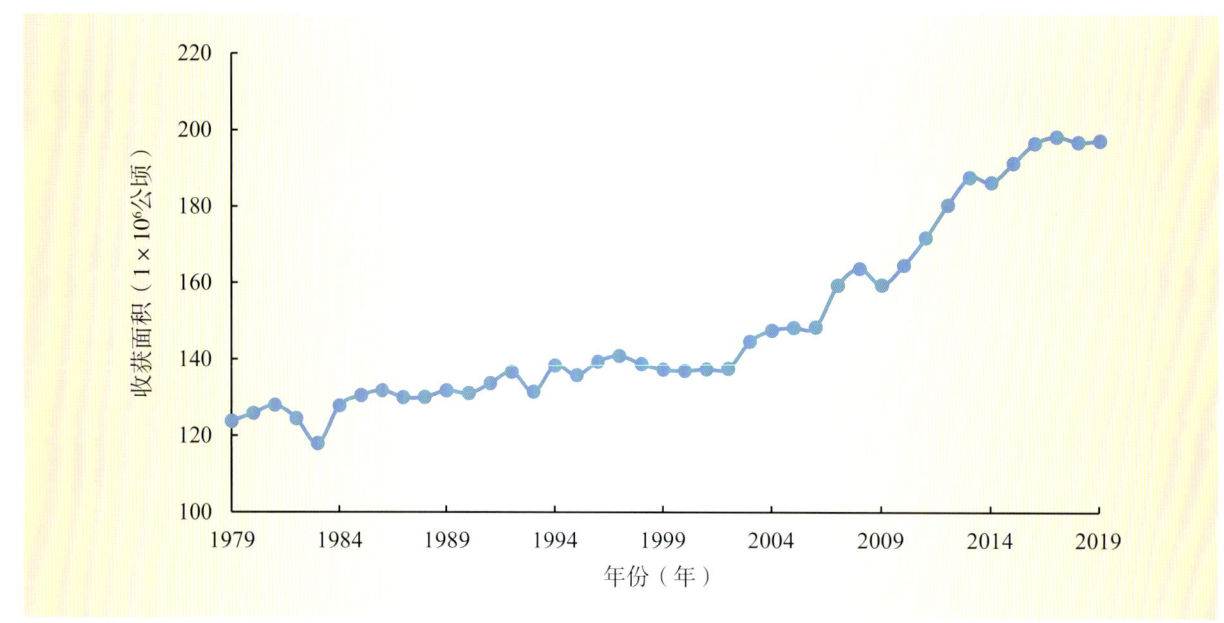

图9　1979—2019年全球玉米收获面积图

（数据来源：联合国粮农组织，FAO）

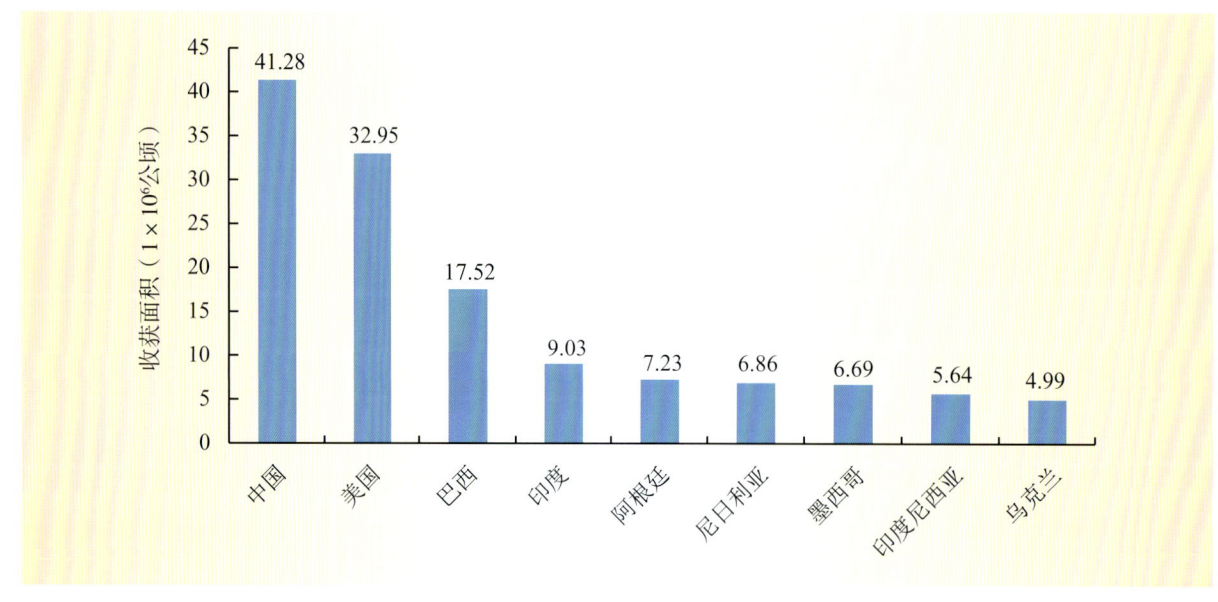

图10　2019年全球主要国家玉米收获面积概况

（数据来源：联合国粮农组织，FAO）

二、全球玉米产量分析

近年来，全球玉米年均总产量约11.4亿吨，占全球粮食总量的30%～35%。据FAO统计，2011—2019年，全球玉米总产量从88 703万吨增加到114 849万吨，增长幅度达29.47%（图11）。全球范围内玉米生产集中度较高，2019年，玉米产量位于前列的国家（地区）分别是美国、中国、巴西、阿根廷、乌克兰等，其中，美国和中国的产量超过世界总产量的一半，占比52.9%，分别为3.47亿吨和2.61亿吨（图12）。

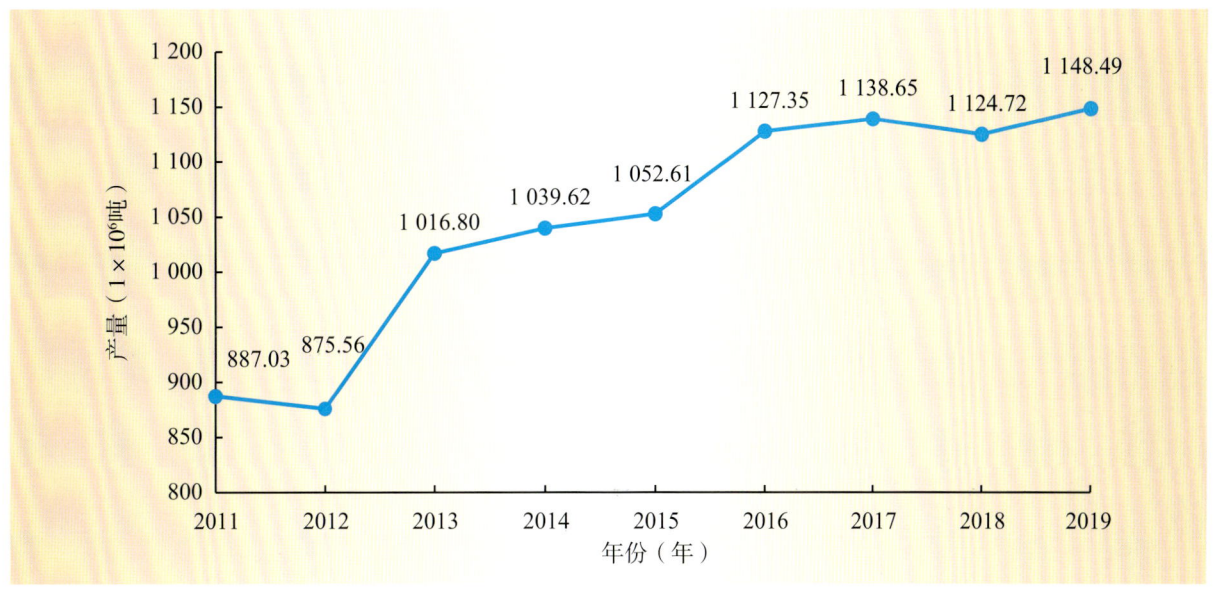

图11　2011—2019年全球玉米产量

（数据来源：联合国粮农组织，FAO）

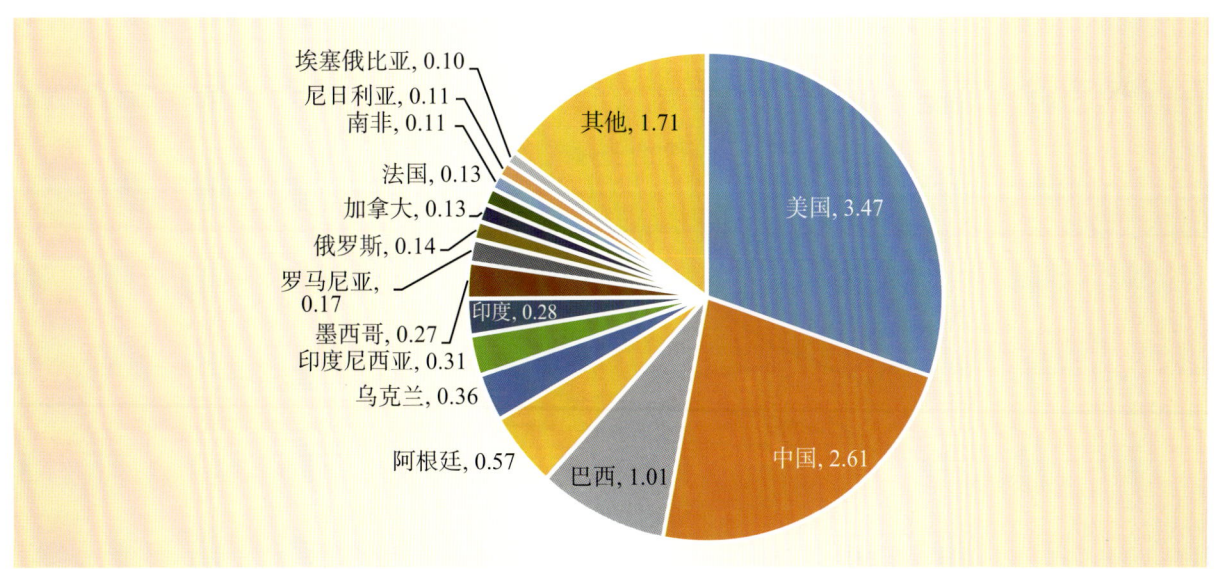

图12　2019年世界主要生产国玉米产量（单位：亿吨）

（数据来源：联合国粮农组织，FAO）

三、全球玉米单产分析

全球玉米生产的发展主要体现在种植面积扩大和单产水平提高。自2011年以来，全球玉米单产从 5.16 吨 / 公顷提高到 2019 年的 5.82 吨 / 公顷，年均增长率 1.52%（图 13）。2019 年全球玉米单产水平排名前列的国家（地区）包括美国、欧盟、阿根廷、乌克兰、中国等（图 14）。

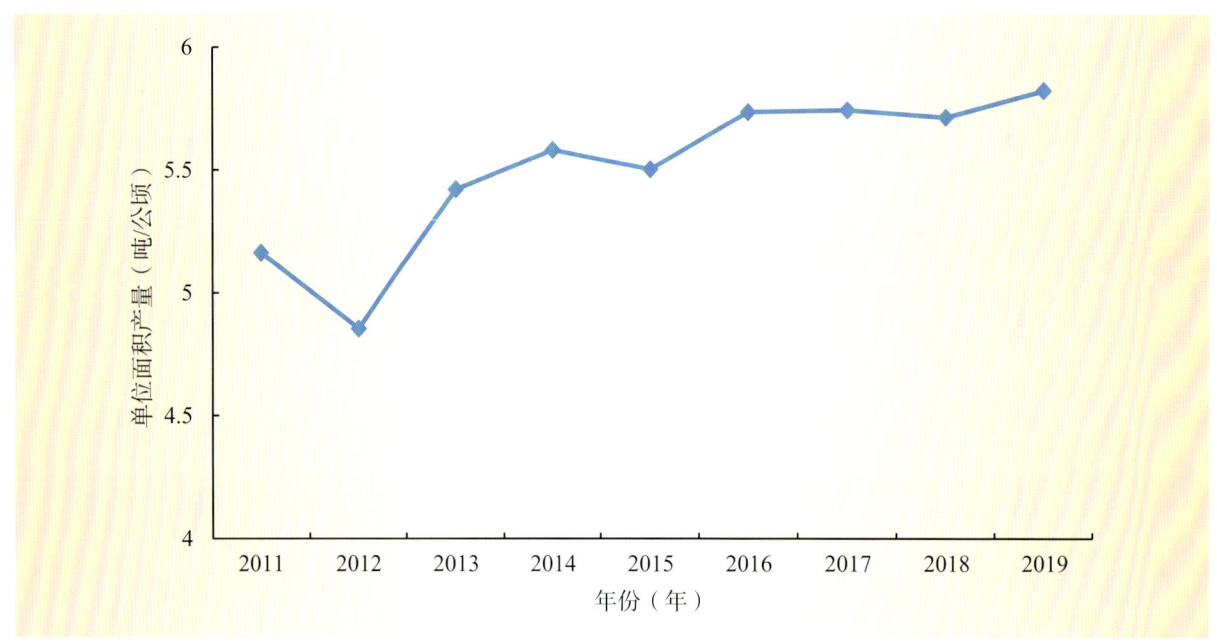

图 13　2011—2019 年全球玉米单产

（数据来源：联合国粮农组织，FAO）

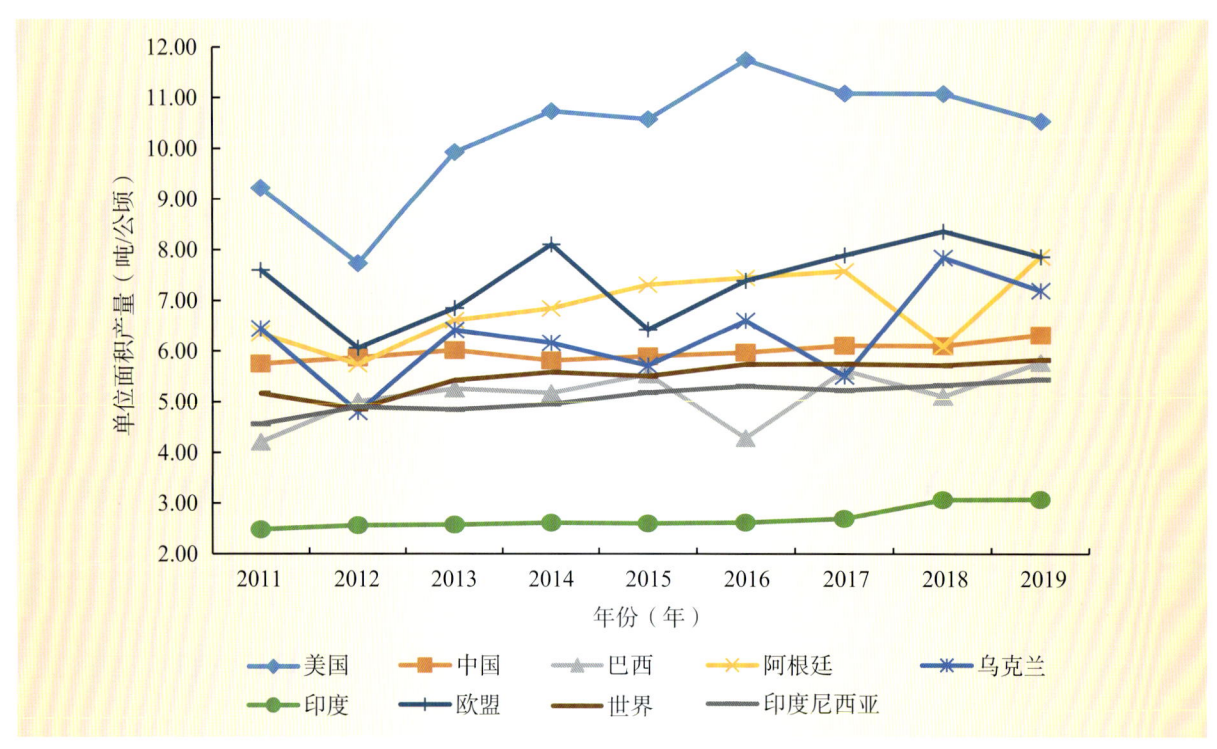

图 14　2011—2019 年全球主要国家玉米单产变化

（数据来源：联合国粮农组织，FAO）

美国是世界玉米单产水平最高的国家，2011年以来，单产水平持续增加，年均增长率1.68%，2016年达到最高的11.74吨/公顷，约为全球平均水平的2倍。

四、玉米生产影响因素分析

从全球来看，影响玉米生产的主要因素包括耕地数量与质量、生长季节温度与无霜期长短、品种和种子质量、生物逆境、非生物逆境、水资源、农药化肥资源利用、机械化水平等。

（一）气候

世界主要玉米生产国基本处于北半球温暖地区，最适宜种植玉米的地区有拉丁美洲的美国，欧洲的多瑙河流域诸国，亚洲的中国华北平原、东北平原和西南丘陵地区。这些地区雨热同季、无霜期长，自然条件有利于玉米生长发育，但全球气候极端变化加剧玉米生产形势的严峻性。据统计，气温每升高1℃，虫害就会造成农作物减产10%～25%。根据世界气象组织（WMO）统计，2019年，全球平均温度较工业化前高出1.1℃，注意防治病虫害的大面积发生。

（二）资源

1. 土地资源

玉米种植面积需求增长与耕地面积减少成为现阶段国际玉米生产面对的主要矛盾。人口增加、城市化进程加快致使耕地面积增速趋缓（图15），人均耕地面积呈递减趋势的国家占比达到85.7%。

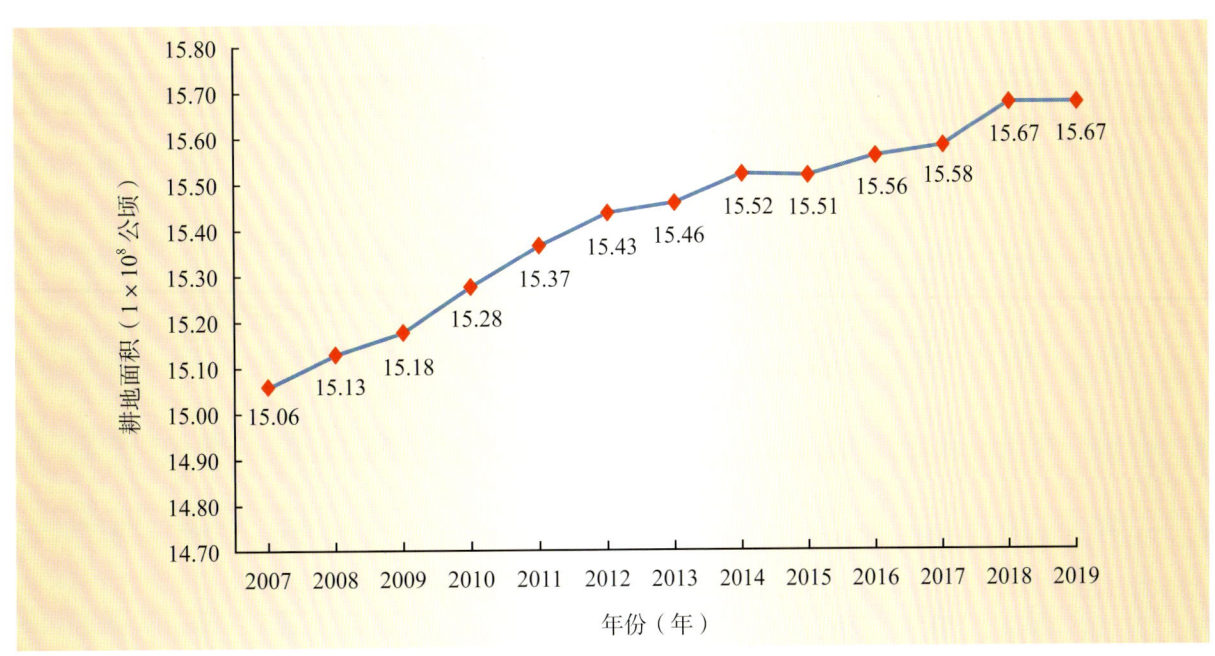

图15　2007—2019年世界耕地面积变化

（数据来源：联合国粮农组织，FAO）

2. 水资源

全球水资源匮乏是玉米生产的重要限制因素。农业需水量随着灌溉面积的扩大而迅速增加，全球淡水总量仅为 0.36 亿立方千米，能够直接利用的江河、湖泊仅占淡水总量的 0.3%。气候变化导致干旱愈加持久频繁，雨养农业水资源不足问题日趋严峻。联合国粮农组织（FAO）发布的《2020 年粮食及农业状况》显示，过去 20 年，年人均淡水可供量减少了 20% 以上。

（三）化学物质

1. 生产投入品

化肥和农药在促进增产增收的同时，也带来环境污染。近年来，全球氮肥施用量稳中有降，平均施用量为 70 千克/公顷，亚洲国家施用量远高于欧美等农业发达国家（图16）。杀虫剂等农药在经历了快速增长后，2011 年以来使用量在逐渐趋向稳定减少（图17）。目前，玉米生产由粗放发展模式向绿色高效发展模式转变的需求也更加迫切。

2. 种衣剂

种子质量是种子产业的核心，种子加工是提高种子商品化、促进种子市场流通的基本技术措施。目前，全球种子处理正朝向绿色、高效、多元、高新等方向发展，新农药活性成分如氯虫苯甲酰胺加入种衣剂的阵营，多元复配的种衣剂，诸如杀菌剂与杀菌剂的三元复配成为趋势，新型助剂的采用推动种衣剂剂型和品质提升，微囊技术、纳米技术、生物技术开始应用于种衣剂，提高种衣剂的活性、持效性、安全性和抗逆性。在高水平种子加工机械与种子处理技术的支持下，商品种子的精加工率达到 100%。

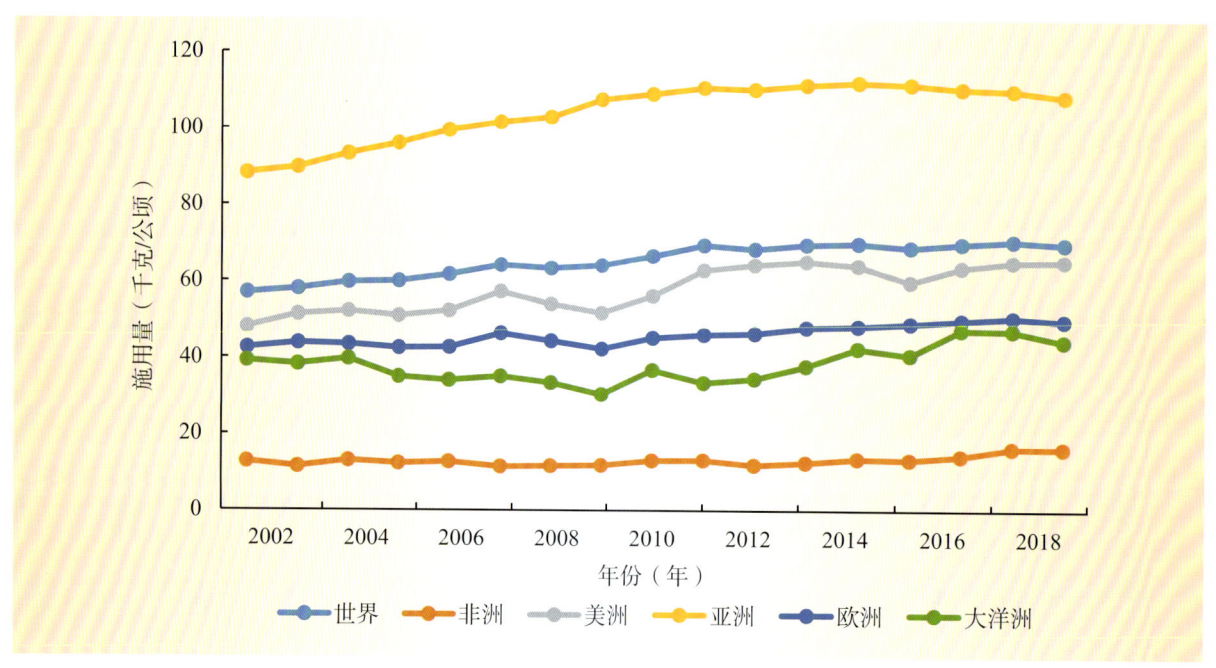

图 16　世界各洲际氮肥施用量年份间变化

（数据来源：联合国粮农组织，FAO）

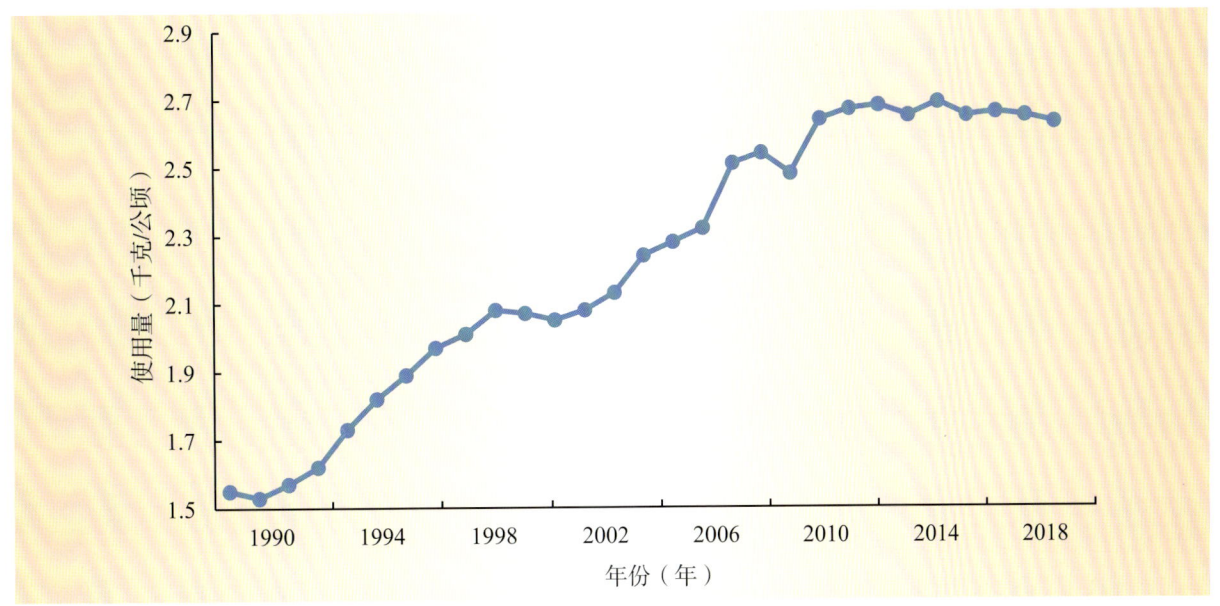

图 17　1990—2018 年世界杀虫剂使用量变化

（数据来源：联合国粮农组织，FAO）

（四）逆境

1. 生物逆境

病虫草害是影响玉米产量的主要生物逆境。病害主要包括玉米丝黑穗病、大斑病、小斑病、茎腐病、穗腐病、粗缩病、矮花叶病毒病、锈病等，造成全球玉米生产每年平均损失 9.4%。虫害主要包括地老虎、蛴螬、金针虫、蝼蛄等地下害虫，玉米蚜虫、叶螨等刺吸式害虫，蝗虫、玉米螟、双斑萤叶甲、草地贪叶蛾等食叶（果穗）害虫，每年导致平均减产 5%～10%；此外，全球每年因草害造成玉米减产约 14%。

2. 非生物逆境

影响玉米产量的非生物逆境主要包括干旱、涝害、低温冷害、高温热害、风雹灾害等，其中，干旱对玉米威胁最严重，特别是大喇叭口期至抽雄期若发生干旱，可造成严重减产。全球干旱区域主要分布在非洲北部、非洲西南部、美国西南部、南美洲西部、中亚南部、西亚、南亚西北部、澳洲中部等，每年因干旱造成玉米减产 10%～15%，例如 2012 年美国遭受半个多世纪以来最严重旱灾，55% 的地区处于旱灾状态，近 2/3 的农作物种植地区干旱，导致全美玉米直接减产 12% 以上。

（五）生产技术

机械化水平程度是促进玉米产业快速发展的有效途径。欧美玉米生产机械播种基本达到 100%，大多数是机械单粒播种，种子纯度≥98%、发芽率≥95%、发芽势≥90%、净度≥99%。玉米生长期间利用无人飞机喷洒农药防治病虫草害，收获期直接进行籽粒收获、秸秆还田（打捆）以及灭茬深松联合作业。

本部分主要完成人：李新海，路明

第二章
全球玉米种业情况

一、近五年全球玉米育种科技创新情况

(一) 全球玉米基础研究进展分析

近年来，随着生物组学、合成生物学等前沿学科的快速发展，高通量基因型和表型鉴定技术与分析方法研究不断深入，在玉米重要性状形成的关键功能基因及分子机理研究上不断取得突破，为开展玉米分子育种奠定了重要基础。

1. 玉米基因组数据持续增长

2017年，基于第三代测序技术公布了新一版B73参考基因组，解决了玉米基因组中大量重复序列，提供了前所未有的精度。随着测序技术的更新迭代和测序成本降低，玉米测序基因组数据持续增长，包括CML247、PH207、Mo17、mexicana以及4个欧洲硬粒型玉米DK105、EP1、F7和PE0075。除此之外，在MaizeGDB数据库中还公布了B104以及25个NAM群体亲本的基因组数据，这些基因组信息将极大促进玉米遗传多样性、遗传变异和表型变异的关联和遗传改良研究。伴随着玉米基因组信息释放，至今已完成玉米第三代单倍型图谱构建，包含约8 300万多态性位点，丰富了群体基因组变异信息。基因组学发展的同时促进了玉米突变体库的完善，近年来，已构建最大规模的玉米EMS突变体库并对玉米Mu突变体库进行了扩充，首次将CRISPR/Cas9系统用于玉米靶向突变体库创制，为CRISPR/Cas9系统在解析复杂数量性状以及在复杂基因组作物中的应用提供了重要思路。此外，发现异常染色体Ab10含有系列特异性的马达蛋白，使得Ab10染色体可以绕过孟德尔定律传递超过50%以上遗传信息给后代，这是玉米细胞学研究的重大发现。

2. 重要性状的遗传解析更加深入

近年来，一批涉及产量、抗病和耐非生物胁迫的功能基因先后被克隆，深入揭示了相关性状形成的分子基础。通过连锁定位群体或关联分析群体挖掘了一批产量构成因子关键基因，如穗

行数基因 *FEA2*、粒重基因 *ZmINCW1*、籽粒大小基因 *Zma-miR164e*。同时，利用突变体研究或基于同源基因克隆方法，鉴定出籽粒发育相关基因，如 *o11*、*dek15* 等。株型性状直接影响玉米耐密程度、植株截光能力和光合利用率，揭示了 *YABBY* 基因 *drooping leaf1* 和 *drooping leaf2* 调控玉米的叶片结构。在非生物胁迫方面，克隆了苗期抗旱基因 *ZmVPP1*、耐盐渍基因 *ZmHAK4* 等，为揭示玉米响应非生物胁迫的分子机制提供了重要依据；在生物胁迫研究方面，精细定位 *ZmCCoAOMT2* 基因，该基因参与了木质素生成，能赋予玉米抗多种真菌疾病的能力；在养分高效利用方面，理想根系构型以及根系、根际和根层养分过程及其互作机制成为新的研究热点，相继克隆了氮磷利用相关基因，如 *miRNA528*、*ZmNLP5*、*PILNCR1-miRNA399*、钾离子转运基因 *ZmHAK5* 和 *ZmHAK1* 等。近年来，发现在低氮条件下携带显性雄不育基因 *Ms44* 能够提高产量以及自噬运输途径过程受损的突变体氮素再利用能力，为玉米养分高效育种提供了新的思路和切入点。固氮微生物与禾本科植物之间的互利共生作用十分罕见，目前已有研究报道一种固氮玉米，其气生根分泌的大量凝胶状物质或黏液形成了固氮的关键组成部分。固氮资源的发现对未来玉米养分高效利用具有重大的潜在价值。

（二）全球玉米育种技术进展

1. 杂种优势群利用与种质改良

在美国商业化育种中，为简化种质资源分类，以 BSSS 群为核心，划为母本群（SS 群），其余类群的自交系均归为父本群（NSS 群）。在育种过程中，坚持群内循环选系，群间组配杂交种；围绕杂种优势利用，通过种质扩增，将阿根廷种质 Maiz Amargo（苦玉米）的耐密植性状，包括根系强壮、茎秆坚硬、抗虫等引入，实现了 SS 种质扩增、改良与创新；把 Iodent 种质引入 NSS 群，提高了杂交种的籽粒灌浆和脱水速度，降低了玉米收获时含水量；Maiz Amargo 和 Iodent 种质的利用，克服了根系、茎秆、密植和灌浆、脱水等一系列机收障碍，满足了玉米机械化收获对新种质的需要。

2. 转基因与基因编辑技术

当前，国际上种植的转基因玉米性状主要有两类，一是抗虫或耐除草剂，二是两者的聚合性状。截至目前，共有 238 个玉米转化体在国际农业生物技术应用服务组织（ISAAA）官网登记。2018 年，种植转基因玉米 5 890 万公顷，比 1996 年的 30 万公顷增加 5 860 万公顷，增长 195 倍（图 18）。此外，一些新型性状的转基因玉米正在全球范围内开始种植。2006 年，美国批准了首例改良营养的转基因玉米"LY038"种植。随着生物技术发展，多基因叠加多性状复合的转基因玉米不断涌现。基因编辑技术可以在基因组水平上对 DNA 序列进行定点改造，因此在基因功能研究和植物遗传改良等方面具有重大的应用价值。基因编辑经历了 3 代技术变革：第一代为锌指核酸酶（ZFNs）、第二代为类转录激活因子效应物核酸酶（TALENs）、第三代为成簇规律间隔的短回文重复序列（CRISPR/Cas9）。目前，基因编辑技术主要应用于产量、品质、抗性、育性等遗传改良，已成功创制出高产糯玉米等新品种并实现产业化。

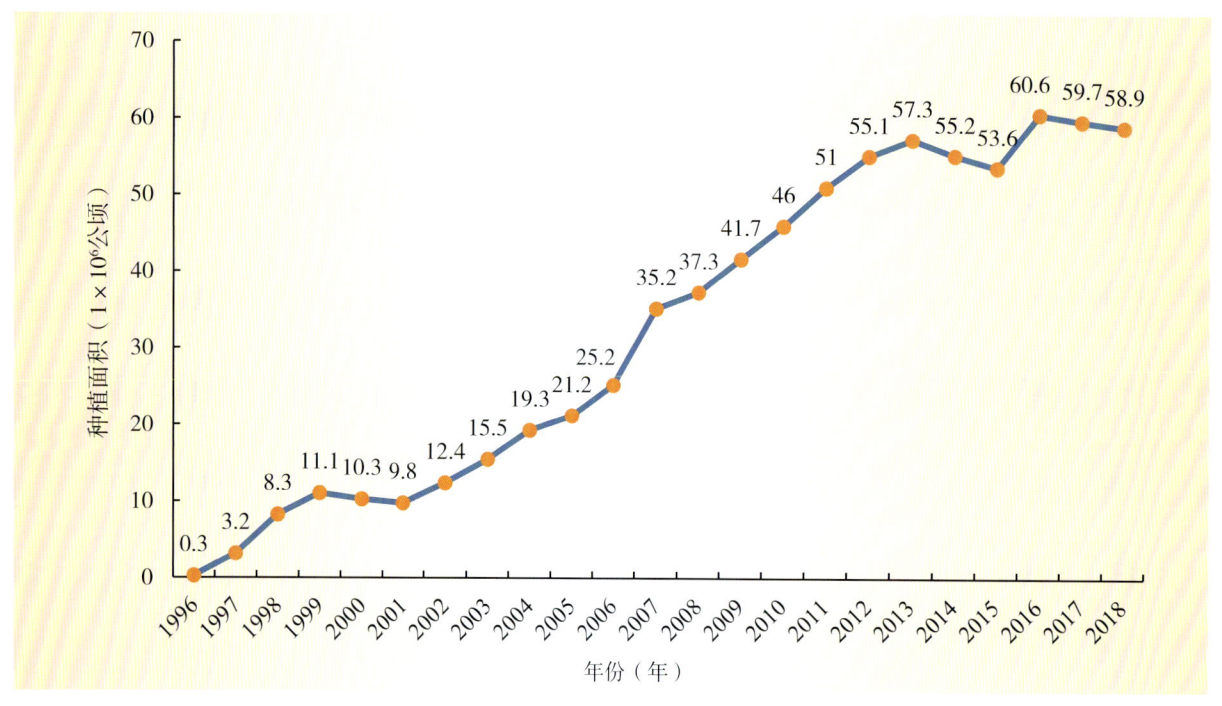

图 18　全球转基因玉米种植面积

（数据来源：《2018 年全球生物技术 / 转基因作物商业化发展态势》）

3. 玉米分子标记和全基因组选择

随着玉米基因组测序的完成、高密度遗传图谱和物理图谱的构建，分子标记技术在育种中得到广泛应用，特别是以 SNP 为代表的第三代分子标记技术迅速发展，已应用于全基因组选择领域（GS）。针对玉米全基因组选择模型预测时面临群体更替、复杂多变的外界环境、普遍存在的基因型与环境互作等问题，除增加高密度分子标记以及增加训练和育种群体规模外，还明确了预测模型中引入的标记效应，特别是主效基因相关标记（包括功能标记）以及全基因组关联分析所揭示的性状—标记关联信息能够提高预测的准确性，同时预测模型中包含的基因型与环境互作效应、非加性遗传，多组学（代谢组学、转录组学等）信息也能够提高玉米 GS 的准确度。此外，玉米单倍体育种技术有了新的突破，先后克隆验证了单倍体诱导基因，提高了单倍体诱导效率，建立了单倍体技术和全基因组选择技术相结合的高效育种体系。

4. 工程化雄性不育制种技术

近年来，美国先锋公司创制了一种新型制种技术即不育系杂交制种（Seed Production Technology，SPT），成功解决了细胞核雄性不育系的保持问题，并攻克了雄性不育种子的自动化分拣，突破了传统细胞质雄性不育制种的局限。其原理是利用分子生物学技术在 SPT 盒中加入紧密连锁的致死基因、育性恢复基因和红色荧光基因，构建表达载体，通过遗传转化将其转入到细胞核雄性不育纯系，使其育性恢复，自交产生 1∶1 的不育系种子（不含转基因）和保持系种子（红色荧光种子）。不育系的种子可用于杂交种生产，而红色荧光种子作为保持系，实现了一系两用。目前，SPT 制种已经在美国实现了商业化应用。

（三）全球主要玉米科技研发机构

1. 高校和科研院所

（1）康奈尔大学（Cornell University） 位于美国纽约州伊萨卡，是玉米遗传研究发源地。1919—1931年，该大学著名遗传学家、诺贝尔奖得主Babara Mcclintock首次在玉米中发现转座子。近年来，Edward S. Buckler教授将数量遗传学、统计遗传学与基因组学和生物信息学方法相结合，开创了植物领域的全基因组关联分析研究，其理论及所开发的计算软件已成功应用于各种农作物，提高了对作物复杂性状调控的认识，并有效将优异的遗传变异应用于作物改良。构建的由25个玉米家系组成的巢式关联群体，在复杂性状的遗传结构解析中作出重大贡献。

（2）加州大学戴维斯分校（Universtiy of California, Davis） 该大学生物科学学院Jeffrey Ross-Ibarra教授致力于玉米及其远缘种群体进化研究，揭示出有害等位基因的不完全显性对玉米表型变异和杂种优势的影响。此外，与Wisconsin大学Madision分校John F. Doebley教授合作，对玉米遗传驯化如何影响作物性状分化以及如何改变群体结构进行剖析。

（3）冷泉港实验室（The Cold Spring Harbor Laboratory, CSHL） 该实验室Doreen Ware教授是美国国家科学基金会资助的Gramene项目首席研究员，致力于玉米基因组序列的进化及其对农业生产改良的影响，通过单分子测序技术完成了不同玉米自交系基因组的组装。

（4）爱荷华州立大学（Iowa State University） 该大学Patrick S. Schnable教授作为第一个玉米参考基因组B73基因组序列的发布者，在玉米遗传学和基因组学研究中取得重要进展。Thomas Lübberstedt教授在玉米双单倍体育种技术创新中取了系列进展。

（5）密苏里大学哥伦比亚分校（University of Missouri, Columbia） 该大学James A. Birchler教授结合基因组学和细胞生物学，开发了用于观察玉米单条染色体的标记探针，为分析染色体重排和互作关系提供了研究方法。此外，创制出早花小玉米自交系（Fast-Flowering Mini-Maize），从播种到种子收获仅需要60天，显著缩短了生育周期，为玉米生物学研究提供了便利。

（6）国际玉米小麦改良中心 成立于1966年，总部设在墨西哥，是国际农业研究磋商组织（CGIAR）下属16个国际农业研究中心之一，是非营利的国际农业研究和培训机构，主要从事全球玉米资源收集、保护和发放，在热带种质资源利用与群体改良方面卓有建数，针对发展中国家的玉米产业发展提供技术、资源和品种释放。

（7）斯坦福大学（Stanford University） 该大学的Virginia Walbot教授多年来一直从事玉米雄性不育和减数分裂机理的研究。2012年，在Science上发文揭示了低氧可以触发玉米减数分裂。最近，再次在Science发文利用单细胞RNA测序重塑了玉米雄性细胞进入减数分裂的过程。

（8）明尼苏达大学（University of Minnesota） 该校Nathan Springer教授主要从事玉米表观遗传研究，并主导了玉米自交系W22的测序工作。其团队通过对DNA甲基化程度与其染色质开放性研究，为鉴定玉米功能基因和调控元件提供了参考。该校Candice Hirsch教授主导了PH207的测序工作，并利用全基因组和转录组测序解析玉米基因组转座子插入等变异功能，为玉米泛基因组研究提供了思路。

（9）威斯康星大学麦迪逊分校（University of Wisconsin-Madison） 该校的著名学者 John F. Doebley 院士是玉米驯化遗传机制研究的权威和开创人，发现了玉米由野生祖先驯化过程影响分蘖作用的关键基因 teosinte branch1。中国农业大学的田丰教授与其合作，利用玉米和大刍草远缘杂交，挖掘了影响叶夹角和花期多个重要基因。另外，该校的 Shawn Kaeppler 和 Natalia De Leon 在玉米基因型与环境互作方面进行了大量研究。

（10）乔治亚大学（University of Georgia） 该校的 Jeffrey Bennetzen 院士是禾谷类作物比较基因组学研究的先驱，对解析禾谷类作物进化过程中基因组及染色体的变化过程作出了重要贡献。另一位学者 Kelly Dawe 教授团队利用单细胞 RNA 测序，发现玉米中存在一条异常染色体 10（Abnormal chromosome 10，Ab10），在减数分裂过程中，其遗传给后代的概率为 75%，而并非孟德尔遗传定律认为的 50%，主导了 25 个巢式关联群体亲本的测序工作，为玉米泛基因组研究打下基础。

2. 种业企业

（1）原孟山都种业集团　2017 年数据显示，美国孟山都公司是全球第一大种业公司，包括传统育种、农业生物技术、作物保护、生物制剂以及数据科学等技术平台，在 67 个国家（地区）设有分支机构，共 404 个办公场所，在全球转基因生物育种和基因知识产权方面处于领先地位。2001 年 3 月，孟山都公司与中国种子集团公司合资成立"中种迪卡种子有限公司"（中方为大股东），开始在中国推广迪卡品牌的杂交玉米种子。2018 年 6 月 7 日，被美国拜耳公司宣布完成收购。

（2）原杜邦先锋种业公司　2017 年数据显示，杜邦先锋公司是全球第二大种业公司，是世界 500 强企业美国杜邦公司旗下的全资子公司，在全球建立了 126 个育种站、200 多个研究试验中心、1 000 多个育种基地、80 多个种子加工厂、9 个质量控制中心，其客户遍及全球 100 多个国家（地区）。成立于 1926 年，是世界上最早的玉米种业公司，总部设在美国艾奥瓦州，是全球玉米商业化育种实力最雄厚的研发集团，创制的系列自交系和杂交种为全球玉米种业发展作出了重大贡献。2019 年，杜邦先锋、陶氏益农等资产合并重组后，组建科迪华集团，专注于农业科技。

（3）原先正达种业公司　2017 年数据显示，先正达种业公司是全球第三大种业公司，业务遍及全球 90 个国家（地区）。2000 年 11 月 13 日，阿斯特拉捷利康的农化业务——捷利康农化公司以及诺华的作物保护和种子业务分别从原公司中独立出来，合并组建全球最具实力的专注于农业科技企业——先正达（Syngenta）。2016 年 2 月 2 日，中国化工集团与瑞士农业化学巨头先正达达成交易协定。2020 年 6 月，成立先正达中国。

（4）利马格兰集团　全球第四大种子公司、第二大蔬菜种子公司。1993 年，法国利马格兰集团开始进驻中国市场，1997 年在中国正式成立公司。

（5）KWS 种子公司　德国公司，创建于 1856 年，业务分布于全球 70 多个国家，其种子经营活动有 4 大板块，分别是玉米类、甜菜类、谷物类以及公司业务，是三大玉米种子供应商之一，业务范围遍布全球 70 多个国家。

二、全球玉米种业发展特点

（一）美欧等发达国家玉米种业引领世界

在美国等发达国家，种业已形成寡头垄断的格局，未来种业集中度会越来越高。目前，全球玉米种业集中在专业化程度较高的发达国家，例如美国、德国、法国、英国、日本等。这些种业发达国家科技化、专业化、产业化、标准化、商品化水平较高。美国的玉米产量最多，玉米种业也是全世界最先进的国家，研发人员和育种专家完备、企业实力较强、育种技术先进和种质资源丰富，并有着严格管理程序，基本控制着全世界玉米种子市场的发展方向，引领世界玉米种业的发展。全球玉米种子市场中，美国玉米种子产业高度集中，前四位的大型种子公司占有玉米种子市场 70% 的份额。新拜耳和科迪华两大公司控制了全球 40% 的种子市场，并在国际市场上占有很大份额。欧洲发达国家种子公司大多实行跨国经营，其种子营销市场和营销体系是面向国际，实行跨国经营。

（二）全球玉米种业市值进入稳步增长阶段

种业经过了公益性种业发展和商业化种业发展阶段，自 1991 年以来，进入到种业全球化发展阶段。由于全球作物种植面积增长缓慢，加之转基因技术应用已经度过了快速增长时期，进入稳步增长阶段，使得全球种业市值增速有所下降。根据 PhillipsMcDougall 数据，2018 年，全球主要国家商品种子市场规模为 398 亿美元，其中，具有耐除草剂、抗虫和多种性状的转基因种子市场规模达 204 亿美元，市场份额已达 51.1%（表 1）。2019 年，全球玉米种子市值为 159 亿美元，占全球种子市场份额的近 40%。从区域种子市场来看，美国是全球最大的种子市场，其次是中国，欧盟是继美国和中国之后的世界第三大种子市场。

表 1　2011—2019 年全球主要国家商品种子市场规模　　单位：1×10^6 美元

种子市值	2011 年	2012 年	2013 年	2014 年	2015 年	2016 年	2017 年	2018 年	2019 年
转基因种子市场	15 685	18 495	20 100	21 054	19 789	20 396	21 429	20 822	20 353
非转基因种子市场	18 810	19 065	19 282	19 481	17 441	16 582	17 988	17 036	19 447
全球种子市场	34 495	37 560	39 382	40 535	37 230	36 978	39 427	37 858	39 800

资料来源：PhillipsMcDougall 数据，智种网整理。

（三）美国玉米种子市场情况

1. 美国玉米种子市场价格变化情况

2011年，美国玉米常规种子价格与不同类型转基因玉米种子之间的价格差异相当明显（图19）。常规玉米种子成本约为133美元/公顷，而单一性状转基因种子价格大概为167美元/公顷。叠加两种性状价格平均在190美元/公顷，而叠加三种性状的种子价格更是达到了226美元/公顷。可见，转基因种子比常规种子价格更高，其溢价可以从单性状转基因种子的25%左右发展到叠加三种性状的70%左右（市场上已经有了超过叠加三种性状的种子）。

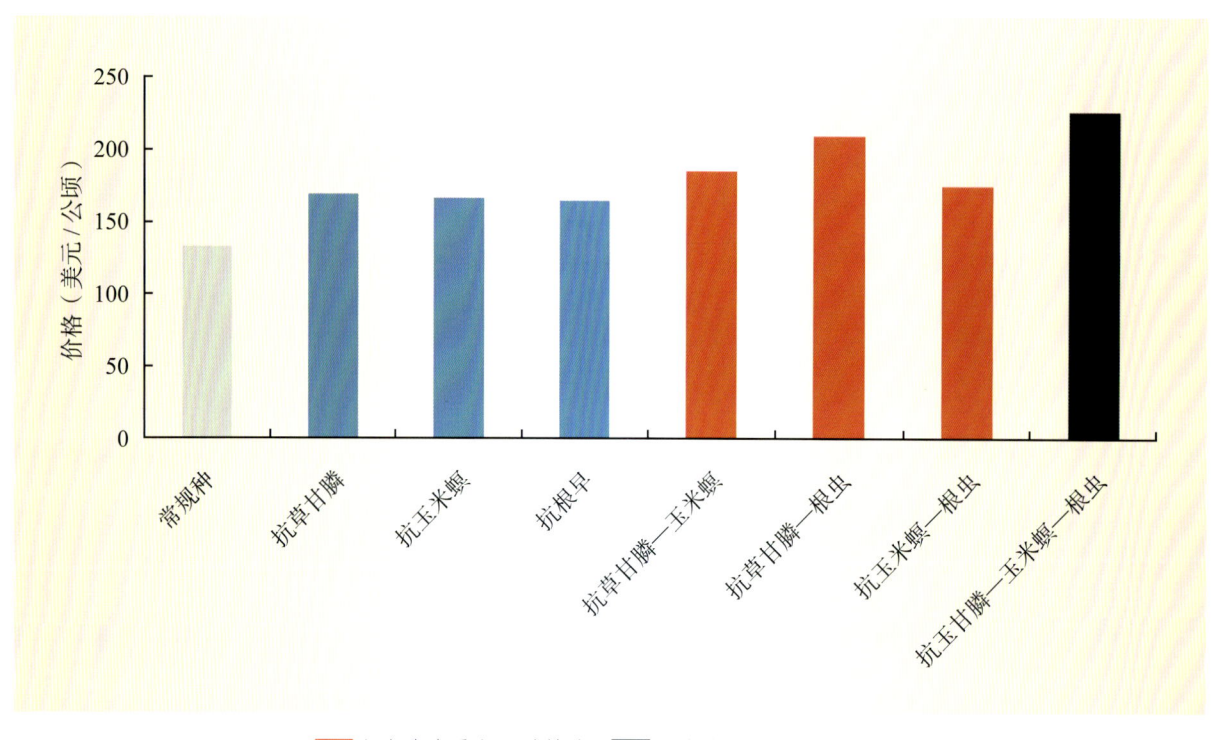

■ 红色代表叠加两种性状，■ 黑色代表叠加三种性状。

图19 2011年美国玉米种子价格

（资料来源：Ciliberto等，2017。使用GfK Kynetec的数据）

图20显示了1996—2011年美国玉米种子价格的变化。按实际价值计算（扣除物价因素），种子价格在20世纪末大幅上涨。扣除通货膨胀因素后，2001—2011年，常规种子价格上涨了54%，同期耐草甘膦玉米种子的实际价格上涨了74%。大部分价格增长似乎发生在2007—2010年，这一时期的价格变化可能部分归因于较高的产品价格，因为价格上涨虽然增加了种子生产成本，但同时农民的支付意愿也得到增加。

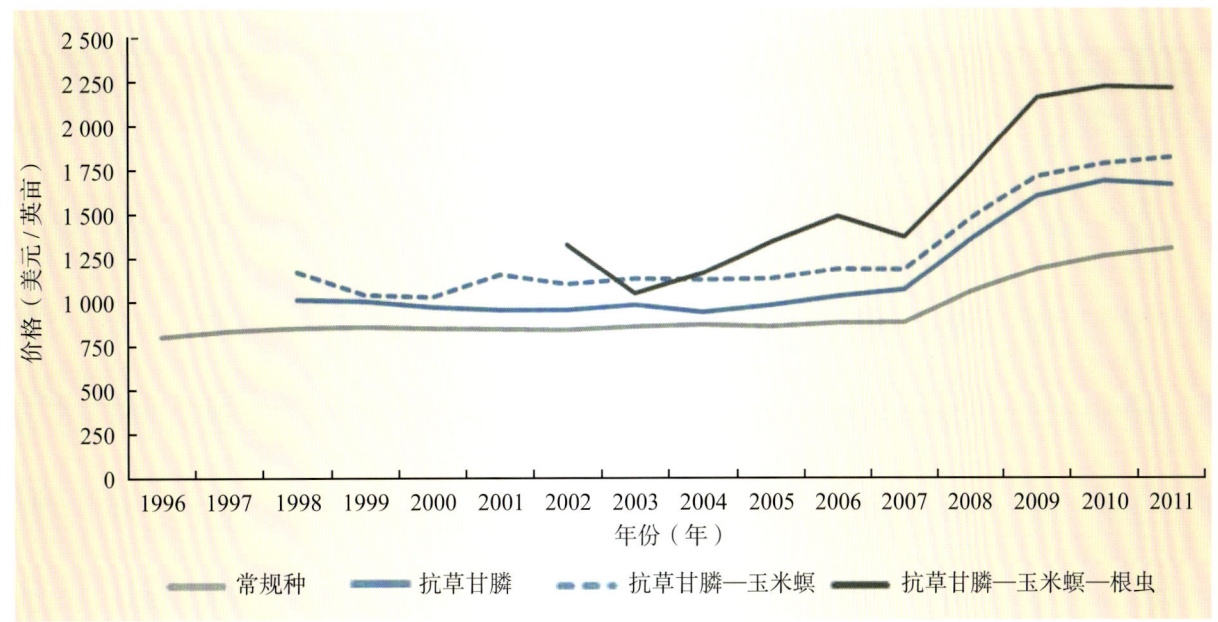

图20 1996—2011年美国玉米种子价格变化

（注：所有价格剔除通货膨胀指数后以2009年美元计价。资料来源于Ciliberto等，2017。使用GfK Kynetec的数据）

2. 美国玉米经营成本与生产总值变化趋势

表2将美国玉米生产者的种子成本与1975年以来的总产值和其他经营成本进行了比较，所有价格以美元/公顷表示。从长期来看，经营成本与生产总值从1975年至21世纪初下降，然后上升，近年又下降。2005—2011年，玉米种子成本和总产值都出现了强劲增长，在此期间，美国玉米的实际价格几乎上涨了两倍。2011年以后种子成本的增长有所放缓，并在2015—2016年有所下降。

表2 1975—2016美国玉米的成本与收益　　　　单位：美元/公顷

年份（年）	生产总值	种子成本	总运营成本	输出价格
1975	1 716	73	641	20
1976	1 399	71	580	16
1977	1 268	78	564	14
1978	1 487	76	575	15
1979	1 677	75	607	15
1980	1 556	79	665	17
1981	1 325	82	688	12
1982	1 168	79	640	10
1983	1 167	77	592	15
1984	1 216	80	592	12

(续表)

年份	生产总值	种子成本	总运营成本	输出价格
1985	1 089	80	591	9
1986	707	82	510	6
1987	770	78	484	6
1988	866	75	489	10
1989	980	81	512	8
1990	953	76	497	8
1991	913	77	494	8
1992	961	77	489	7
1993	777	77	475	8
1994	993	76	493	7
1995	1 057	79	519	9
1996	1 192	86	519	9
1997	1 050	91	514	8
1998	824	94	494	6
1999	712	93	484	5
2000	744	91	498	5
2001	788	95	479	5
2002	909	92	423	7
2003	911	99	459	6
2004	1 005	102	488	6
2005	700	109	501	5
2006	917	113	537	7
2007	1 191	125	582	8
2008	1 567	150	736	11
2009	1 387	195	729	9
2010	1 683	199	699	11
2011	2 004	202	795	14
2012	1 885	216	821	16
2013	1 666	226	822	11
2014	1 370	229	811	8
2015	1 376	228	750	8
2016	1 280	219	685	7

注：所有价格转换为2009年美元使用美国GDP平减指数；不包括政府补贴。资料来源于《种子市场的集中：潜在影响和政策反应》。

(四) 主要生物技术产品推广情况

近年来，转基因育种等生物技术飞速发展，对玉米品质、产量以及粮食安全产生巨大的推动作用。

1. 转基因玉米专利申请

由于气候变化以及可用耕地面积的限制，具有成本优势的生物育种技术在可持续农业生产战略中变得越来越重要，种子市场的未来发展势必对提高产量、营养价值、抗逆性的要求越来越高。全球受理转基因玉米专利申请前五位国家（地区）为美国（占比36%）、欧洲（14%）、澳大利亚（12%）、加拿大（11%）和中国（10%），申请量占总申请量的87.92%。

2. 全球转基因玉米种植情况

根据ISAAA统计，2018年，全球转基因作物种植面积超过1.9亿公顷，分布在26个国家；全球转基因玉米种植面积达到5 890万公顷，比1996年的30万公顷增加5 860万公顷，增加了195倍；共16个国家种植转基因玉米，分布于美洲、非洲、欧洲、亚洲等地，种植面积排列前五位的国家分别是美国（3 317万公顷）、巴西（1 538万公顷）、阿根廷（550万公顷）、南非（216万公顷）、加拿大（160万公顷）。单一抗虫、耐除草剂转基因玉米种植面积呈下降趋势，抗虫+耐除草剂复合性状转基因玉米种植面积快速增长，占比达80%以上；耐旱转基因玉米（MON87460）在美国增长迅速。

美国一直是转基因玉米种植第一大国，转基因玉米应用率达92%。2018年，美国种植转基因玉米3 317万公顷，其主要性状为：抗虫玉米66万公顷（占比2.0%）、耐除草剂玉米332万公顷（占比10.0%）、复合性状（抗虫和耐除草剂）2 654万公顷（占比80%），截至2019年8月，美国共计已审批43个含有抗虫、耐除草剂、耐旱等性状的转基因玉米品系。巴西是转基因玉米种植面积第二大国，转基因玉米应用率达88.4%。2018年，巴西种植转基因玉米1 538万公顷，主要性状为：抗虫玉米330万公顷（占比18.58%）、耐除草剂玉米66万公顷（占比3.8%）、复合性状（抗虫和耐除草剂）1 142万公顷（占比66.61%），截至2019年8月，共计审批63个转化体。阿根廷是转基因玉米种植面积第三大国，转基因玉米应用率达97%。阿根廷2018年种植转基因玉米550万公顷，主要性状为：抗虫玉米39.05万公顷（占比7.1%）、耐除草剂玉米52.8万公顷（占比9.6%）和复合性状（抗虫和耐除草剂）440万公顷（占比80%），截至2019年8月，共计审批51个玉米转化体。

（五）基于论文与专利的全球玉米育种领域科技发展情况

1. 数据来源与分析工具

论文研究的数据来源于ISI Web of Science数据库平台。本报告选择Web of Science核心合集数据库，文献类型为Article和Review，时间范围为2014年1月1日至2019年12月31日。本报告采用主题检索方式进行文献检索。在保证查全率与查准率的基础上，采用多字段高级检索方法。

专利研究的数据来源于 Derwent Innovation（DI）专利数据库，地域边界为全球专利数据，时间范围为 2014 年 1 月 1 日至 2019 年 12 月 31 日。本报告采用主题检索方式进行专利检索，主题检索采用综合检索方法。通过去噪、申请人合并等进行数据清洗。

2. 基于论文的全球玉米育种领域发展态势分析

（1）全球玉米育种领域科技论文发表呈现年均千篇的规模　2014—2019 年，全球玉米育种领域共发表 6 200 篇科技论文。整体来看，全球玉米育种领域发文波动较小，年均发文量 1 033 篇（图 21，表 3）。

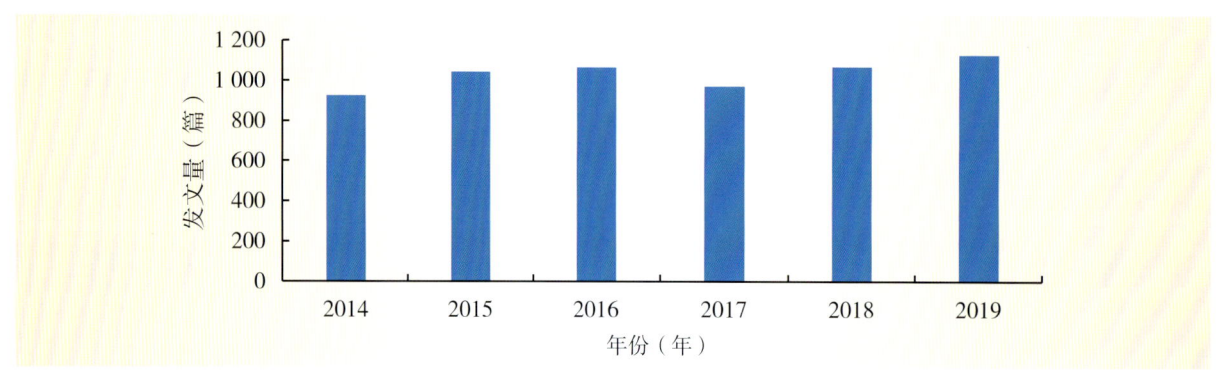

图 21　国际玉米育种领域年度发文态势（2014—2019 年）

表 3　2016—2019 年全球高影响力期刊发表玉米生物学基础研究论文数量　　单位：篇

期刊	5 年 IF	发文数量	期刊	5 年 IF	发文数量
Nature.	46.486	3	PNAS	10.62	36
Science.	44.372	10	PloS Biol.	8.878	2
Cell.	38.62	1	New Phytol.	8.795	37
Nat Biotech.	42.297	1	eLife	8.175	2
Nat Genet.	30.331	12	Plant Biotech. J.	7.658	47
Genome Biol.	19.041	13	Plant Physiol.	7.52	62
Nat Plants.	14.576	16	BMC Biol.	7.296	1
Nat Commun.	13.61	23	Plant Cell Environ.	7.044	31
Mol Plant.	12.744	38	J Exp Bot.	7.011	78
Genome Res.	12.01	4	Plant J.	6.629	66
Nucleic Acids Res.	11.797	4	PLoS Genet.	5.857	17
Current Biol.	10.174	8	RNA Biol.	5.414	1
Plant Cell.	10.144	64	Front Plant Sci.	5.207	278

（2）玉米育种科研力量遍布范围广　全球 114 个国家（地区）设有玉米育种科研机构，其中，美国论文发文量和影响力都远高于其他国家；德国、英国、法国、澳大利亚"少而精"；国

际玉米小麦改良中心在国际同行中具有较高的认可度。我国论文量大,其中,中国农业科学院、中国科学院、中国农业大学和华中农业大学有很好的科研竞争优势(图22,图23)。

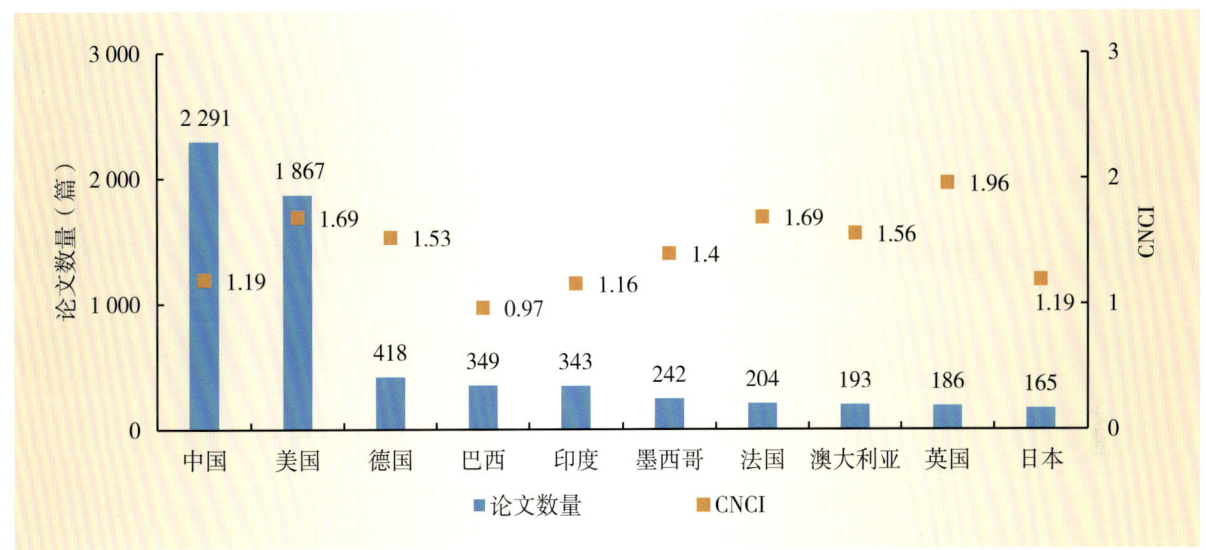

图22　全球玉米育种领域重要国家发文量与CNCI

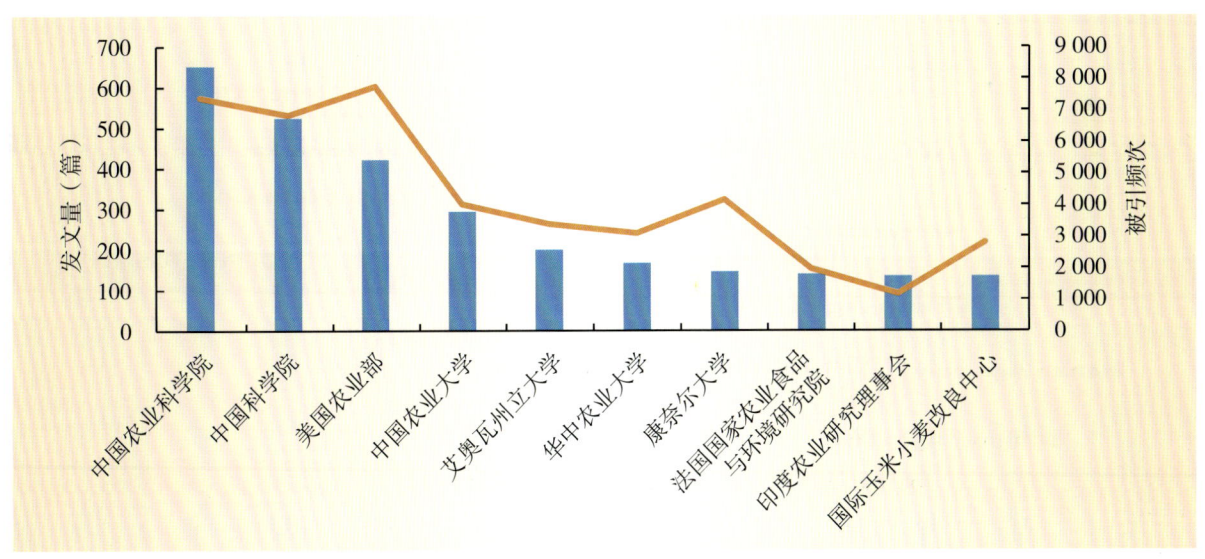

图23　玉米育种领域发文量排名前10的机构及被引频次分布(2014—2019年)

(3)全球玉米育种领域合作方式多样化　目前,全球玉米育种领域形成了以美国、德国、法国、肯尼亚为中心的紧密合作网络,出现了德国、阿根廷和巴西等跨地区的新兴合作关系。我国主要与美国、国际玉米小麦改良中心保持合作关系,今后要拓展国际合作网络。玉米育种合作由高校与科研单位之间的合作模式,扩展至高校、科研单位与公司等多种类型共同参与的合作模式(图24,图25)。

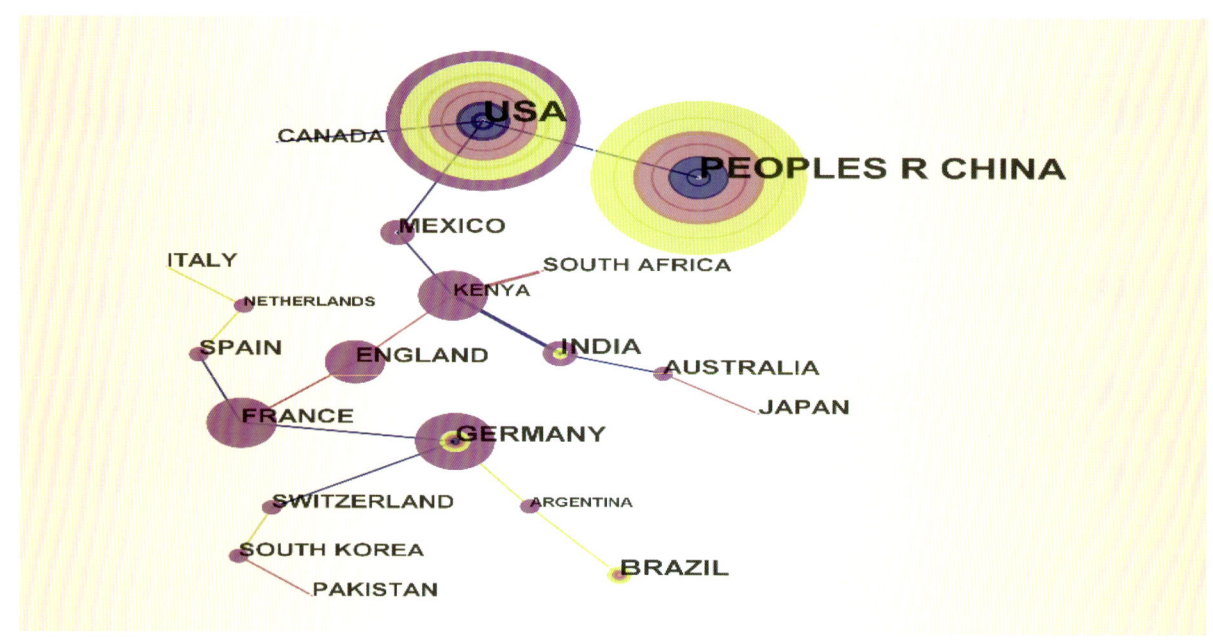

图 24　全球玉米育种领域重要国家合作

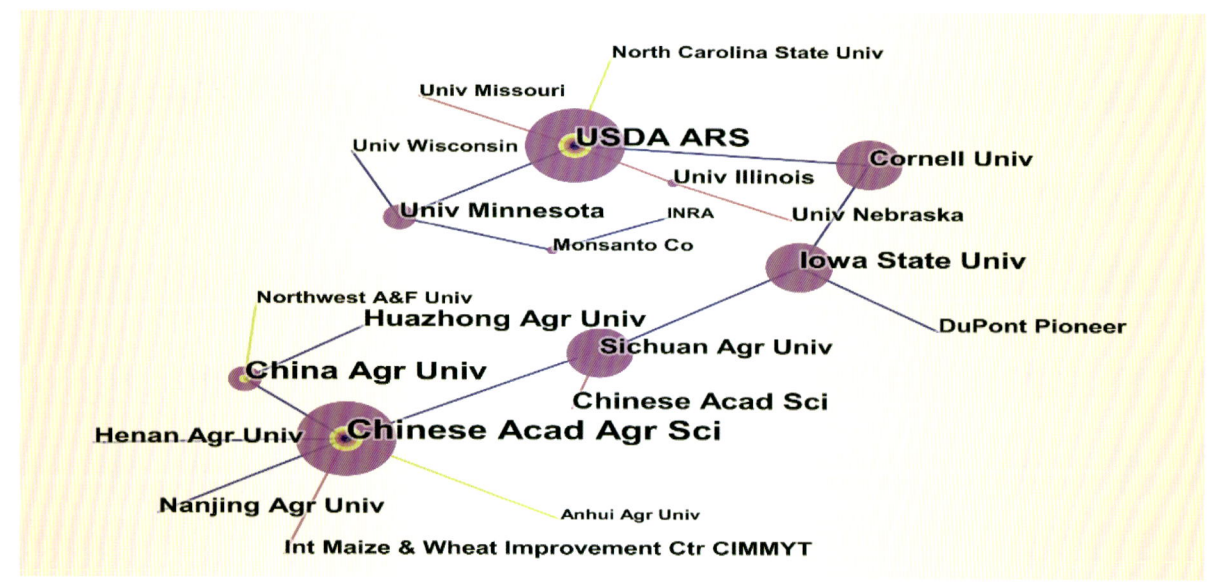

图 25　全球玉米育种领域重要机构合作

3. 基于专利的全球玉米育种领域发展态势分析

（1）全球玉米育种领域技术产业化成熟　全球玉米育种专利申请量排名前十位的有美国、德国和中国的 8 家企业、1 家高校和 1 家科研院所，企业占据主体地位，涵盖了先锋、孟山都、陶氏益农、先正达、巴斯夫、拜耳、大北农、科尔蒂瓦等种业巨头，反映出全球玉米育种技术产业化成熟。特别是先锋、孟山都和陶氏益农这 3 家企业的玉米育种专利申请量占全球总量的 44.6%，已形成了垄断市场（图 26）。

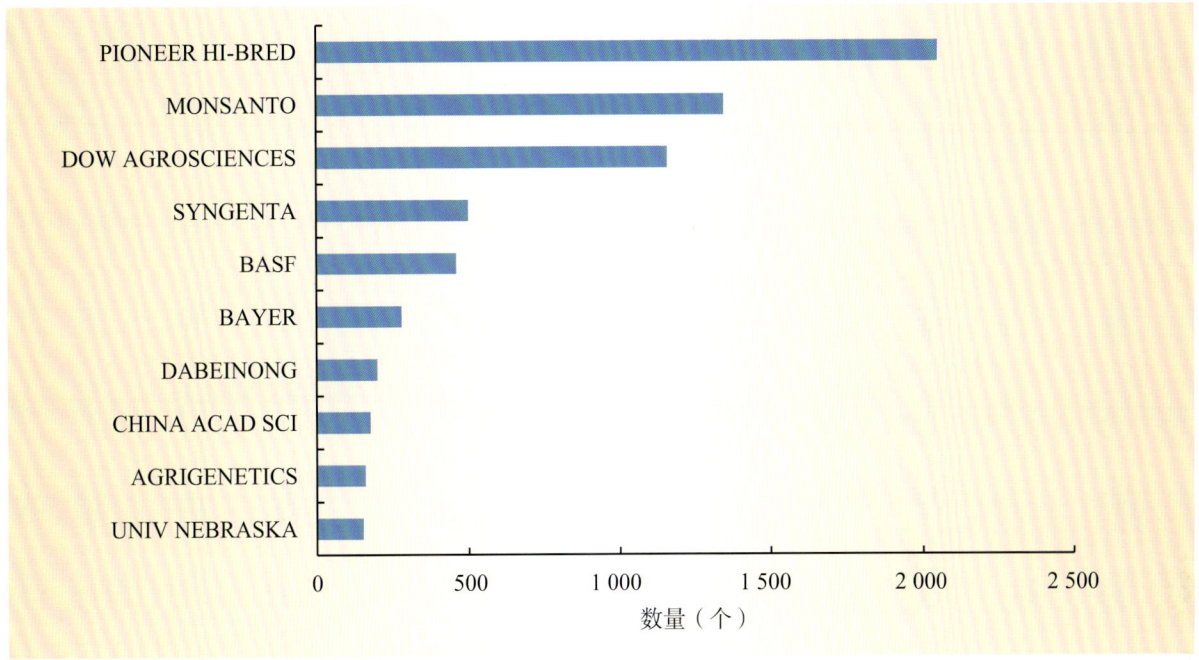

图26 全球玉米育种领域主要专利申请人(2014—2019年)

(2)玉米育种技术市场分布 TOP3分别为美国、中国和加拿大3个国家申请的玉米育种专利占全球1/2以上。其中,美国申请的专利多达3 492件,约占全球专利总量的1/3,是我国的1.8倍。我国正积极开拓新兴市场,在欧盟、澳大利亚、印度、巴西、阿根廷、墨西哥、日本、韩国、南非也有百件以上的专利布局(图27)。

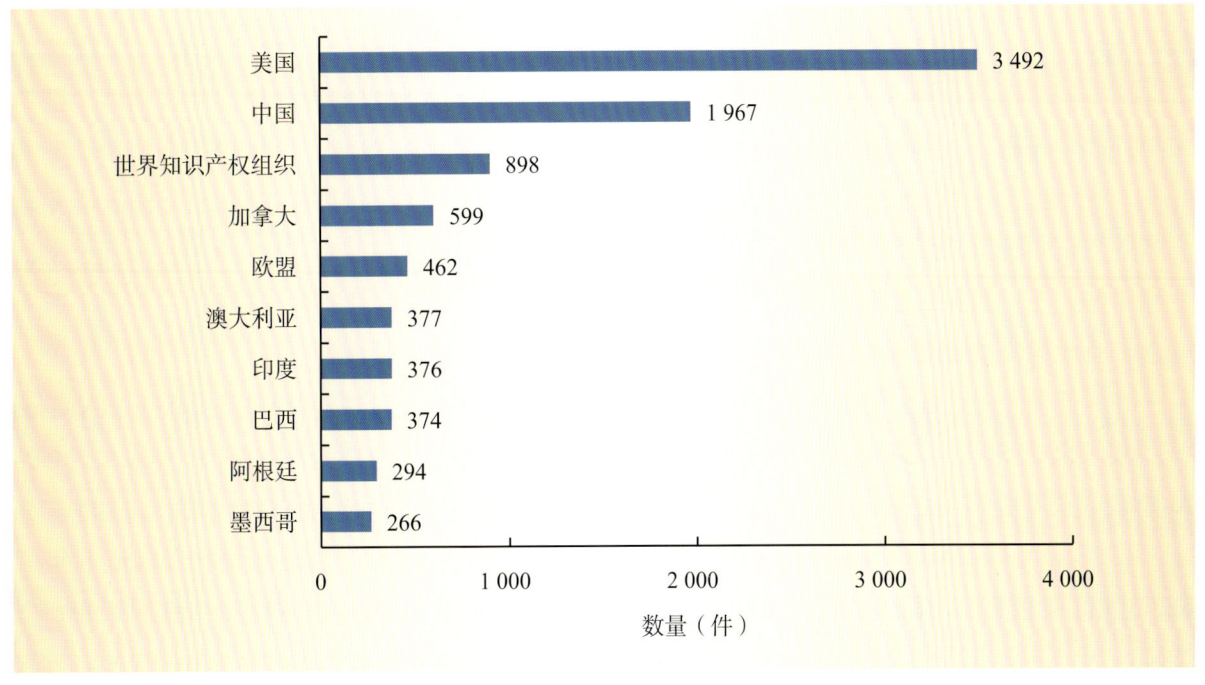

图27 全球玉米育种技术市场分布(2014—2019年)

（3）美国、中国是全球玉米育种领域的重要技术来源国 美国在全球玉米育种领域上具有绝对优势，其申请专利 6 932 件，占申请总量 68%，世界排名前十的专利申请人中有 5 家来自美国，体现出美国在玉米育种技术及产业化领域的显著优势。我国在玉米育种领域的专利申请量为 1 927 件，位列第二，先正达、大北农、中国科学院跻身世界排名前十位，反映出我国有一定的玉米育种技术储备，但与美国尚有较大差距。此外，英国、澳大利亚、韩国、日本、德国和巴西在玉米育种领域也有相关专利申请（图 28）。

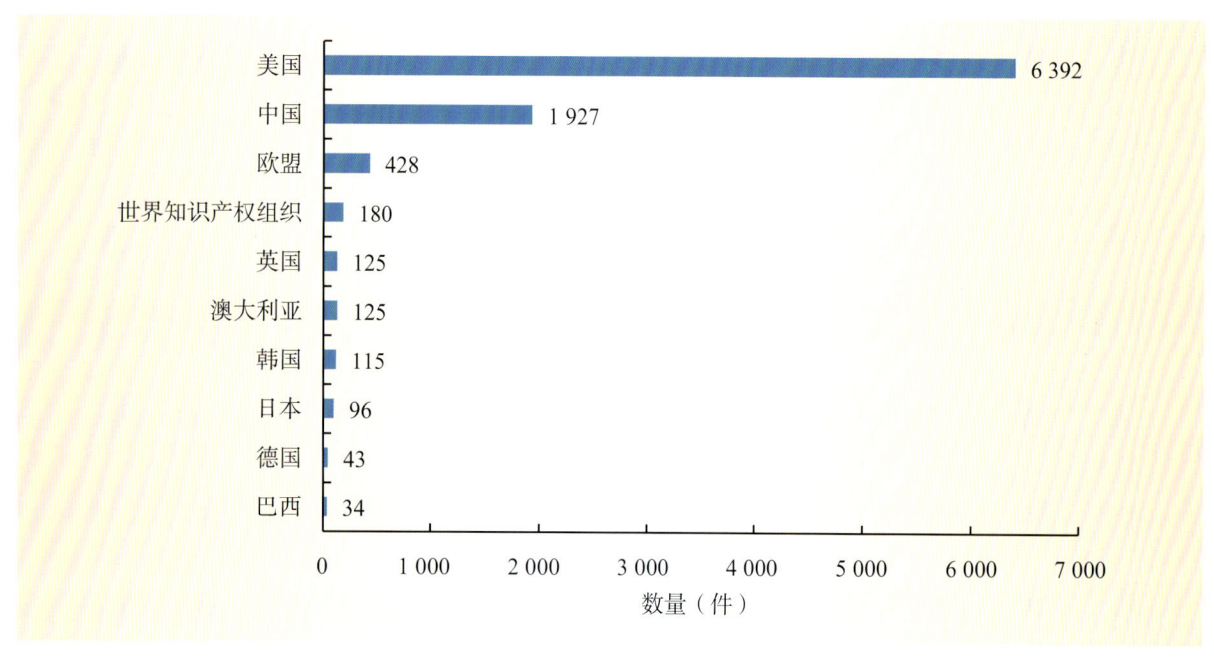

图 28 全球玉米育种专利主要技术来源国（2014—2019 年）

（4）国际玉米育种企业之间有着密切的专利申请合作 大北农的专利均为独立申请。巴斯夫与拜耳合作密切，共申请专利 184 件，与先正达合作申请专利 18 件，与孟山都合作申请专利 4 件。陶氏益农与 UNIV NEBRASKA 合作申请专利 140 件，与 AGRIGENETICS 合作申请专利 11 件，与先锋合作申请专利 8 件。孟山都除与巴斯夫合作外，还与 UNIV NEBRASKA 合作申请专利 3 件。先正达除与巴斯夫合作外，还与中国科学院合作申请专利 3 件（图 29）。

4. 基于论文的全球玉米育种领域研究主题分析

（1）基于谱聚类算法的玉米育种领域研究前沿 包括 G-WAS（全基因组关联分析）、RNA-seq（转录组测序技术）、quality control（质量控制）、QTL Analysis（主效数量性状基因/位点）、Meta-Analysis（荟萃分析）、Heterosis（杂种优势）、Genomic selection（基因选择）7 个方面（图 30）。

（2）基于 Association strength 算法的玉米育种领域的研究热点 以玉米育种领域近 6 年的 6 200 篇文献为样本，计算关键词的共现关系，通过 Association strength 算法将关键词聚为 5 个类别，从中遴选出具有显著性的 4 个聚类，即玉米育种领域的研究热点是：分子标记育种、抗生物/非生物胁迫、基因组学研究（高通量测序技术）、转基因作物及技术相关 4 个方面（图 31）。

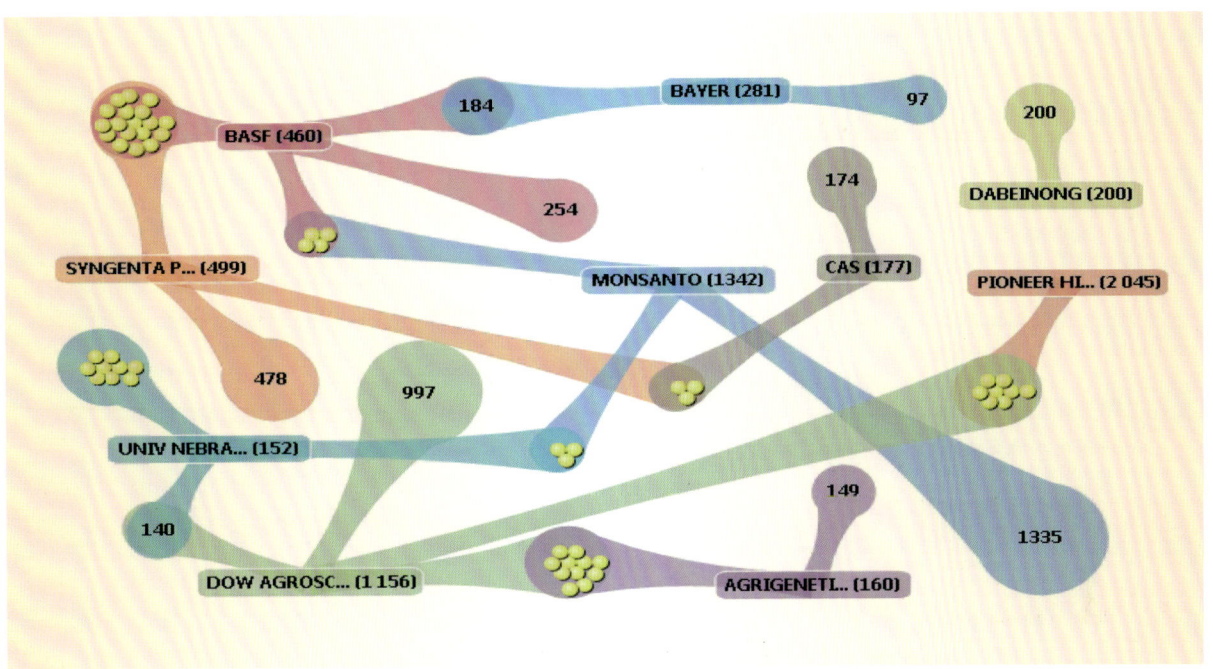

图29 TOP10申请人/专利权人合作关系图（2014—2019年）

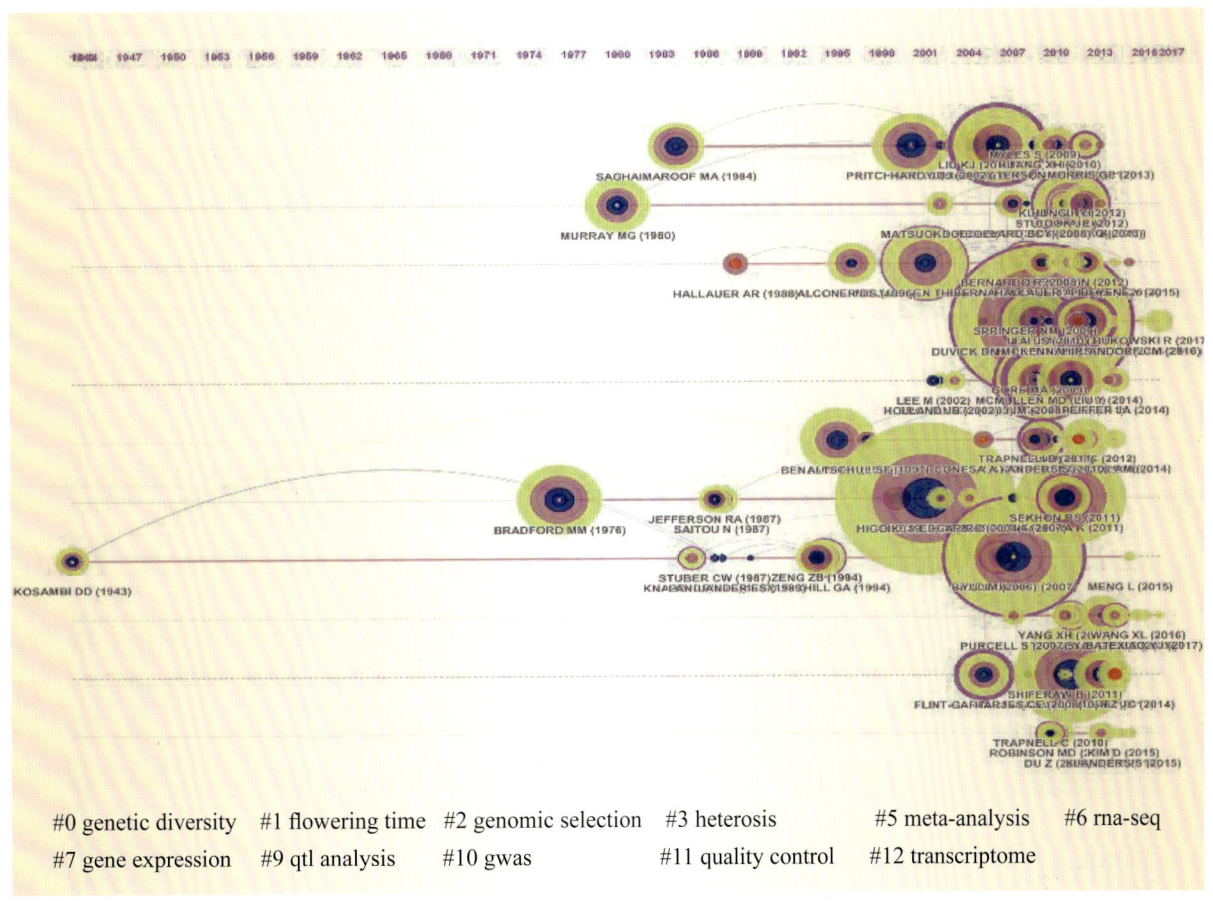

#0 genetic diversity　　#1 flowering time　　#2 genomic selection　　#3 heterosis　　　　#5 meta-analysis　　#6 rna-seq
#7 gene expression　　　#9 qtl analysis　　　#10 gwas　　　　　　　#11 quality control　#12 transcriptome

图30 全球玉米育种领域近六年研究前沿（2014—2019年）

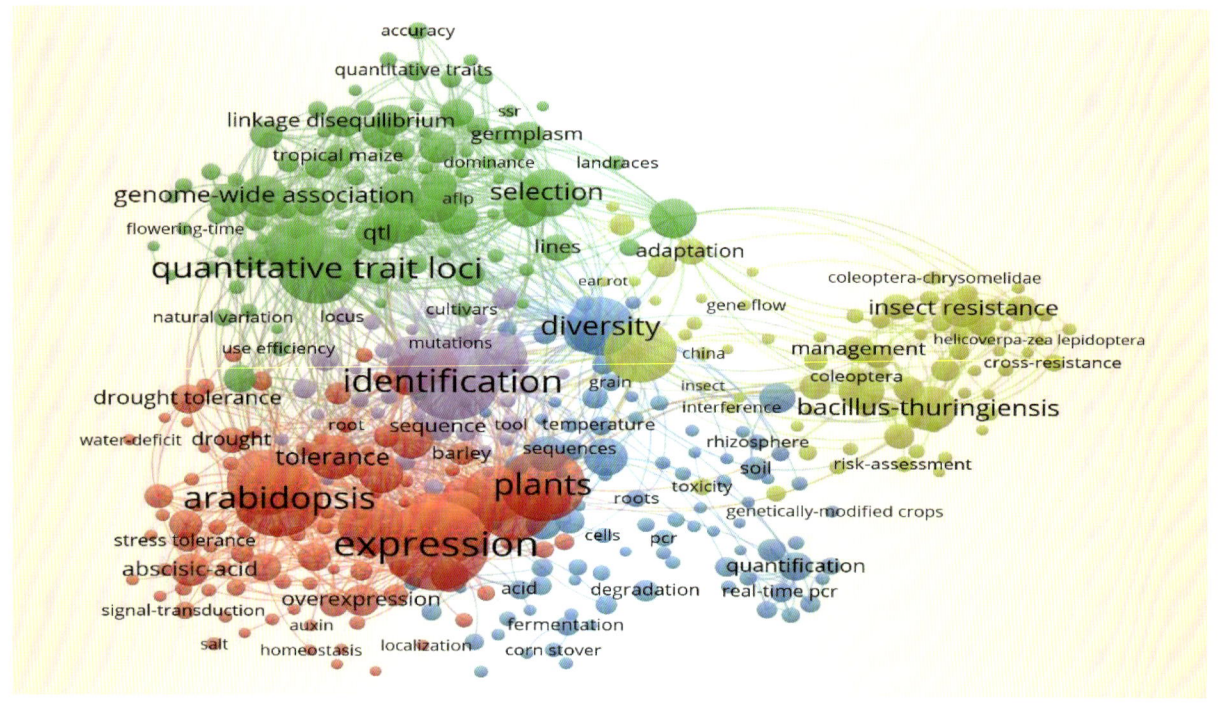

图31　全球玉米育种领域近六年主题聚类网络图

（3）全球玉米育种领域研究关注的技术热点　全球玉米育种专利中"转基因植物"和"基因序列"类别的专利最多，是全球育种领域研究关注的技术热点。其中，转基因技术、能够表达目标性状的基因序列、载体、转座子等表达载体的构建、杂交技术是玉米育种领域的主要热点技术；抗虫、抗逆、调控植物生长、抗除草剂是育种关注的重要农艺性状。

5. 基于专利的全球玉米育种领域研究主题分析

经专利主题词聚类和专利地图分析发现（图32），全球玉米育种领域的技术热点主要集中在以下方面：

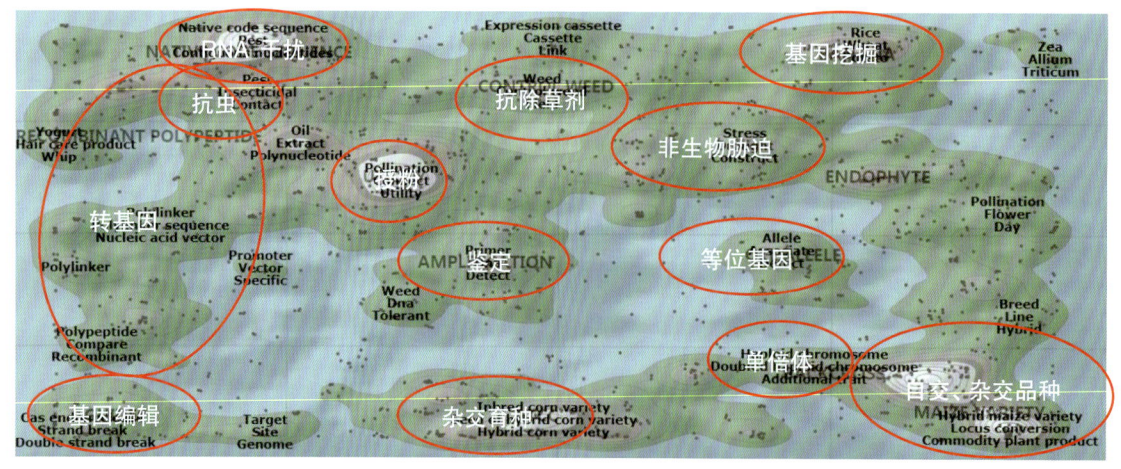

图32　玉米育种领域技术热点

◎通过杂交技术获得具有特定农艺性状的植物；

◎玉米自交品种及杂交品种及其在生产具有雄性不育等所需性状的单基因座转化植株方面的应用；

◎通过RNA干扰技术获得抗虫植株；

◎用于玉米育种的花粉收集、授粉设备及方法；

◎利用引导RNA/Cas核酸内切酶系统对植物基因组进行修饰的基因编辑技术；

◎涉及目标基因、启动子、表达载体、基因重组等内容的转基因技术及其在培育具有抗虫、抗除草剂、抗病性、抗逆性等特定性状玉米品种中的应用；

◎转基因植株的鉴定检测技术；

◎与抗逆、抗病、高产等性状相关的基因挖掘及其在转基因植株培育中的应用；

◎抗虫基因及其在抗虫转基因植株培育中的应用；

◎抗除草剂基因及其在抗除草剂转基因植株培育中的应用；

◎单倍体及双单倍体育种技术；

◎耐受干旱等非生物胁迫植株的培育；

◎通过分析与特定性状关联的数量性状位点（QTL）等位基因来鉴定/选择具有该性状植株的分子标记辅助选择育种技术。

（六）全球玉米种子企业发展现状

1. 全球玉米种业市场寡头垄断进一步加剧

随着陶氏和杜邦合并、中国化工收购先正达、拜耳完成对孟山都的正式收购等新一轮的整合，全球种业集中程度更高，形成了以拜耳—孟山都（德国）、陶氏—杜邦（美国）、中化+先正达（中国）、巴斯夫（德国）为首的四强鼎立时代，标志着"种业+农化"的产业融合深入推进。2018年，拜耳作物科学、科迪华和先正达集团的销售额分别为107.73亿美元、80.07亿美元和30.04亿美元（表4），市场占有率分别为28.4%、21.2%和7.9%，CR3合计57.5%。隆平高科收购陶氏益农在巴西的玉米业务，2018年，销售额为5.2亿美元，进入全球十强，中国玉米种子企业的海外科技和产业化布局正在加速。

表4 全球种业前二十强企业情况　　　　单位：1×10^6美元

排名	公司（国家）	2018年销售额	2017年销售额	增长率（%）	2016年销售额
1	拜耳孟山都（德国）	10 773	10 913	−1.28	9 988
2	科迪华农业科技（美国）	8 007	8 143	−1.67	8 188
3	先正达（中国化工）（中国）	3 004	2 826	6.30	2 657
4	巴斯夫（德国）	2 000	1.805	NA	1 427

（续表）

排名	公司（国家）	2018年销售额	2017年销售额	增长率（%）	2016年销售额
5	利马格兰（法国）	1 821	1 900	−4.16	1 746
6	科沃施（德国）	1 573	1 596	−1.44	1 506
7	丹农（丹麦）	678	542	25.10	533
8	坂田种苗株式会社（日本）	574	558	2.87	529
9	隆平高科（中国）	520	492	5.69	331
10	瑞克斯旺（荷兰）	483	480	0.63	431
11	泷井种苗株式会社（日本）	471	459	2.61	480
12	佛洛利蒙—德佩育种公司（法国）	NA	357	NA	289
13	必久种业（荷兰）	322	NA	NA	270
14	百绿集团（荷兰）	304	291	4.47	258
15	安莎种业（荷兰）	NA	NA	NA	281
16	RAGT Semences（法国）	257	238	7.98	239
17	安地种业（联合磷化）（印度）	NA	231	7.36	248
18	北大荒垦丰种业（中国）	240	220	9.10	244
19	优利斯集团（法国）	227	192	18.20	NA
20	英维沃集团（法国）	144	189	%	161

数据来源：国际种子联盟（ISF）、世界农化网。

2. 私有企业研发增长

随着20世纪30年代杂交玉米的发展和知识产权保护的加强，私营企业在植物育种领域的研发呈显著上涨。1960年，公共支出占美国玉米作物改良研发总额的60%，到1984年这一比例已降至40%以下。从表5可以看出，1990—2014年全球私营企业的种子和生物技术研发在此期间增长了3倍，其中大部分增长发生在2004年之后。在过去的25年里，私营研发机构在种子和生物技术领域的发展速度超过了其他任何农业投入行业。

表5　1990—2014年全球农业投入私营研发支出　　单位：1×10^6 美元

年份（年）	种子和生物技术	动物研发	肥料与作物保护	农业机械
1990	1 431	1 188	2 708	1 065
1991	1 466	1 217	2 649	1 080
1992	1 479	1 265	2 650	1 058
1993	1 550	1 261	2 713	1 041
1994	1 664	1 256	2 767	1 053

（续表）

年份（年）	种子和生物技术	动物研发	肥料与作物保护	农业机械
1995	1 716	1 344	2 840	1 090
1996	1 789	1 401	2970	1 224
1997	1 960	1 407	3 021	1 227
1998	2 189	1 404	2 948	1 264
1999	2 146	1 379	2 600	1 312
2000	2 317	1 348	2 314	1 325
2001	2 160	1 275	2 139	1 321
2002	1 969	1 288	2 083	1 282
2003	2 026	1 384	2 417	1 276
2004	2 095	1 444	2 534	1 337
2005	2 133	1 484	2 547	1 416
2006	2 286	1 543	2 435	1 525
2007	2 493	1 659	2 514	1 742
2008	2.897	1 778	2 695	1 990
2009	3.096	1 775	2 701	2.247
2010	3.426	1 880	2 848	2 363
2011	3 796	1 999	3 020	2 705
2012	3 911	2 087	3 053	3.017
2013	4 074	2 172	3.203	3 152
2014	4 290	2 229	3 291	3 091
年均增长率（%）	4.70	2.70	0.80	4.50

注：以2005年购买力平价币值计算。资料来源于Fuglie《种子市场的集中：潜在影响和政策反应》（2016）。

3. 跨国种企资源技术育种一体化

面对新一轮种业科技革命和农业产业变革，跨国种业企业抢占种业制高点的竞争日趋激烈。

（1）全球种业巨头科研投入大、研发效率高，领先优势持续加强　在育种技术方面，基因编辑作为一种新兴技术，使育种定向改良更加精准便捷；同时，以人工智能、区块链、物联网等为代表的新技术革命方兴未艾，为种业数字化创新升级奠定了基础。在大数据方面，精准农业种植成为趋势，先正达集团目前已成为全球唯一在四大农业市场皆拥有领先管理平台的农业公司，这四大平台是：美国的Land.db平台、巴西的Strider平台、在中国与中化农业MAP（现代农业平台）合作以及东欧的Cropio平台。通过数字农业的支持，致力于帮助农户促进可持续发展，提高生产力、效率和效益。科迪华通过大数据挖掘提升种植效率，通过计算机建模加速新品种开发。

（2）种子与农化强强联合　四大种业巨头在种子、除草剂、杀虫剂、杀菌剂等方面完成了全面布局，产品线扩充完备，为提供完整的种植解决方案做好了充分的准备。

（六）主要国家种子贸易情况

全球种子进出口市场活跃。根据国际种子联盟（ISF）数据显示，随着全球种子市值的增长，全球种子进出口额呈波动上升，2011年以来国际种子贸易额超过100亿美元，占全球种子市值的1/4。2018年种子进口额前五位的国家，分别为荷兰、美国、法国、德国、西班牙；种子出口额前五的国家是荷兰、法国、美国、德国、丹麦；法国、美国和德国是主要的大田作物种子出口国，占全球种子出口总值的40%（表6）。

表6　2016—2018年全球种子进出口额前十情况　　　　单位：1×10^6 美元

排名	2018年 进口国	进口额	2018年 出口国	出口额	2017年 进口国	进口额	2017年 出口国	出口额	2016年 进口国	进口额	2016年 出口国	出口额
1	荷兰	1 154	荷兰	2283	荷兰	1 017	荷兰	2 040	美国	977	荷兰	1 829
2	美国	1 057	法国	1867	美国	1 003	法国	1 801	荷兰	836	法国	1 708
3	法国	810	美国	1906	法国	769	美国	1 712	法国	747	美国	1 672
4	德国	708	德国	882	德国	693	德国	783	德国	702	德国	739
5	西班牙	597	丹麦	421	意大利	540	匈牙利	480	意大利	571	匈牙利	446
6	意大利	546	匈牙利	453	西班牙	531	意大利	367	西班牙	540	意大利	352
7	墨西哥	507	意大利	368	墨西哥	455	丹麦	312	墨西哥	462	丹麦	291
8	俄罗斯	439	智利	327	俄罗斯	442	罗马尼亚	296	俄罗斯	432	加拿大	286
9	比利时	335	罗马尼亚	317	中国	366	智利	285	中国	318	罗马尼亚	277
10	中国	372	加拿大	285	乌克兰	293	加拿大	282	比利时	291	智利	274

资料来源：国际种子联盟（ISF）。

本部分主要完成人：李新海，赵静娟，李军民

第三章
全球玉米消费情况

一、全球玉米消费概述

进入21世纪以来，全球玉米消费呈持续增长态势，2000年，全球玉米消费量为4.78亿吨，到2018年，增长到8.76亿吨，18年间增加了3.98亿吨，年均增长率达到3.42%，年平均消费量为6.6亿吨（图33）。2019年，受非洲猪瘟影响，饲料总产量下滑，导致全球玉米消费稍有下降，消费量为8.65亿吨。

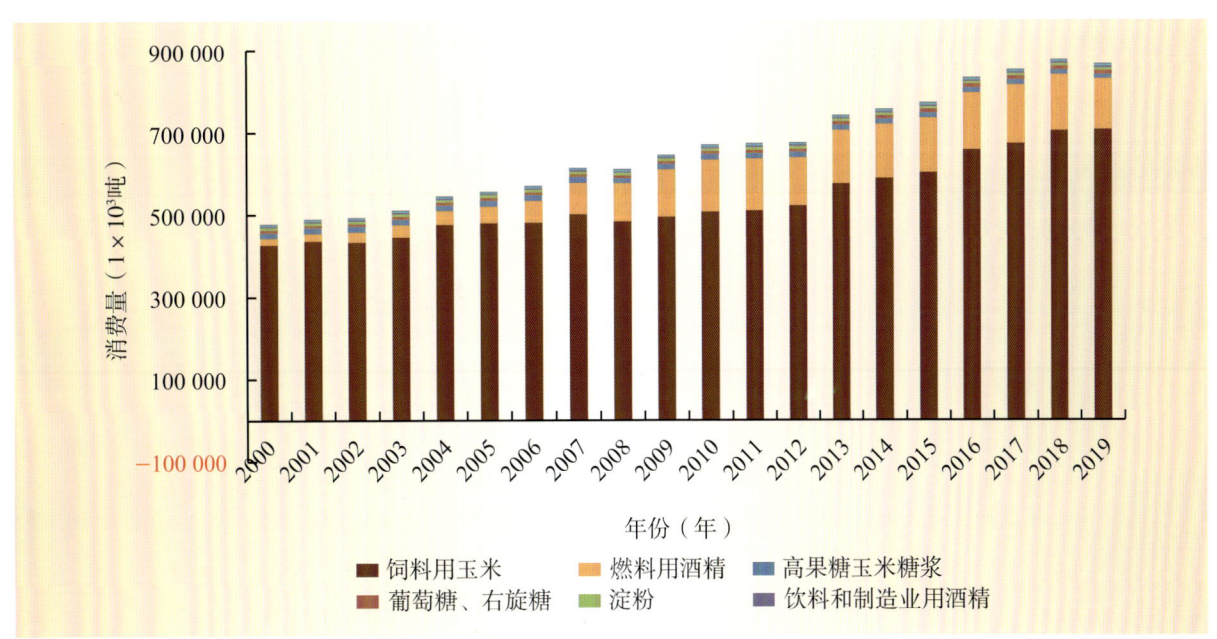

图33 全球玉米消费情况（2000—2019年）
（数据来源：美国农业部经济研究局饲料展望报告）

2019年，玉米消费量占全球消费总量的前五位的国家分别为美国（26.9%）、中国（24.4%）、欧盟（7.5%）、巴西（6.1%）和墨西哥（4%），合计占比68.8%。其中，作为饲料原料消费7.59亿吨，占消费总量的67.8%；其余消费主要用于食用、种用和工业原料消费，工业消费约占32.2%。

美国和中国是全球最大的两个玉米消费国，2019年，美国和中国的玉米消费量分别为3.14亿吨和2.79亿吨，两国玉米消费量之和占全球消费总量的52%，此外，欧盟、巴西和墨西哥的玉米消费量也相对较大，2019年分别达到8 250万吨、6 700万吨和4 450万吨，占全球消费总量的7.3%、5.9%和3.9%。

二、不同消费用途情况分析

（一）全球食用、种用与工业用玉米消费情况分析

全球食用、种用与工业玉米消费2000—2010年呈现快速增长的态势，从2000年的0.5亿吨增加到2010年的1.63亿吨，10年间增长了1.13亿吨，年均增长率达12.5%，年平均消费量为0.97亿吨。2010年以后，食用、种用与工业玉米消费呈缓慢的增长态势，2017年达到消费顶点，消费量为1.79亿吨，之后呈下降趋势，2019年降低到1.59亿吨（图34）。

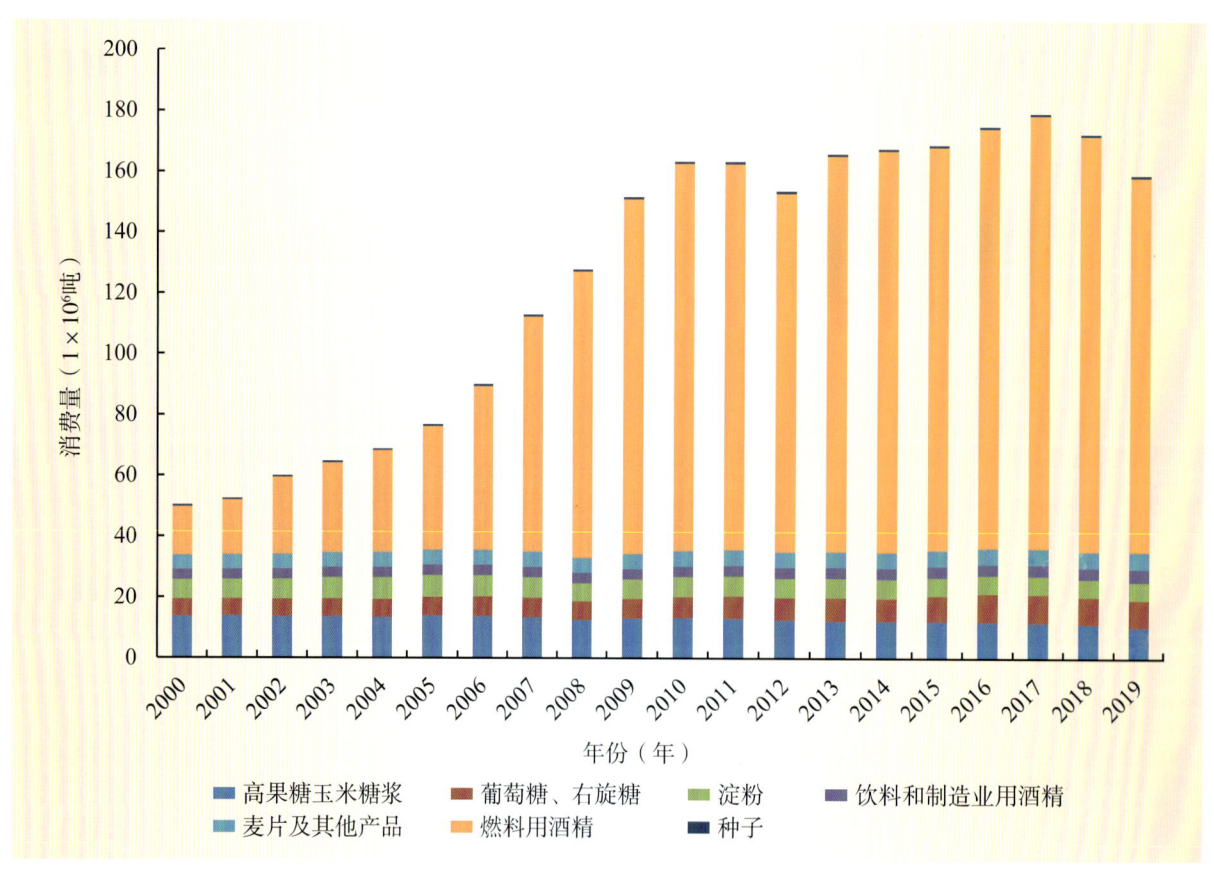

图34　全球食用、种用及工业玉米消费情况（2000—2019年）

（数据来源：美国农业部经济研究局饲料展望报告）

1. 食用玉米消费情况

2000—2019 年，全球食用玉米，包括用玉米生产高果糖玉米糖浆、葡萄糖（右旋糖）、淀粉、饮料和制造业用酒精、麦片及其他产品，消费长周期呈现较大的变化幅度，没有明显的规律，但总体上呈增长的态势（图 35）。食用玉米消费量从 2000 年的 0.34 亿吨增加到 2019 年的 0.35 亿吨，19 年间仅增长 0.01 亿吨，年均增长率为 0.15%，年平均消费量为 0.35 亿吨。2008 年食用玉米消费量最低，为 0.33 亿吨，2016 年和 2017 年消费量最高，均超过 0.36 亿吨。

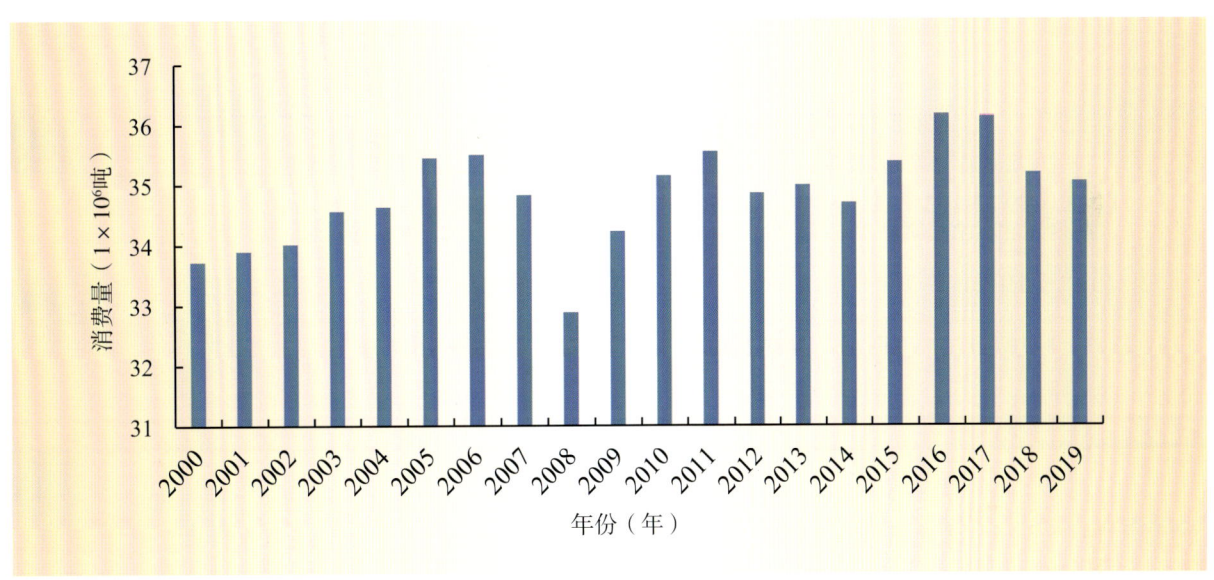

图 35 全球食用玉米消费情况（2000—2019 年）

（数据来源：美国农业部经济研究局饲料展望报告）

2. 工业用玉米消费情况

工业用玉米消费指用玉米生产淀粉、酒精和淀粉深加工产品[①]。2000—2019 年，全球工业玉米消费总体呈现增长态势，2000—2010 年这 10 年间呈现快速增长的态势，全球工业玉米消费总量从 2000 年的 0.16 亿吨增加到 2010 年的 1.27 亿吨，10 年间增长了 1.11 亿吨，年均增长率达到了 23%，年平均消费量为 0.62 亿吨（图 36）。工业玉米消费量占食用、种用与工业玉米消费量的比例从 2000 年的 31.8% 增加到 2010 年的 78%。2010—2019 年，工业玉米消费呈先缓慢增长后下降态势，2017 年达到消费顶点，消费量为 1.42 亿吨，之后呈下降趋势，2019 年降低到 1.23 亿吨。

3. 种用玉米消费情况

2000—2011 年，全球种用玉米消费呈现缓慢增长的态势，消费量从 57.02 万吨增加到 78.71

---

① 本文中工业玉米消费特指生产燃料用酒精玉米的消费，淀粉、饮料和制造业酒精玉米消费归为食用玉米消费。

万吨，11 年间增加了 19.43 万吨，年均增长率达到 2.97%，年平均消费量为 66.97 万吨（图 37）。2011—2019 年，呈现缓慢下降并维持在稳定水平态势，每年变化不大，年平均消费量 76.08 万吨。

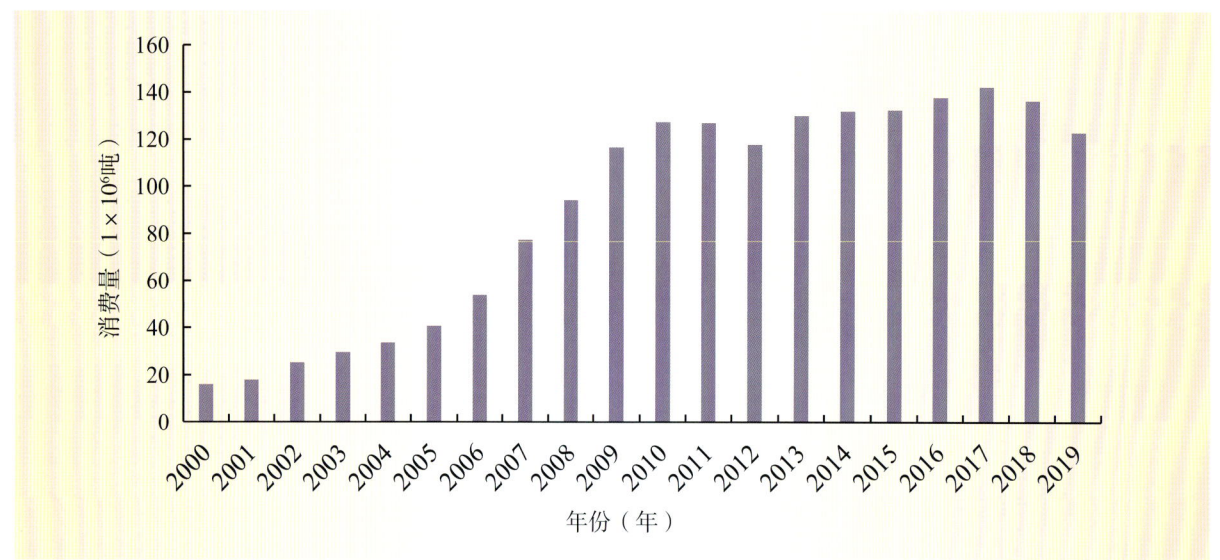

图 36　全球工业玉米消费情况（2000—2019 年）

（数据来源：美国农业部经济研究局饲料展望报告）

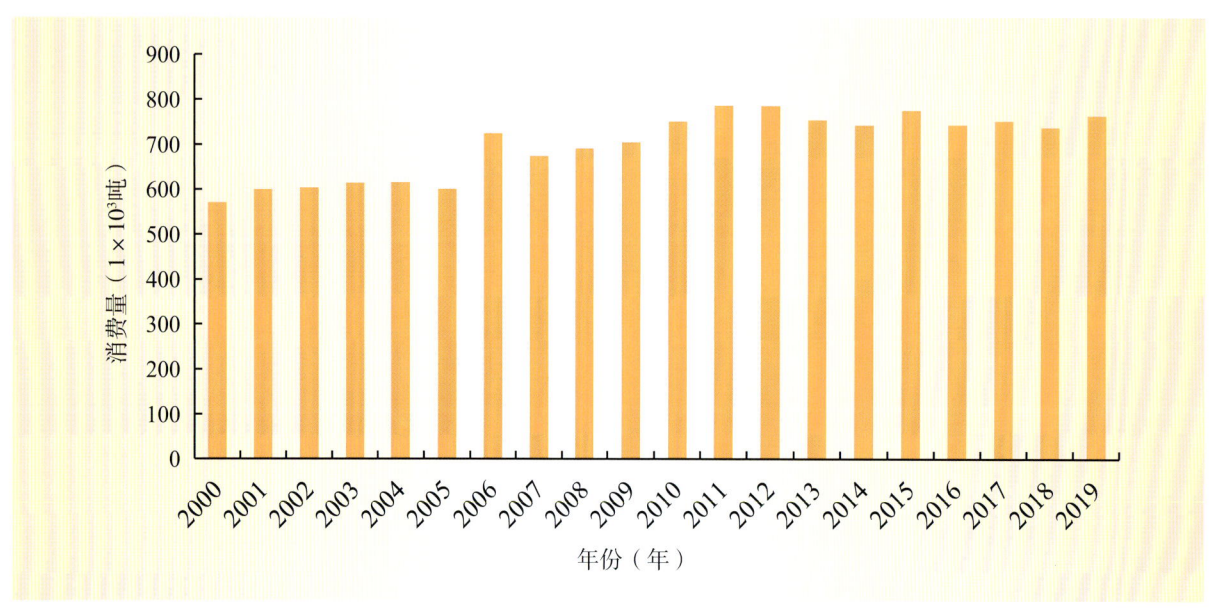

图 37　全球种用玉米消费情况（2000—2019 年）

（数据来源：美国农业部经济研究局饲料展望报告）

（二）全球饲料用玉米消费情况分析

随着全球经济的发展，人民生活水平不断提高，对肉、蛋、奶等高蛋白食品需求增加，推动了全球饲料养殖业的发展，玉米作为重要的饲料作物，是植物蛋白向动物蛋白转化的重要载体。

2000—2019年全球饲料玉米消费一直呈现增长的态势，消费量由2000年的4.27亿吨增长到2019年7.32亿吨，19年间增长了3.05亿吨，年均增长率达到了2.88%，年平均消费量为5.4亿吨（图38）。近几年，饲料消费的增长速度远远高于食用与工业消费的增长速度。全球饲料用玉米消费呈现长周期增长态势，预计高位运行仍将持续。

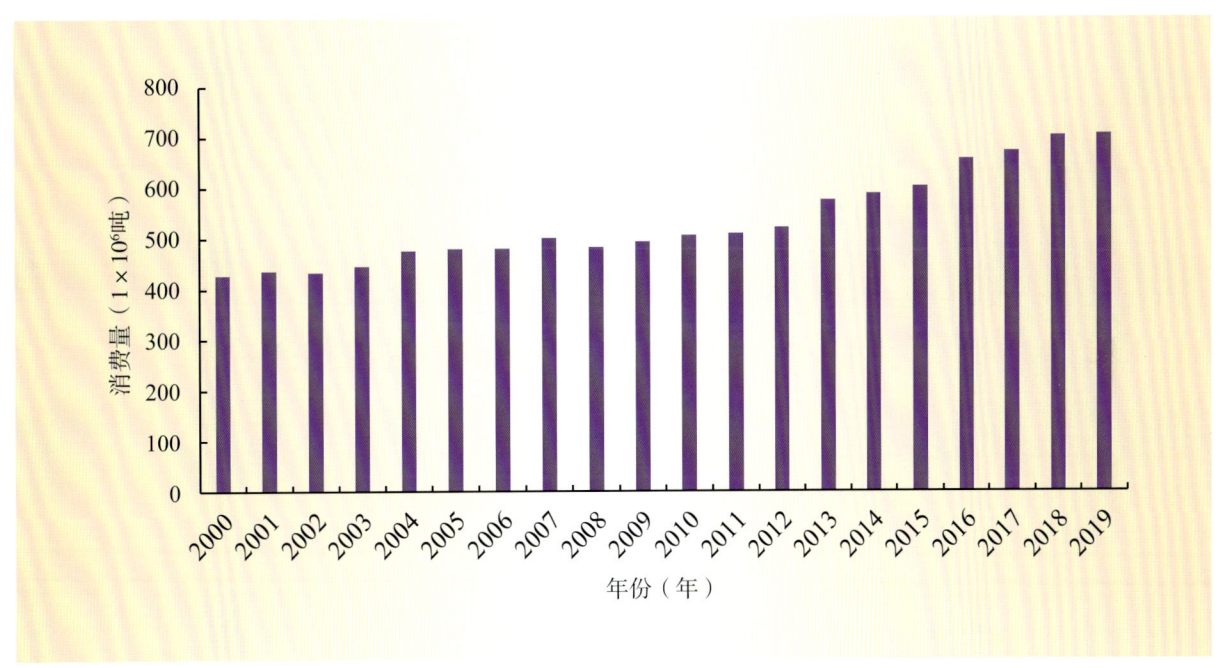

图38 全球饲料用玉米消费情况（2000—2019年）

（数据来源：美国农业部经济研究局饲料展望报告）

三、全球玉米替代品消费情况分析

目前，玉米替代品主要有小麦、大麦、高粱等，具体消费情况分析如下。其他如燕麦、黑麦、小米、稻谷等也可作为玉米替代品。

（一）全球小麦消费情况分析

1. 饲料用小麦消费

2000—2019年，全球饲料用小麦消费长周期波动不大，短周期内随着玉米价格波动略有起伏。饲料用小麦消费由1.09亿吨增长到1.35亿吨，19年间增长了0.26亿吨，年均增长率达1.13%，年平均消费量1.27亿吨（图39）。其中，有4年时间突破了1.4亿吨，分别是2010年、2015年、2016年和2018年，2010年达到历史最高的1.48亿吨。通过对玉米和小麦消费和价格的分析可见，饲料用小麦消费的4个高点阶段，都是玉米价格相对高点，表明小麦饲料对玉米饲料替代受玉米价格的影响。

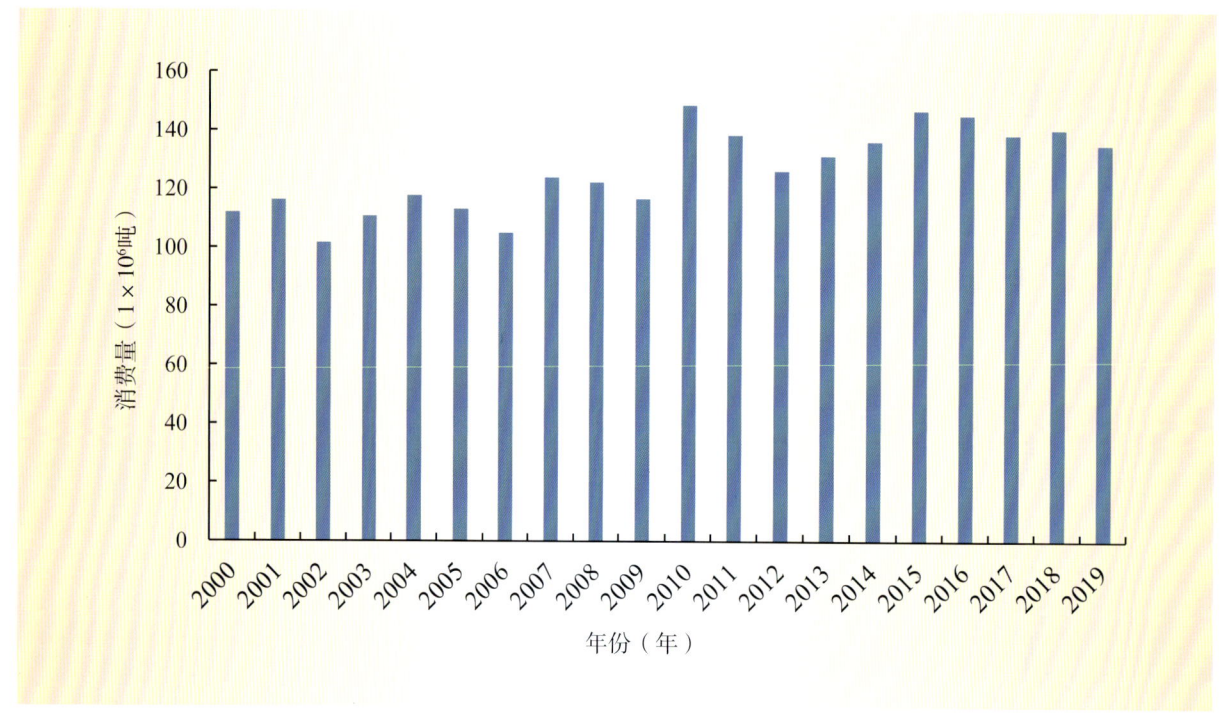

图 39　全球小麦饲料消费情况（2000—2019 年）

（数据来源：国家粮油信息中心网站）

（二）全球大麦消费情况分析

1. 食品、酒精及工业用大麦消费

2000—2019 年，食品、酒精及工业用大麦消费总体呈现增长态势，增长速率先快后慢，从 2000 年的 0.36 亿吨增长到 2019 年的 0.43 亿吨，年均增长率为 0.94%，年平均消费量 0.4 亿吨（图 40）。2000—2004 年，消费量从 0.36 亿吨增长到 2004 年的 0.4 亿吨，4 年时间增长了 0.04 亿吨，之后进入缓慢增长阶段，2005—2019 年仅增长了 0.03 亿吨，2019 年，食品、酒精及工业用大麦消费量为 0.43 亿吨。

2. 饲料用大麦消费

2000—2019 年，全球饲料用大麦消费量较稳定，由 0.92 亿吨增长到 1.06 亿吨，增长了 0.14 亿吨，年均增长率为 0.75%，年平均消费量 0.97 亿吨（图 41）。2015 年以后，大麦饲料消费进入亿吨量级时代，除 2018 年外，每年消费量均超过 1 亿吨。

（三）全球高粱消费情况分析

1. 食品、酒精及工业用高粱消费

2000—2019 年，食品、酒精及工业用高粱消费长周期呈现窄幅波动，短周期呈增长趋势。2000—2007 年，消费量从 0.27 亿吨增长到 0.34 亿吨，2009 年消费量降低到 0.29 亿吨，之后逐

渐增长到2019年的0.36亿吨，19年间增加了0.09亿吨，年均增长率为1.53%，年平均消费量0.32亿吨（图42）。

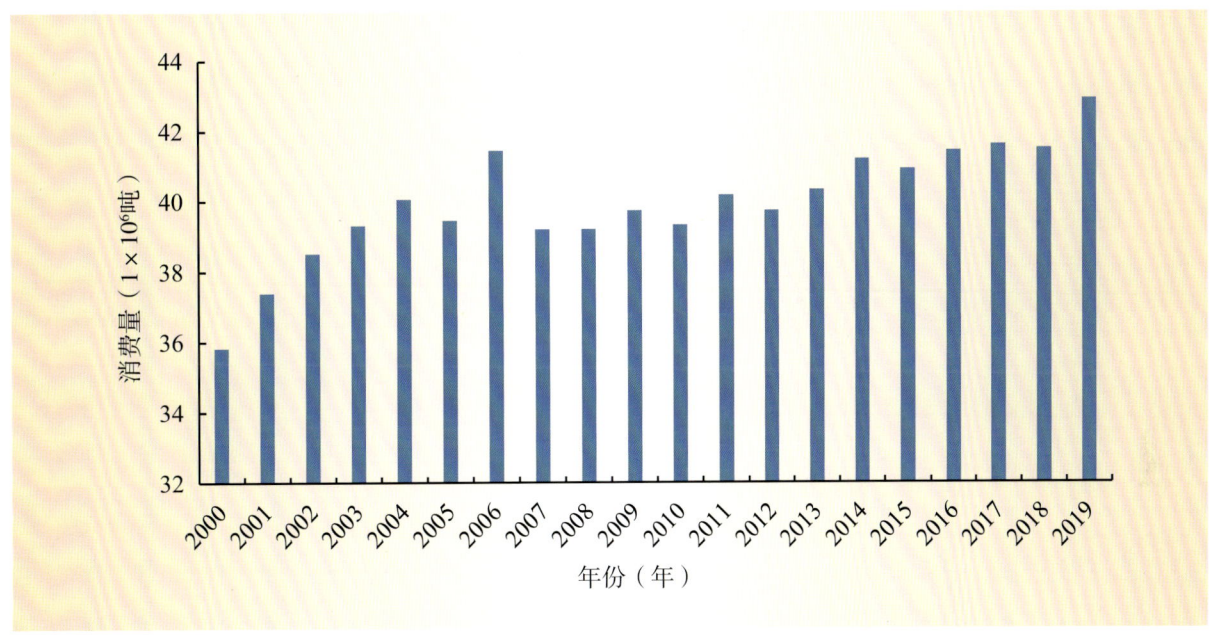

图40　全球食品、酒精及工业大麦消费情况（2000—2019年）

（数据来源：美国农业部经济研究局饲料展望报告）

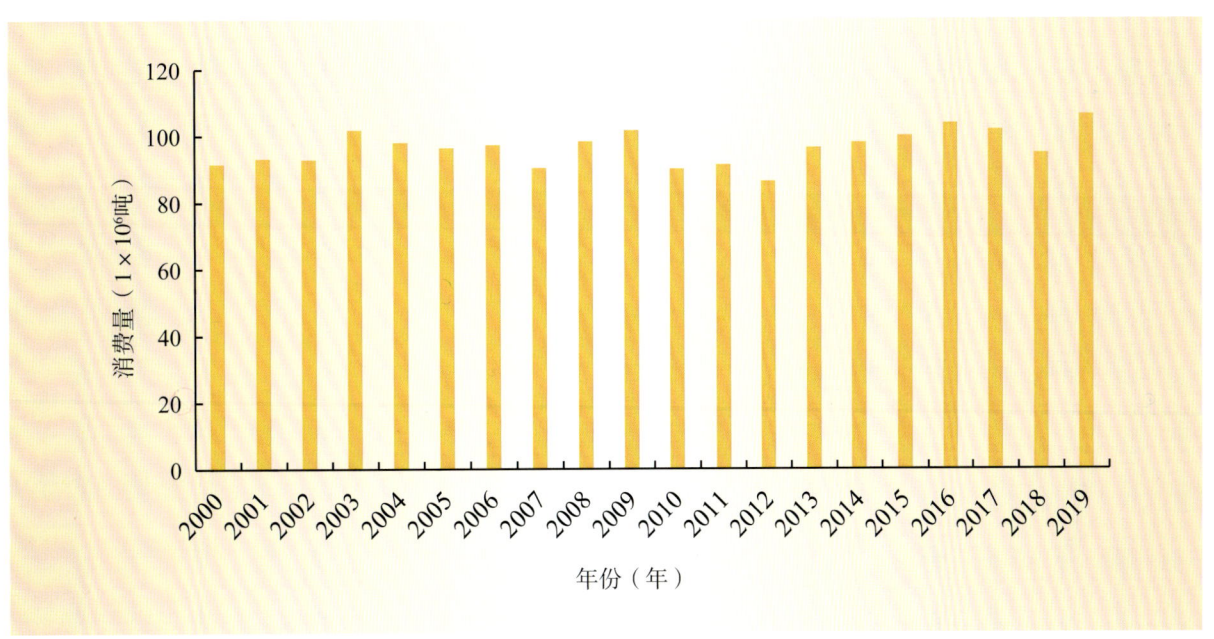

图41　全球饲用大麦消费情况（2000—2019年）

（数据来源：美国农业部经济研究局饲料展望报告）

2. 饲料用高粱消费情况

2000—2019年，高粱饲料消费长周期呈现下降态势，短周期有波动，由2000年的0.23亿吨下降到 2019 年的 0.19 亿吨，年均递减率达 1%，年平均消费量为 0.22 亿吨（图 43）。2014 年达到历史最高的 0.29 亿吨，然后进入快速下降周期，2018 年下降到 0.17 亿吨，下降了 0.12 亿吨，平均年递减率达到了 14.3%，创造了高粱饲料消费 19 年的最低点，2019 年稍有回升（0.19 亿吨）。

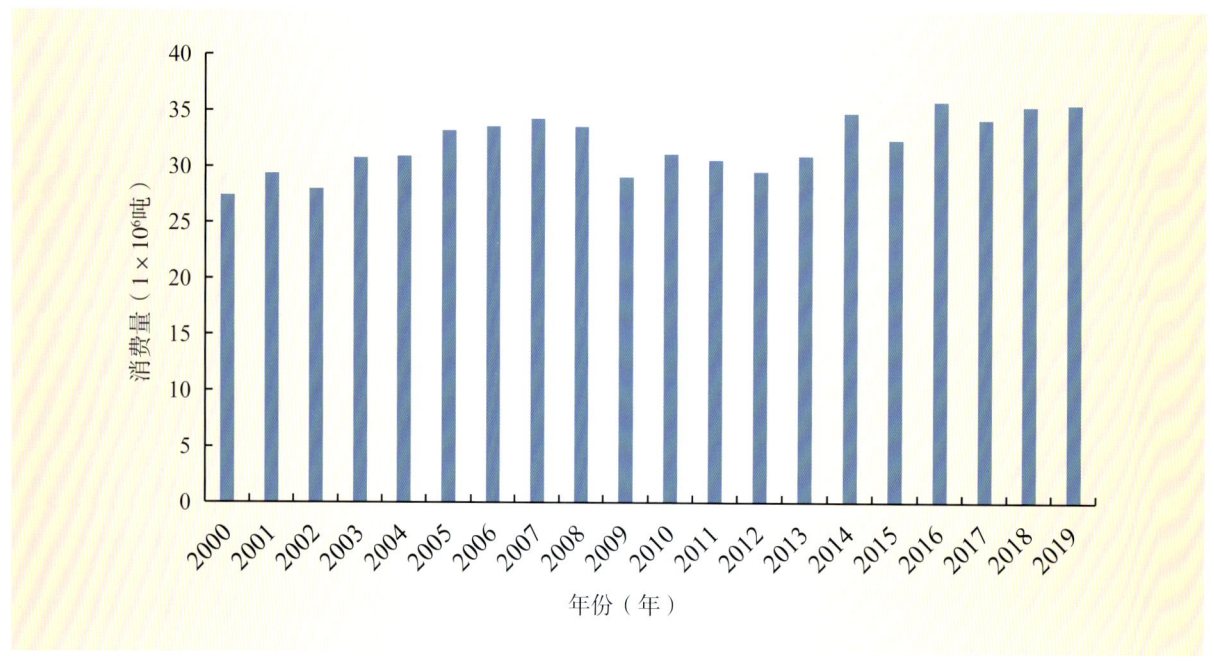

图 42　全球食品、酒精及工业高粱消费情况（2000—2019 年）

（数据来源：美国农业部经济研究局饲料展望报告）

图 43　全球饲用高粱消费情况（2000—2019 年）

（数据来源：美国农业部经济研究局饲料展望报告）

（四）全球其他粗粮消费情况分析

1. 食品、酒精及工业用粗粮消费情况

2000—2019年，食品、酒精及工业用粗粮消费呈现稳定增长态势，消费量从2.38亿吨增长到3.74亿吨，19年增长了1.36亿吨，年均增长率达2.41%，年平均消费量为3.03亿吨（图44）。

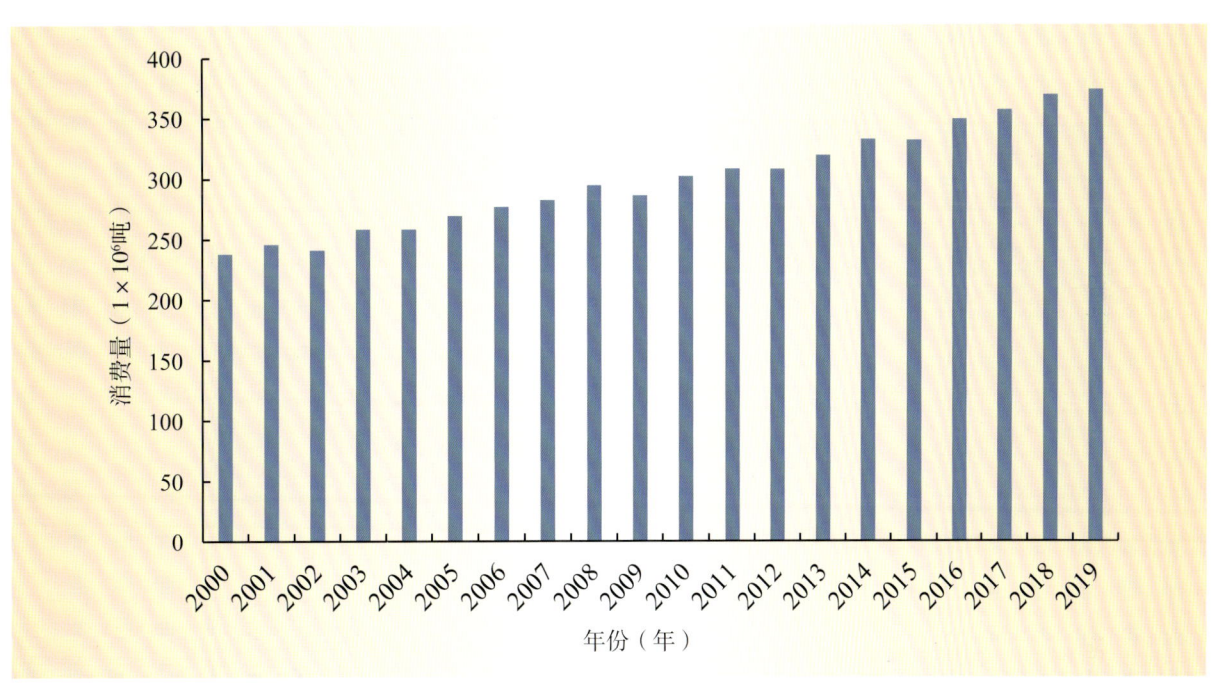

图44　全球食品、酒精及工业用粗粮消费情况（2000—2019年）

（数据来源：美国农业部经济研究局饲料展望报告）

2. 饲料用粗粮消费情况

2000—2019年，全球饲料用粗粮消费长周期呈现稳定增长态势。消费量从4.30亿吨增长到7.23亿吨，19年增长了2.93亿吨，年均增长率达2.78%，年平均消费量为5.63亿吨（图45）。

四、世界玉米消费影响因素分析

总体来看，目前全球玉米供求形势整体相对偏紧，尤其是玉米出口国与进口国集中度较高，导致区域不平衡，两级分化严重。从需求侧来看，食用与工业消费呈现缓慢增长态势，但随着石油价格的逐步回落，以美国为主的乙醇汽油需求有大幅下降趋势，这也会导致全球食用玉米与工业消费玉米有一定回落；饲料消费呈现快速增长态势，其中，小麦、大麦、高粱和燕麦的饲料消费受供给总量制约，对玉米饲料消费替代有限。随着人类对于高蛋白食品的需求增长，对饲料玉米的需求会一直保持增速态势。

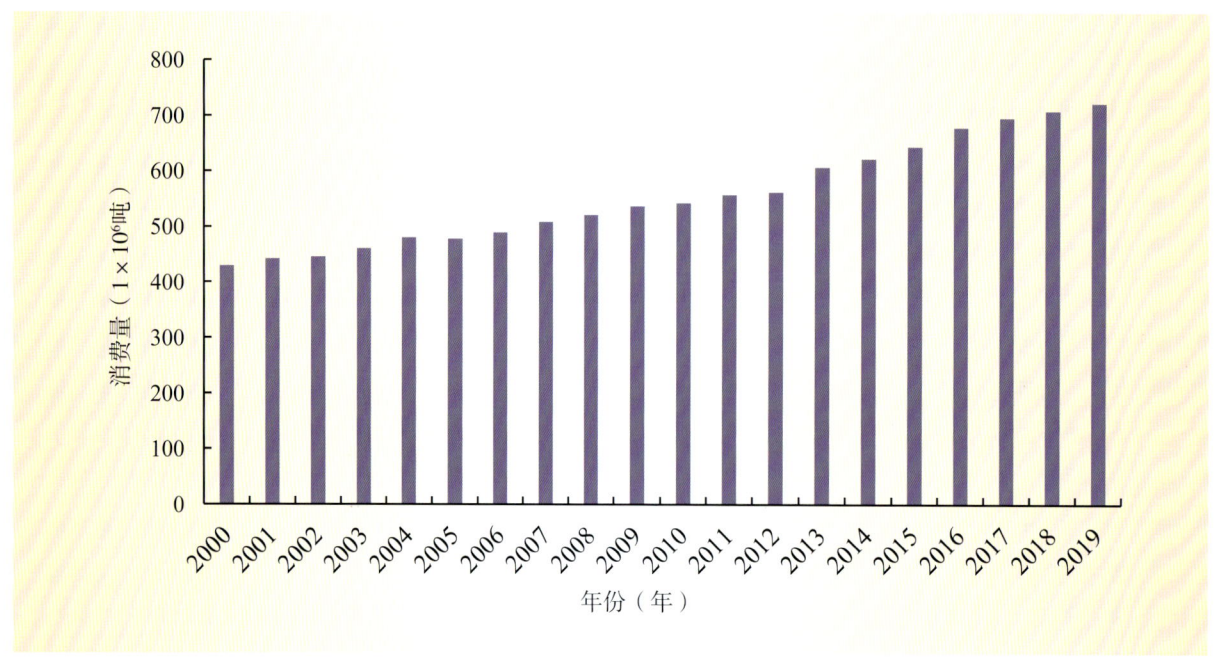

图45 全球饲料用粗粮消费情况（2000—2019年）

（数据来源：美国农业部经济研究局饲料展望报告）

本部分主要完成人：屠焰，张鑫

第四章
全球玉米贸易与价格分析

一、全球玉米价格分析

（一）近五年国际玉米价格概况与走势

2015年1月至2020年8月，国际玉米价格总体呈现低位区间震荡运行的特点，国际玉米期货价格与现货价格走势基本一致（图46）。其中，2015—2019年，国际玉米价格存在周期性波动，但波动范围不大，期货价格在128.53美元/吨至171.07美元/吨波动，国际玉米现货价格在151.37美元/吨至199.57美元/吨波动。国际玉米价格的周期性波动主要与玉米生长期的季节性规律与消费周期的不同步所造成玉米供需的阶段性不平衡有关。

2015—2017年，国际玉米价格总体稳定，2015年12月，芝加哥期货交易所（CBOT）近月期货价格和美国墨西哥湾2级黄玉米平均离岸价分别为146.5美元/吨和165.7美元/吨，2016年12月，平均离岸价分别为139.23美元/吨和155.68美元/吨，同比分别下降5%和6%。2017年12月，平均离岸价分别为138.23美元/吨和168.48美元/吨，同比下降0.7%和上涨8.2%。2018年，国际玉米价格先涨后稳，5月芝加哥玉米期货价格为158.09美元/吨，环比上涨6.67美元/吨，涨幅4.4%；同比上涨12.36美元/吨，涨幅8.4%。5月美国墨西哥湾2号黄玉米平均离岸价为192.32美元/吨，环比上涨2.4美元/吨，涨幅1.2%；同比上涨34.34美元/吨，涨幅21.7%。2018年12月，芝加哥玉米期货和美国玉米现货价格分别为150.12美元/吨、168.27美元/吨，同比分别上涨8.6%、下降0.1%。2019年，国际玉米价格平均水平略高于2018年，美国墨西哥湾2级黄玉米平均离岸价为175.4美元/吨，同比涨5.5%，芝加哥期货交易所（CBOT）玉米主力合约收盘月均价每吨152.33美元，同比上涨3.6%。

受国际油价下跌的影响，2020年1—8月，国际玉米价格波动幅度有所扩大，国际玉米期货价格在117.33美元/吨至151.78美元/吨波动，现货价格在149.2美元/吨至176.62美元/吨波动。

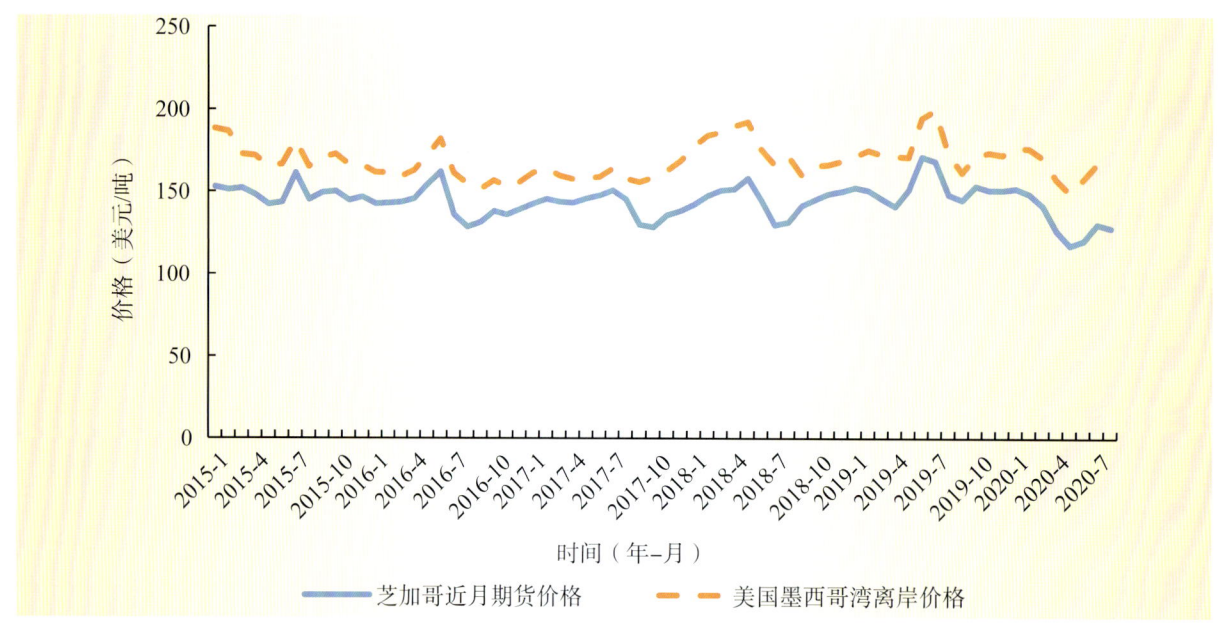

图 46　国际玉米期货价格与现货价格

（数据来源：Wind 数据库）

2020年3—5月，国际玉米价格下跌幅度较大，主要受国际原油价格下跌的影响，2020年3、4、5月芝加哥玉米期货价格分别为141.24美元/吨、126.39美元/吨、117.33美元/吨，同比降幅分别为3%、10.3%、22.3%；3、4、5月墨西哥湾2号黄玉米平均离岸价分别为170.44、157.5、149.2美元/吨，同比降幅分别为1.1%、8.1%、12.7%。国际油价恢复后，国际玉米价格也有所回升，2020年8月，美国芝加哥近月合约平均价格为127.85美元/吨，环比下降2.45美元/吨，降幅1.88%；同比下降20.19美元/吨，降幅13.64%。8月墨西哥湾2号黄玉米平均离岸价为166.64美元/吨，环比下降0.28美元/吨，降幅0.17%；同比下降6.36美元/吨，降幅3.68%（图47）。

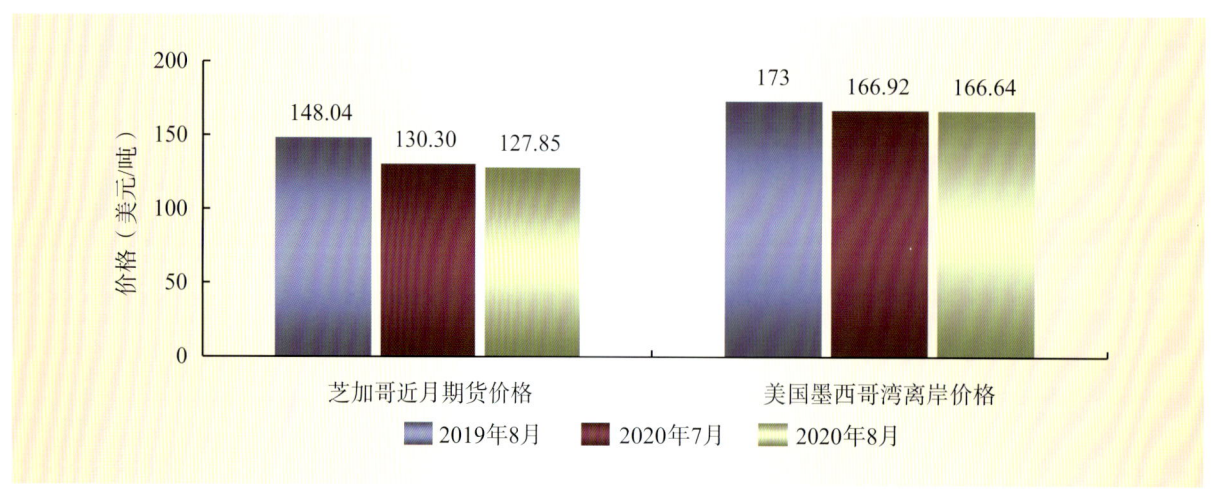

图 47　本月国际玉米价格与上月及上年同期对比情况

（数据来源：Wind 数据库）

(二)国际玉米价格影响因素分析

1. 供应量对国际玉米价格的影响

2015—2018年,全球玉米供应量稳定,总体呈现稳中略增的态势,2019年,全球产量和供应量出现小幅下降,较上年减少1587万吨,同比下降1.4%,供应量较上年减少3325万吨,同比下降2%,玉米价格也因此有所上升。共有两方面因素导致全球产量下降,一是2019年中国玉米面积继续调减,种植面积仅4128万公顷,美国实际种植面积3311万公顷,巴西、欧盟、阿根廷种植面积基本保持稳定,全球玉米面积较上一年度增加19万公顷,增幅缓慢;二是美国由于播种季节降雨偏多,播种延迟,玉米单产水平同比下降5.3%,巴西、欧盟、阿根廷单产水平也有所降低,全球玉米单产水平同比下降1.5%(图48)。

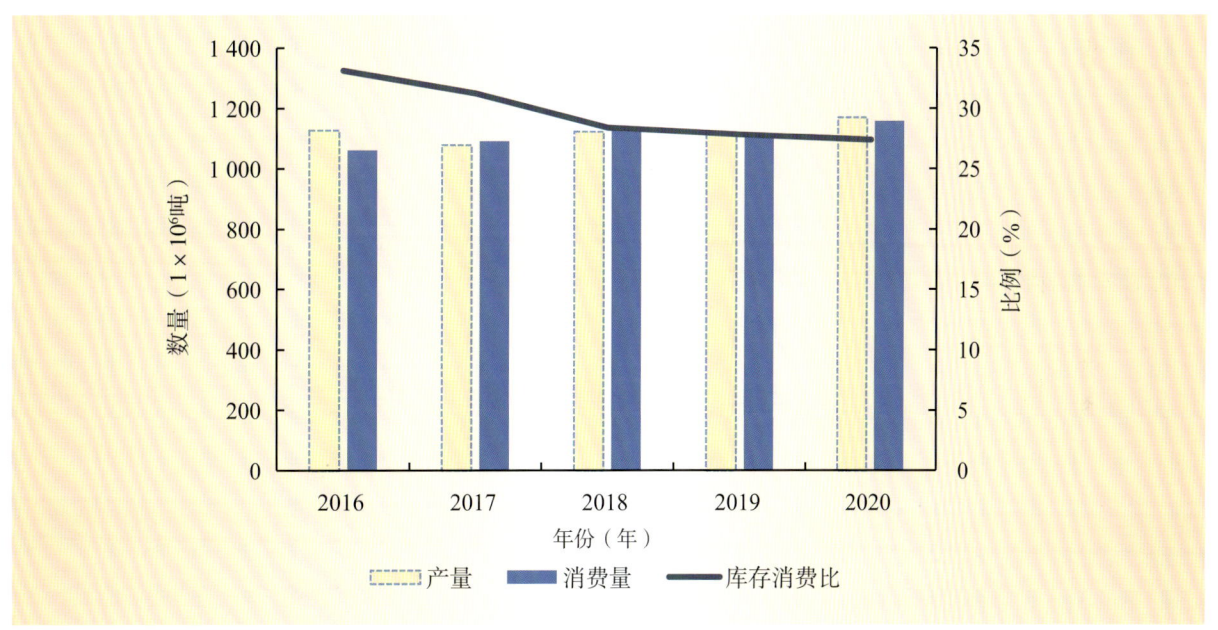

图48 世界玉米生产、消费和库存消费比(2020年7月)

(数据来源:美国农业部,USDA)

2020年,玉米主产国(美国、巴西、欧盟、阿根廷等)正面临新冠疫情防控隔离措施带来的劳动力短缺,进而影响全球范围内玉米播种;而主要出口国(美国、巴西、阿根廷、乌克兰、欧盟等)玉米由于出口检疫要求,物流运输时间长,短期内玉米出口受阻,可能导致暂时的价格波动,但长期来看影响不大。此外,8月预计美国玉米产量为3.88亿吨,较7月预测增加700万吨,同比增加4219万吨,未来玉米产量较为稳定(图49)。

2. 需求对国际玉米价格的影响

2016—2019年,全球玉米消费量基本保持稳步增长,年均增长率为2.9%。2016年的全球玉米消费总量为10.62亿吨,到2018年消费总量增长至11.26亿吨。2019年消费总量达11.18

亿吨，较上年减少 800 万吨。2020 年玉米消费需求可能受到两大因素的影响，一是受疫情等因素影响，全球养殖业发展放缓，短期内玉米饲用消费需求有所下降，造成玉米价格在短期内有所波动；二是 2020 年 3 月低油价导致国际市场对生物质燃料需求下跌 43%，玉米需求量有所下降，随着 6 月国际原油价格的恢复，玉米需求量上升，国际玉米价格恢复低价位振荡区间。总体来看，受疫情和国际油价影响，短期玉米价格有所波动，长期来看，随着疫情缓解和国际原油价格的回升，全球玉米消费需求保持稳定增长态势，国际玉米价格将维持平稳（图 50）。

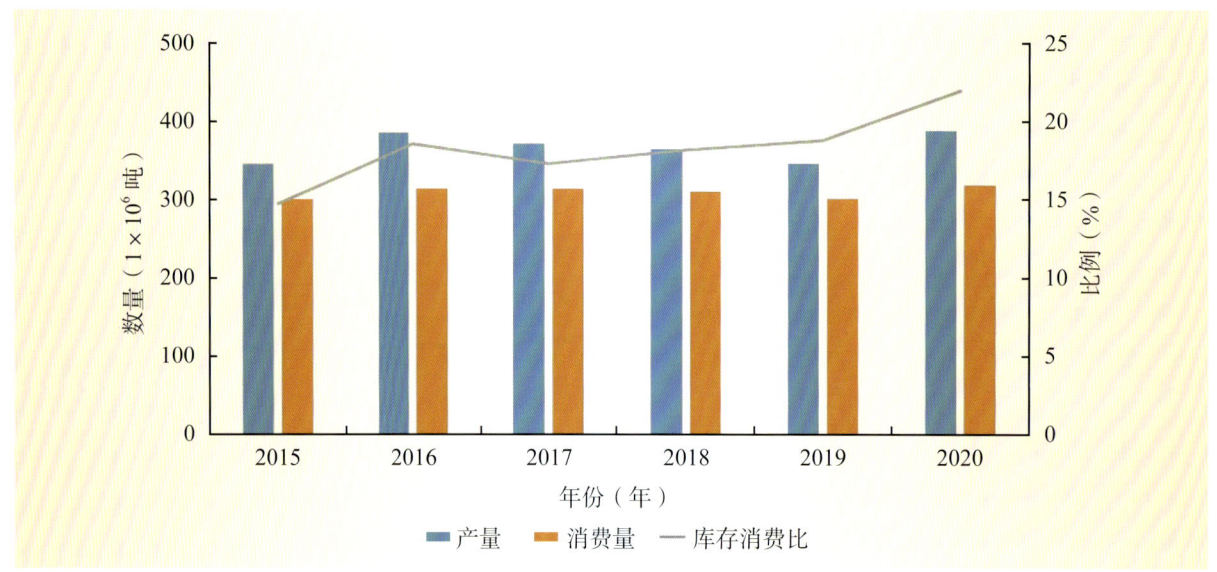

图 49 美国玉米生产、消费和库存消费比（2020 年 7 月）

（数据来源：美国农业部，USDA）

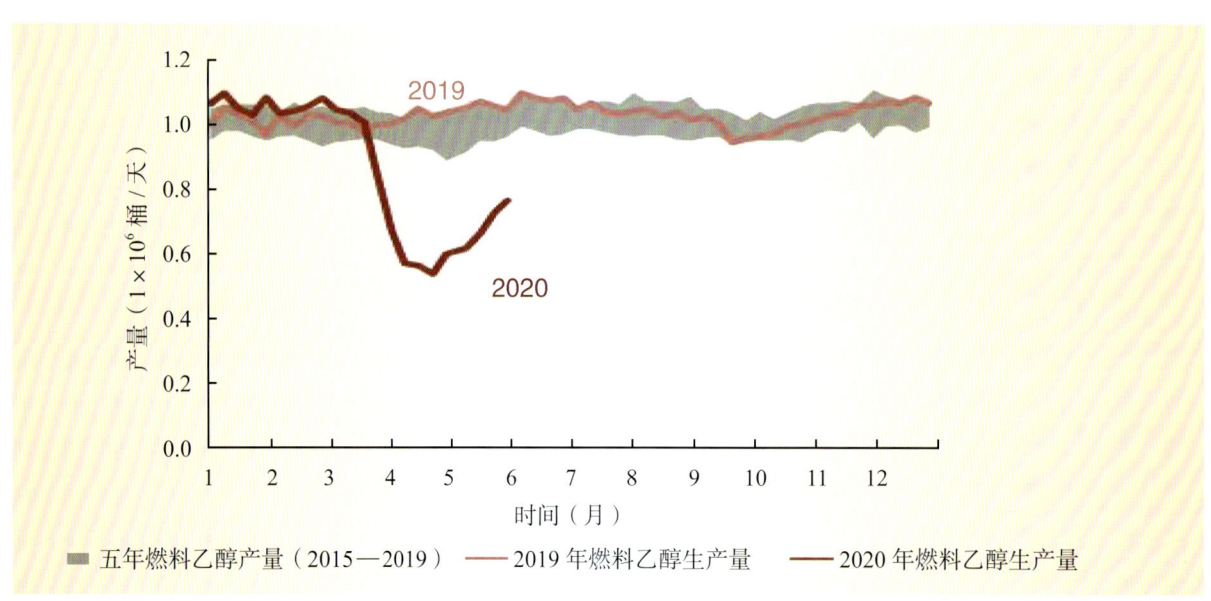

图 50 2015—2020 年 5 月美国燃料乙醇与车用乙醇产量

（数据来源：美国能源信息署）

3. 库存量对国际玉米价格的影响

2016—2019年，由于全球玉米消费量持续上升，全球玉米库存有所下降，库存消费比总体呈不断下降趋势，2016/2017年全球玉米期末库存量为3.53亿吨，库存消费比为33.14%。2019/2020年玉米期末库存量为3.11亿吨，较上年减少878.5万吨，同比下降2.74%，库存消费比为27.83%，较去年下降0.58%。据美国农业部2020年8月供需报告预测，除中国外，其他国家玉米库存1.234亿吨，同比增加约1 619万吨和15.1%，整体库存仍较为充足，并且基本满足总消费量需求（图51）。

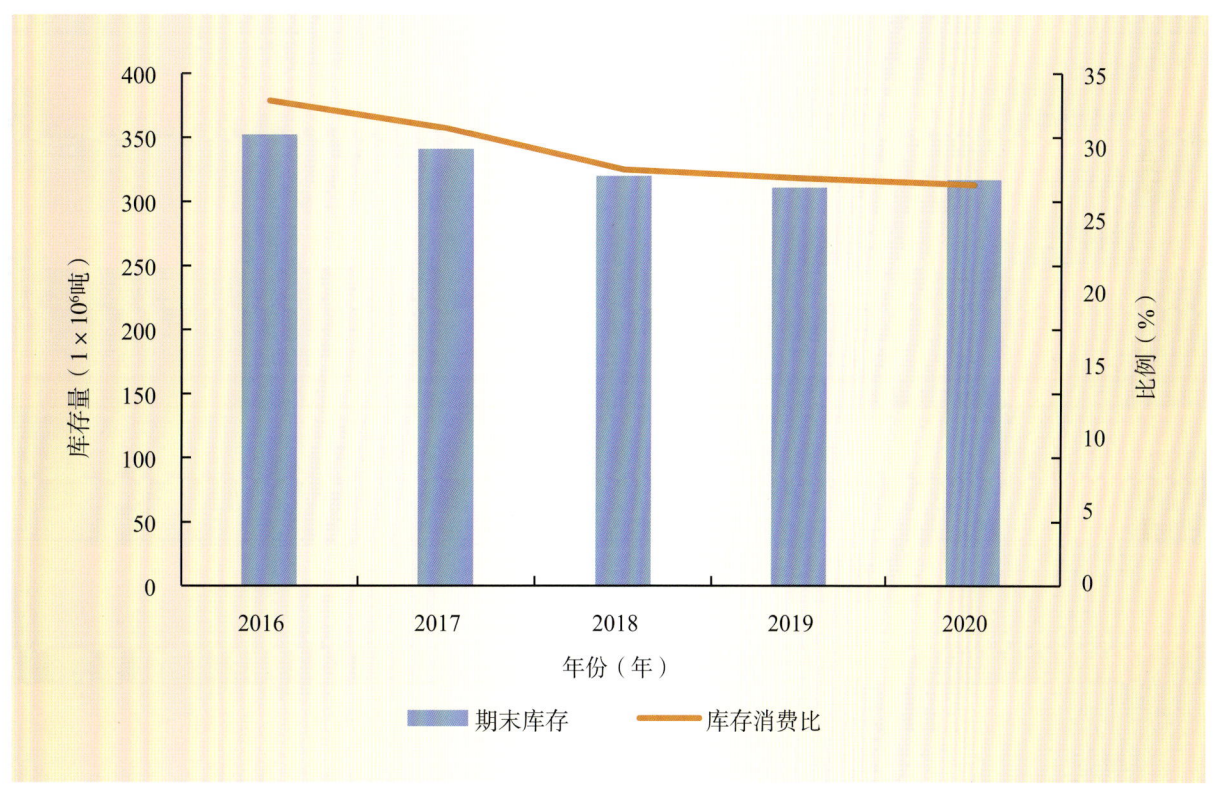

图51 全球玉米库存量（2020年7月）

（数据来源：美国农业部，USDA）

整体来看，国际玉米产量和供应量较为稳定，2016年，国际玉米产量为11.27亿吨，2019年，国际玉米产量为11.12亿吨，产量的稳定增长使得全球玉米供需形势较为宽松。此外，考虑到疫情的缓解和国际油价的恢复，总体消费需求呈现上升趋势。据美国农业部8月供需报告预测，2020/2021年度全球玉米产量为11.71亿吨，较上年度增加5 964万吨和5.3%，全球玉米消费为11.6亿吨，较上年度增加4 367万吨。中长期来看，国际玉米供需形势保持稳定，预计未来玉米价格将延续稳定态势。

二、全球玉米贸易分析

（一）2010—2019年全球玉米进出口贸易规模

近年来，玉米出口量持续下降，2019年，玉米出口量达到近10年历史最低点。2010—2016年，全球玉米出口呈现波动性上升趋势，从2010年的9 439.05万吨增长到2016年的11 918.22万吨，平均年增长率为3.96%，而2016—2019年出口量持续下降，从2016年的11 918.22万吨下降到2019年的7 624.74万吨，年下降平均比例为13.83%（图52）。

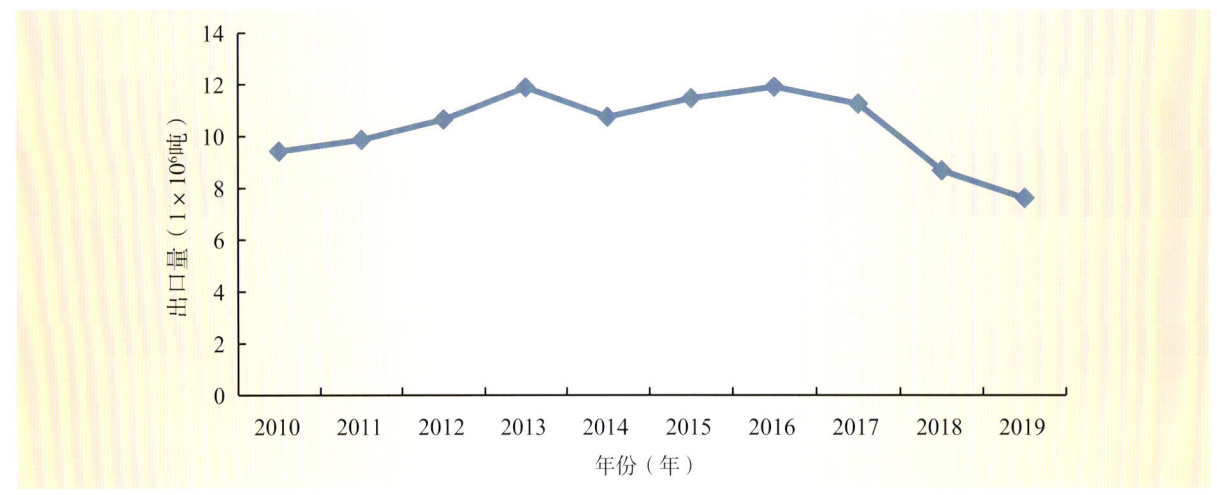

图52　2010—2019年全球玉米出口贸易量趋势

除2019年外，近10年世界玉米进口量稳步上升。2010—2018年，世界玉米进口量保持稳步上升，2018年，玉米进口量达到近十年历史最高值，从10 901.31万吨增加到17 170.66万吨，年均增长率为5.84%，而2019年玉米进口量有明显下降，不足1亿吨，同比减少43.8%（图53）。

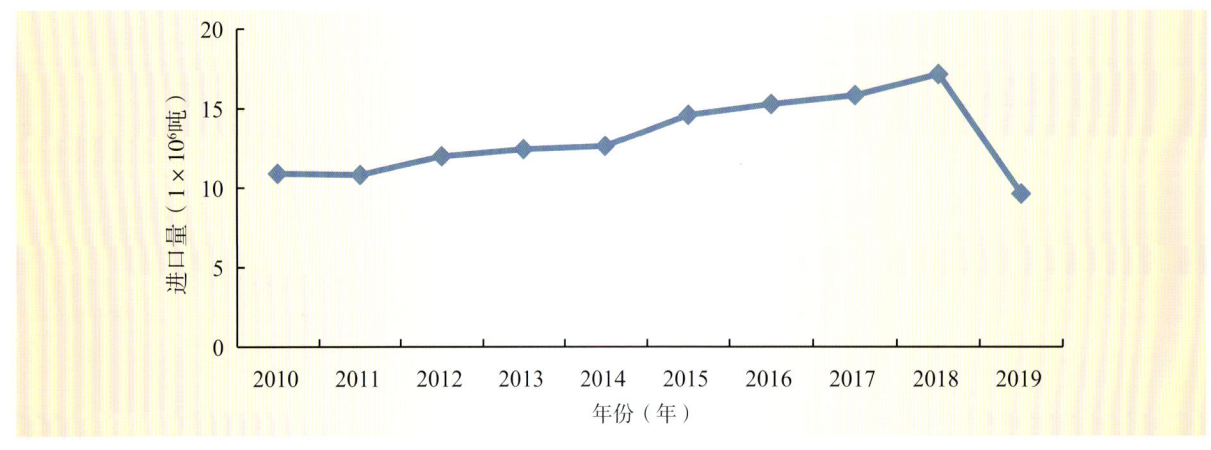

图53　2010—2019年全球玉米进口贸易量趋势

表7　2010—2019年全球玉米进出口贸易

年份(年)	进口额(万美元)	进口量(万吨)	出口额(万美元)	出口量(万吨)
2010	2 133 076.66	10 901.31	2 170 841.25	9 439.05
2011	3 124 241.31	10 834.14	3 128 603.18	9 882.25
2012	3 285 613.24	11 995.23	3 301 335.93	10 653.21
2013	3 181 775.38	12 430.09	3 245 407.76	11 893.40
2014	2 930 911.34	12 639.69	3 189 379.79	10 759.04
2015	2 611 736.81	14 603.67	2 775 270.74	11 466.76
2016	2 677 469.72	15 273.07	2 836 395.23	11 918.22
2017	2 677 463.61	15 832.18	2 912 275.79	11 265.17
2018	3 081 297.37	17 170.66	2 939 528.23	8 690.80
2019	1 711 366.49	9 650.52	1 880 118.12	7 624.74

数据来源：美国农业部（USDA）农业贸易数据库。

（二）2010—2019年全球玉米进出口贸易市场结构

1. 美国、乌克兰、巴西和阿根廷是世界玉米主要出口国，保加利亚成为新兴玉米出口大国

2019年，全球玉米出口量前十位的国家是乌克兰、美国、巴西、阿根廷、罗马尼亚、保加利亚、匈牙利、塞尔维亚、加拿大和荷兰，其中，美国、乌克兰、巴西和阿根廷的玉米出口近几年基本保持稳定，一直占据前四位。乌克兰和罗马尼亚的出口能力不断增强，巴拉圭、印度、南非传统玉米出口国的出口国地位下降，保加利亚成为新兴玉米出口大国（表8，表9）。

表8　全球玉米出口贸易量前十位的国家　　　　单位：万吨

序号	2010年		2015年		2017年		2018年		2019年	
	国家	出口量	国家	出口量	国家	出口量	国家	出口量	国家	出口量
1	美国	4 759.59	美国	3 107.24	美国	2 441.40	美国	2 539.21	乌克兰	1 688.11
2	阿根廷	1 285.15	巴西	2 037.01	阿根廷	1 728.56	乌克兰	1 482.68	美国	1 626.59
3	巴西	805.58	乌克兰	1 774.36	巴西	1 467.46	巴西	965.97	巴西	1 236.40
4	匈牙利	352.21	阿根廷	1 357.79	乌克兰	1 339.14	阿根廷	953.08	阿根廷	835.16
5	乌克兰	327.97	匈牙利	388.14	克罗地亚	440.29	俄罗斯	309.98	罗马尼亚	381.96
6	巴拉圭	122.58	俄罗斯	258.17	俄罗斯	412.38	罗马尼亚	298.95	保加利亚	229.15
7	印度	121.65	巴拉圭	253.77	匈牙利	327.74	匈牙利	219.37	匈牙利	226.14
8	塞尔维亚	113.36	罗马尼亚	228.40	罗马尼亚	283.46	加拿大	215.78	塞尔维亚	154.41
9	罗马尼亚	111.07	塞尔维亚	204.95	荷兰	219.79	巴拉圭	134.57	加拿大	100.66
10	南非	107.54	荷兰	150.36	英国	195.84	南非	108.29	荷兰	95.82

数据来源：美国农业部农业贸易数据库。

表9　全球玉米进口贸易量前十位国家　　　　　　　　　　　　　　　　单位：万吨

序号	2010年 国家	进口量	2015年 国家	进口量	2017年 国家	进口量	2018年 国家	进口量	2019年 国家	进口量
1	日本	1 712.90	日本	1 420.62	日本	1 626.90	墨西哥	1 688.55	墨西哥	1 449.03
2	韩国	818.43	墨西哥	1 217.98	墨西哥	1 536.03	日本	1 584.60	日本	1 072.00
3	墨西哥	795.32	韩国	946.99	韩国	936.73	韩国	1 041.46	越南	764.10
4	埃及	646.96	埃及	795.08	埃及	902.70	越南	1 036.25	韩国	557.51
5	台湾	463.85	越南	738.22	越南	780.71	西班牙	946.99	哥伦比亚	507.84
6	伊朗	403.55	西班牙	709.91	西班牙	779.47	伊朗	925.68	阿尔及利亚	381.03
7	西班牙	392.83	荷兰	557.77	伊朗	662.90	埃及	904.45	秘鲁	380.81
8	哥伦比亚	373.32	中国	554.81	荷兰	576.89	荷兰	637.41	埃及	320.18
9	马来西亚	305.48	伊朗	535.24	意大利	503.58	哥伦比亚	563.03	沙特阿拉伯	273.39
10	荷兰	296.03	哥伦比亚	436.82	哥伦比亚	481.56	意大利	540.09	意大利	266.06

数据来源：美国农业部（USDA）农业贸易数据库。

2. 全球玉米出口呈现集中度高的特征

玉米出口主要集中在乌克兰、美国、巴西和阿根廷。2019年，出口量在1 000万吨以上的国家包括乌克兰、美国和巴西，前五位国家的出口量占玉米总出口量的75.65%。

3. 近十年全球玉米出口的贸易结构发生变化

乌克兰取代美国成为2019年玉米出口最多的国家，乌克兰玉米出口从2010年327.97万吨上涨到2019年的1 688.11万吨，而美国玉米出口呈现迅速下降趋势，从2010年4 759.59万吨下降到2019年的1 626.59万吨。巴西和阿根廷玉米出口年际波动较大。

4. 2018年以来墨西哥取代日本成为进口最多的国家

墨西哥玉米的进出口呈现稳定上涨趋势，从2010年的795.32万吨上涨到2018年的1 688.55万吨，2019年下降到1 449.03万吨。日本的玉米进口则呈现波动性下降，从2010年的1 712.9万吨，下降到2019年的1 072万吨，下降比例高达37.42%。

5. 玉米贸易进口格局相对比较稳定

墨西哥、日本、越南和韩国为进口前四位国家，进口比重相对比较稳定，其中，前10个国家的进口总量占总进口量的61.88%，说明贸易进口的集中度也相对较高。

（三）玉米贸易影响因素分析

1. 国际玉米价格出现明显优势

国家粮油信息中心数据显示，2020年3月3日，美国玉米到港成本为1 738元/吨，广东玉米价格为 1 980 元 / 吨，国内玉米价格首次超过美国玉米到港价格，国内外价差 242 元 / 吨。截至 6 月 30 日，国内外价差已扩大到 638 元 / 吨，并呈不断拉大之势，后期价差的扩大将使得进口玉米价格优势重现，国内贸易商和企业进口量增加。

2. 玉米贸易运输的便利性不断增强

玉米易储存，便于运输，其国际贸易发展优势显现，运输成本也在不断降低。近年来，国际及国内边境管理机构合作不断加强，自动化、无纸化以及单一窗口应用范围大幅度扩展，特别是通关一体化改革，流程不断简化，效率不断提高，玉米的通关时间不断缩短，通关行政成本不断降低，包括 AEO、关税担保、提前申报、风险管理、后续稽查、主动披露等一系列先进管理制度和管理方式得到采用和推广，管理效能得到显著优化。

本部分主要完成人：张蕙杰，仇焕广

第五章
全球饲料产业情况

一、全球饲料产业概况

2014—2019年,全球饲料产量呈先快速增长后高峰回落的总体态势(图54)。其中,2014—2018年,全球饲料产量由9.80亿吨增长到11.38亿吨,增长了约1.6亿吨,年均增长率达3.81%。2019年,受非洲猪瘟疫情等影响,亚太地区猪饲料主产国中国、越南、泰国等国家猪饲料产量大幅度下降,亚太地区猪饲料产量下降26%,导致亚太地区饲料总产量同比下降5.5%,直接引发了2019年全球饲料产量出现高峰回落态势,即下降到11.3亿吨,同比下降约0.09亿吨,同比降低0.79%。

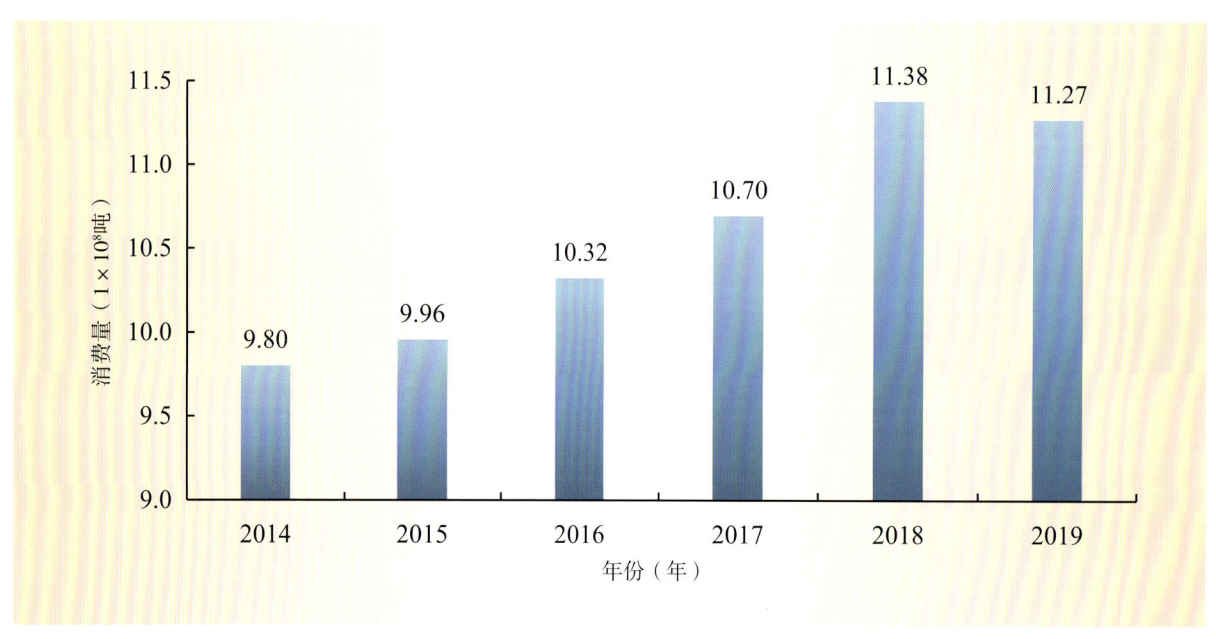

图54 2014—2019年全球饲料产量变化趋势

(数据来源:Alltech Global Feed Survey)

二、不同畜禽饲料产量情况

（一）全球猪饲料产量变化情况

2014—2019年，全球猪饲料产量呈先下降，后快速增长，再快速回落的态势。其中，2014—2016年，全球猪饲料产量由2.56亿吨降低到2.20亿吨，降低了约0.36亿吨。从2017年开始，全球猪饲料产量进入快速增长期，由2016年的2.20亿吨增长到2018年的2.93亿吨，增加了约0.73亿吨，年均增长率达到了15.4%。2019年，受非洲猪瘟疫情的影响，亚太地区猪饲料主产国中国、越南、泰国等国猪饲料产量大幅度下降，导致全球猪饲料产量呈下降趋势，即降低到2.61亿吨，同比下降了0.32亿吨，同比降低10.8%（图55）。

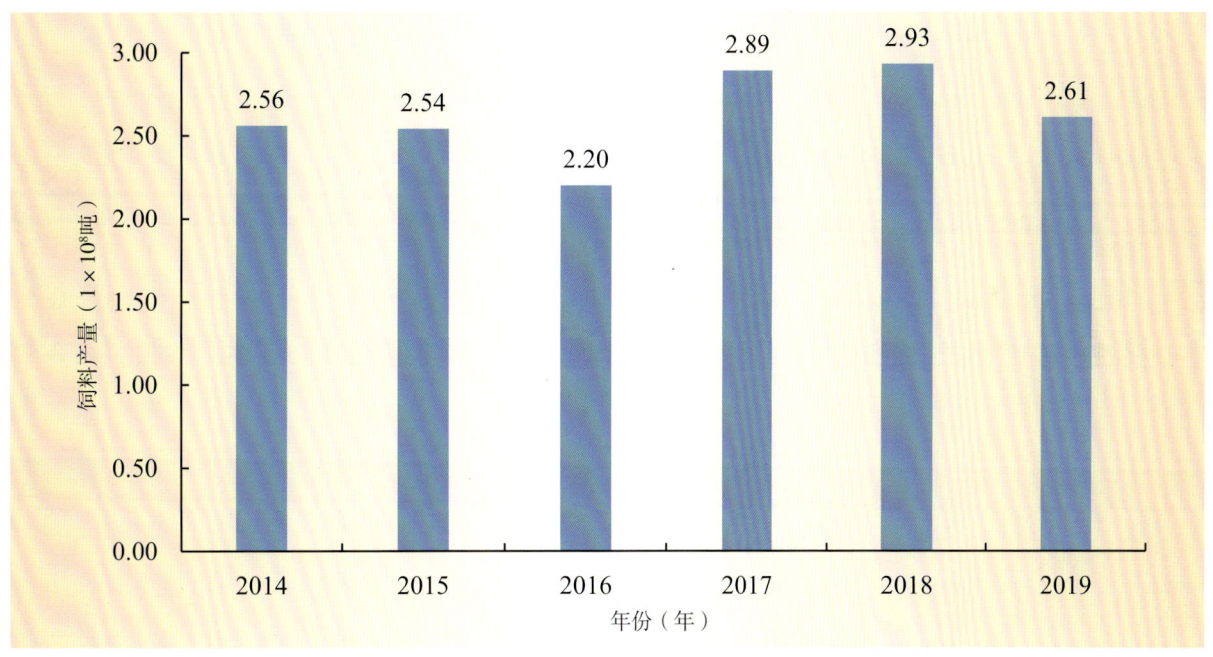

图55　2014—2019年全球猪饲料产量

（数据来源：Alltech Global Feed Survey）

（二）全球家禽饲料产量变化情况

2014—2019年，全球家禽饲料产量呈先快速增长，后缓慢降低，再快速增长的态势（图56）。2014—2015年，全球家禽饲料产量由4.39亿吨增加到4.64亿吨，之后降低到2017年的4.39亿吨。2017年之后，全球家禽饲料产量快速增长，2019年达到4.98亿吨，增加了约0.59亿吨，年均增长率达6.51%。主要原因是蛋鸡料和肉鸡料产量最大的生产地区（亚太和欧洲地区）家禽饲料产量增加显著。

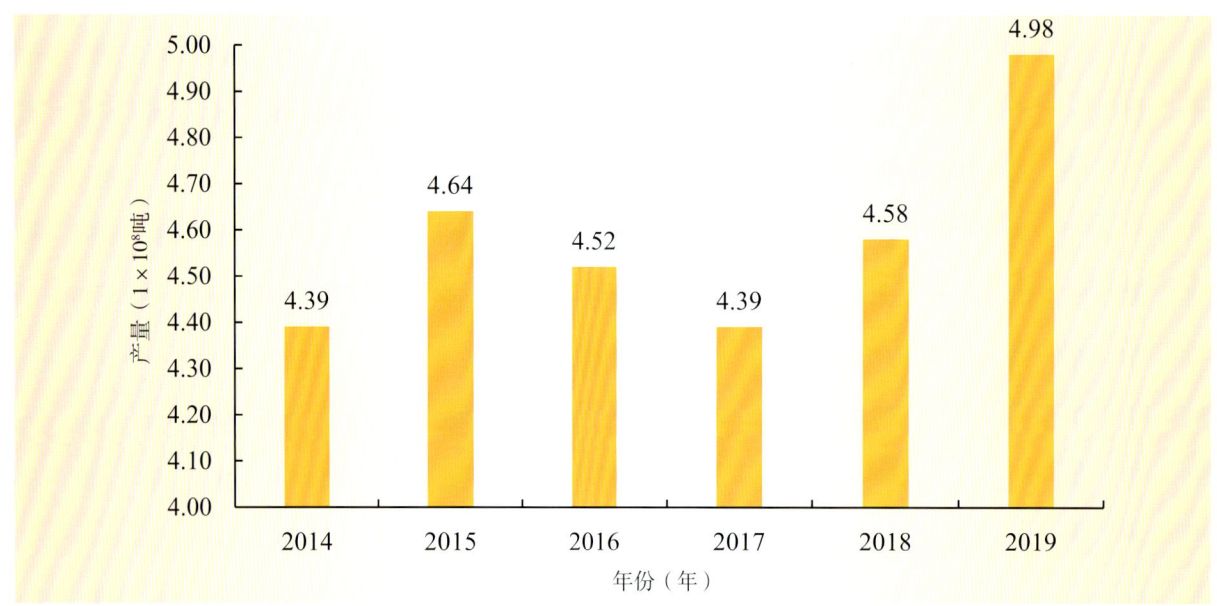

图 56　2014—2019 年全球家禽饲料产量

（数据来源：Alltech Global Feed Survey）

（三）全球反刍饲料产量变化情况

2014—2019 年，全球反刍饲料产量呈先缓慢增长，后缓慢降低，再快速增长的态势（图 57）。2014—2016 年，全球反刍饲料产量由 1.96 亿吨增加到 2.21 亿吨，之后降低到 2017 年的 1.93 亿吨。2017 年之后，全球反刍饲料产量快速增长，2019 年达到 2.45 亿吨，增加了约 0.52 亿吨，年均增长率达到 14.7%。

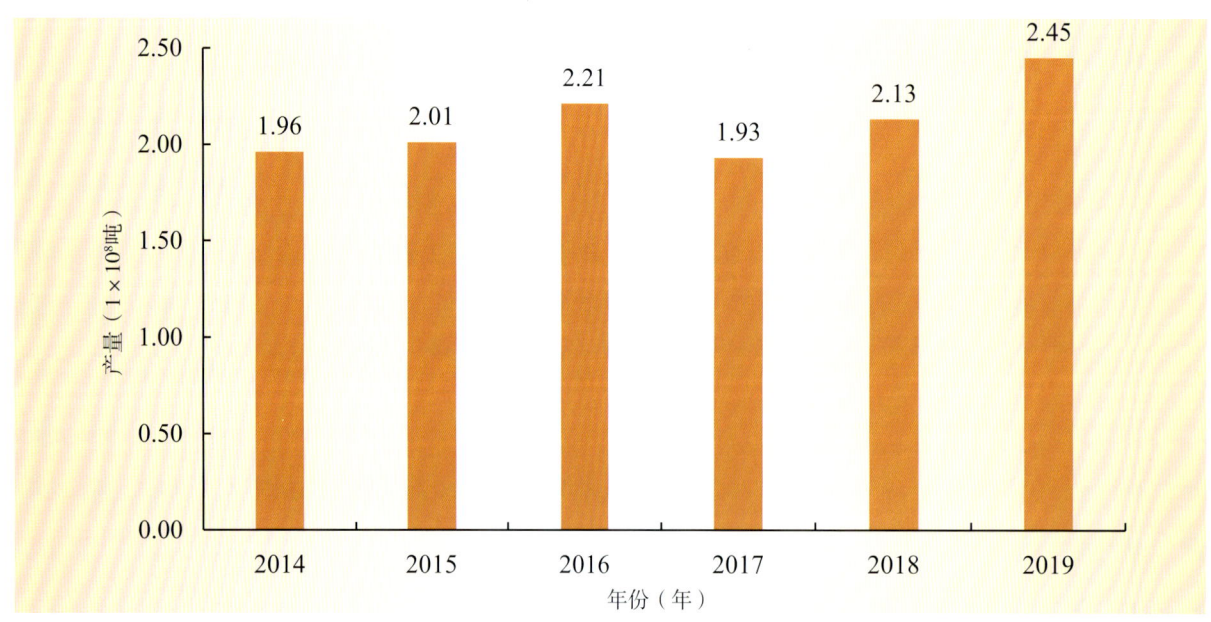

图 57　2014—2019 年全球反刍饲料产量

（数据来源：Alltech Global Feed Survey）

（四）全球水产饲料产量变化情况

2014—2019年，全球水产饲料产量变化幅度不大，除2015年水产饲料产量为0.35亿吨外，其他年份基本维持在0.4亿吨水平（图58）。

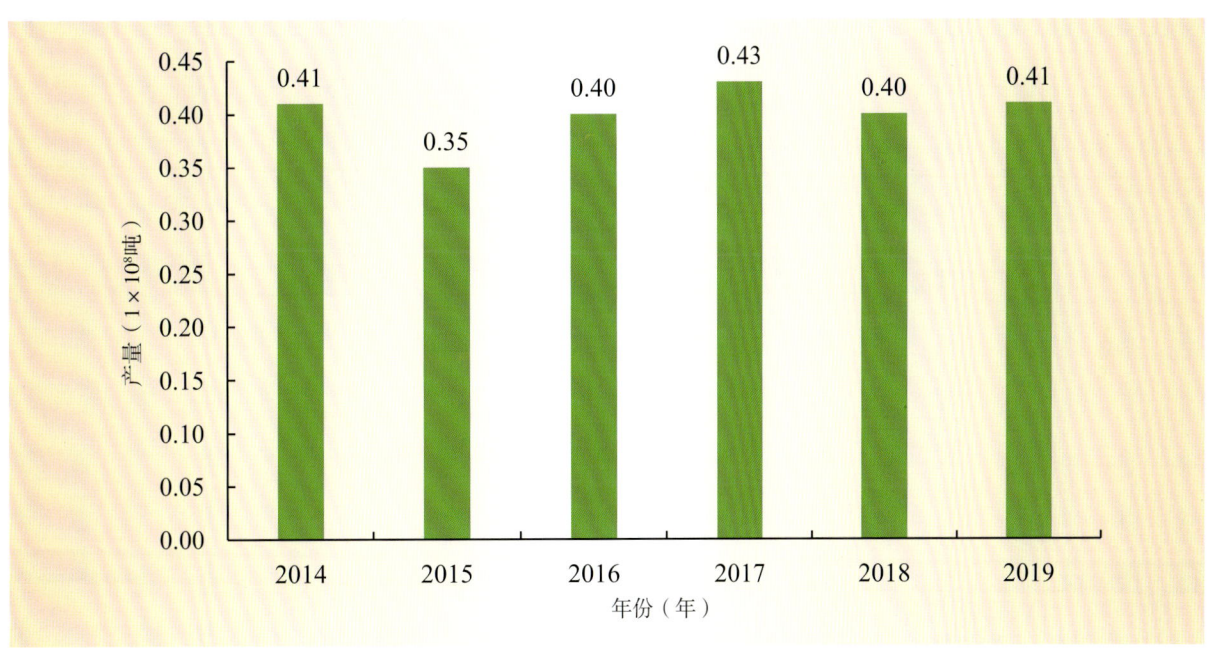

图58　2014—2019年全球水产饲料产量

（数据来源：Alltech Global Feed Survey）

（五）全球宠物饲料产量变化情况

2014—2019年，全球宠物饲料产量呈先缓慢增长，后缓慢降低的态势（图59）。2014—2017年，全球宠物饲料产量由0.22亿吨增加到0.32亿吨，年均增长率达13.3%。2017年之后，全球宠物饲料产量缓慢降低，2019年产量为0.28亿吨，年均降低率达到了6.46%。

三、全球主要饲料企业情况

2019年，全球排名前十位的饲料生产企业年生产饲料总量为1.41亿吨，占全球饲料总产量的12.9%（图60），其中，中国有3家，分别为新希望集团、温氏食品集团和海大集团。

（一）正大集团（CP Group）

泰国正大集团业务遍及工业、服务业等多个行业，分为8个业务线，涵盖13个业务组。目前，集团在21个国家（地区）进行投资。泰国正大集团主要涉及农业和食品、零售与分

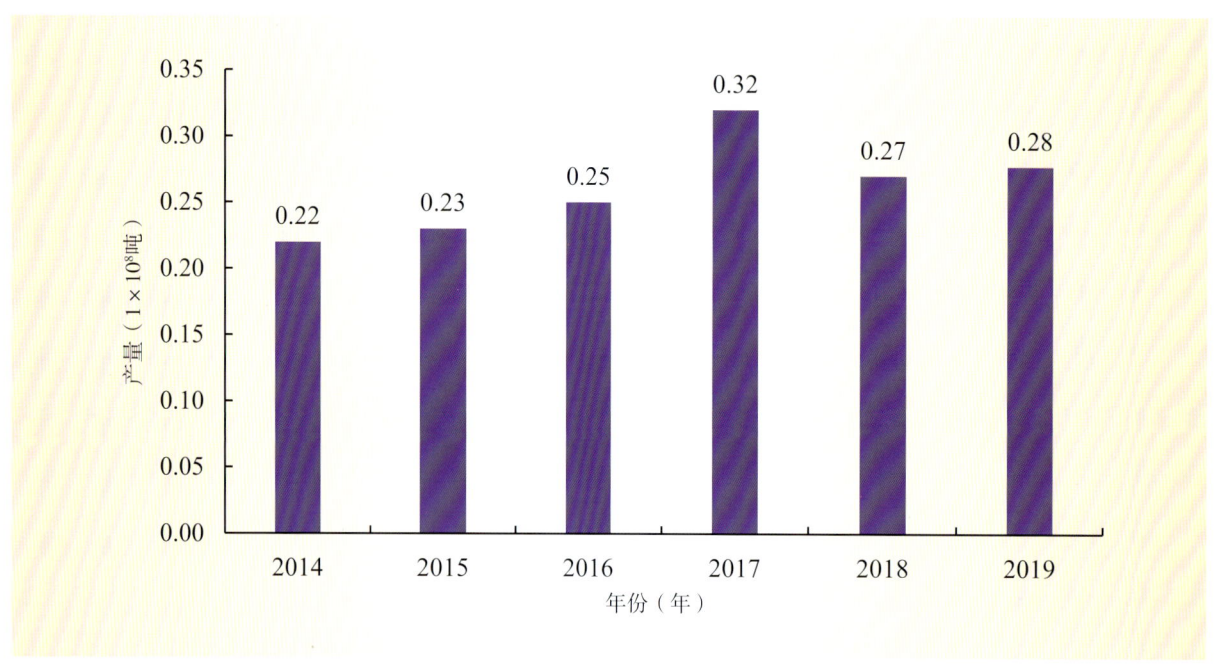

图 59　2014—2019 年全球宠物饲料产量

（数据来源：Alltech Global Feed Survey）

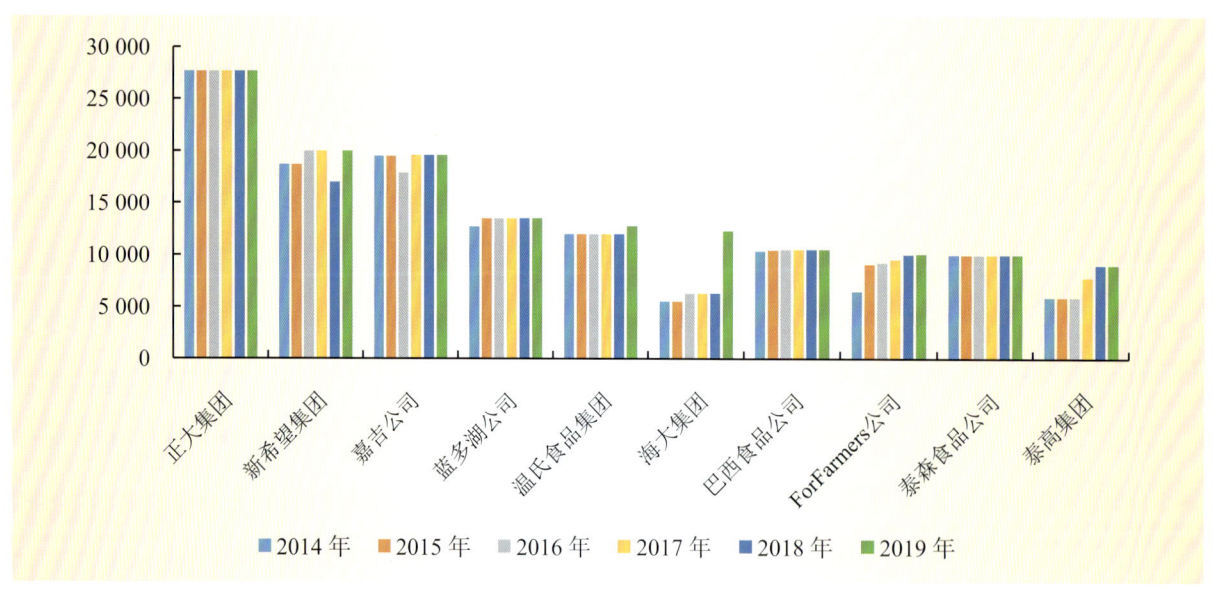

图 60　2014—2019 年全球排名前十位饲料企业产量变化情况

（数据来源：Feed Strategy）

销、媒体与电信、电子商务、数字、房地产开发、汽车和工业产品、制药以及金融和投资。泰国正大集团还经营农业和食品综合业务，其中，包括畜牧业和水产养殖业。正大集团饲料产品主要包括家禽饲料、猪饲料、反刍饲料、宠物饲料、水产饲料、复合饲料等，饲料产量最近几年一直比较稳定，每年饲料产量为 2 765 万吨，占全球饲料产量的 2.45%，市场主要在非洲、亚洲、东欧和中东地区。

(二)新希望集团(New Hope Group)

新希望集团始创于 1982 年,由著名民营企业家刘永好发起创立。目前,在全球 30 个国家(地区)拥有 600 多家子公司,近 70 000 名员工,拥有 2 000 亿元总资产。新希望集团将其资源和专业知识用于农业技术、食品加工、渠道建设、房地产和旅游业。集团活跃于多个金融市场,例如银行、证券、互联网金融和基金,还投资和运营具有增长潜力的新兴创新公司。集团从事动物饲料、牲畜育种、饲养以及食品和现代农业业务下的食品加工。新希望集团饲料产品主要包括家禽饲料、猪饲料、反刍饲料、复合饲料、预混料等,饲料产量除了 2018 年下降外,最近几年一直保持稳定,每年饲料产量基本维持在 2 000 万吨,占全球饲料产量的 1.77%,2017 年以前市场主要在亚洲,从 2017 年后逐渐开拓了非洲、北美洲和大洋洲市场。

(三)嘉吉公司(Cargill)

嘉吉公司是一家美国跨国公司,总部位于明尼苏达州明尼通卡市,于 1865 年在特拉华州威明顿市注册成立。嘉吉公司主要业务是贸易,购买和分销谷物及其他农产品(例如棕榈油),能源、钢铁和运输贸易,畜牧业和饲料生产,生产食品成分,例如淀粉和葡萄糖浆、植物油和脂肪,用于加工食品和工业用途。此外,嘉吉还拥有一个庞大的金融服务部门,负责为公司管理商品市场中的金融风险。嘉吉从事动物饲料业务超过 120 年。嘉吉公司饲料产品主要包括家禽饲料、猪饲料、反刍饲料、宠物饲料、马饲料、水产饲料、复合饲料、预混料和添加剂等,饲料产量除 2018 年有下降外,最近几年一直保持稳定,每年饲料产量基本维持在 1 960 万吨,占全球饲料产量的 1.74%,市场主要在非洲、亚洲、美洲、欧洲和中东地区。

(四)蓝多湖公司(Land O'Lakes)

蓝多湖公司是一家位于美国明尼阿波利斯的会员制农业合作社,主要涉及乳制品业。1921 年由明尼苏达州合作乳业协会的 320 家合作乳业公司代表成立。蓝多湖公司在全美 50 个州和全球 50 个国家(地区)拥有约 10 000 名员工。公司主要业务是农产品、食品制造与服务,动物饲料、营养以及农业技术。蓝多湖公司饲料产品包括家禽饲料、猪饲料、反刍饲料、宠物饲料、马饲料和水产饲料,饲料产量最近几年一直保持稳定,每年饲料产量 1 350 万吨,占全球饲料产量的 1.2%,市场主要在北美洲。

(五)温氏食品集团(Wen's Food Group)

温氏食品集团是中国领先的民营企业,地址位于广东省新兴县。业务部门包括畜牧业、食品贸易、动物保健产品、农业和畜牧业机械、食品加工、有机肥料、蔬菜种植以及投资和金融。温斯食品集团拥有约 34 581 名员工,在全球拥有 129 家全资或控股控股子公司。温氏食品集团饲料产品包括家禽饲料、猪饲料和复合饲料,饲料产量最近几年一直保持稳定,每年饲料产量基本维持在 1 277 万吨，占全球饲料产量的 1.13%，市场主要在亚洲。

（六）海大集团（Haid Group）

海大集团始于 1998 年，广东省著名商标，是一家主要从事水产预混料、水产配合饲料和畜禽配合饲料的研发、生产和销售，并逐步向动物保健产品、规模养殖和优质苗种领域拓展业务的高科技型上市公司。海大集团饲料产品主要包括家禽饲料、猪饲料、反刍饲料、水产饲料、复合饲料和预混料，海大集团饲料产量在 2019 年以前呈稳步增加的态势，2019 年饲料产量巨幅提升，从 2018 年的 630 万吨增加到 2019 年的 1 229 万吨，同比增加 95.1%，饲料产量占全球饲料总产量的 1.09%，市场主要在亚洲。

（七）巴西食品公司（BRF）

巴西食品公司是由两家巴西食品公司 Sadia 和 Perdigão 合并而来。BRF 拥有 30 多个品牌，产品销往五大洲的 150 多个国家，超过 10 万名员工正在与公司合作。巴西食品公司在 8 个国家拥有 50 多家工厂，包括阿根廷、巴西、阿拉伯联合酋长国、荷兰、马来西亚、英国、泰国和土耳其。巴西食品公司营养是新的业务部门，主要专注于动物营养。巴西食品公司饲料产品主要包括家禽饲料、猪饲料、宠物饲料、复合饲料和预混料，饲料产量最近几年一直保持稳定，每年饲料产量基本维持在 1 051 万吨，占全球饲料产量的 0.93%，市场主要在非洲、亚洲、中美洲、南美洲、东欧和中东地区。

（八）ForFarmers 公司（ForFarmers N.V.）

ForFarmers 公司是一家国际运营的饲料公司，为常规和有机畜牧业提供全面饲料解决方案。ForFarmers 是欧洲最大的饲料生产商之一，拥有约 2 700 名员工，40 个生产设施。公司在荷兰、德国、比利时、波兰和英国运营。ForFarmers 公司饲料产品主要包括家禽饲料、猪饲料、反刍饲料、马饲料、水产饲料、复合饲料和添加剂等，饲料产量最近几年一直保持稳定增长，2019 年饲料产量为 1 010 万吨，占全球饲料产量的 0.9%，市场主要在东欧。

（九）泰森食品公司（Tyson Foods）

泰森食品公司是一家美国跨国公司，总部位于阿肯色州斯普林代尔，从事食品工业。公司致力于鸡肉、牛肉和猪肉的加工和销售。泰森食品司拥有各种产品和品牌组合，使用鸡的各个部分来制作用于动物饲料、宠物食品、人类食品和其他特殊产品的高品质成分。所有蛋白质转化设施均经过动物蛋白质生产商行业行为准则的认证和美国饲料工业协会的安全食品（饲料）认证。饲料产品主要包括家禽饲料、猪饲料、反刍饲料、宠物饲料和复合饲料，饲料产量最近几年一直保持稳定，每年饲料产量基本维持在 1 000 万吨，占全球饲料产量的 0.89%，市场主要在北美洲。

（十）泰高集团（Nutreco）

泰高集团是荷兰动物营养、鱼饲料和加工肉类产品的生产商，它在 30 多个国家（地区）拥有约 100 个生产设施。泰高集团成立于 1994 年，在 37 个国家（地区）拥有 12 000 多名员工。旗下两个全球公司品牌 Skretting（水产饲料）和 Trouw Nutrition（动物营养）在 90 多个国家（地区）销售。泰高集团饲料产品主要包括家禽饲料、猪饲料、反刍饲料、宠物饲料、马饲料、水产饲料、复合饲料、预混料和添加剂等，饲料产量最近几年一直保持稳定增长，2019 年，饲料产量为 900 万吨，占全球饲料产量的 0.8%，市场主要在非洲、亚洲、美洲、欧洲、大洋洲和中东地区。

本部分主要完成人：屠焰，薛树媛

第六章
全球玉米加工情况

一、全球玉米加工产业发展概况

玉米是全球产量最大、产业链最长、综合利用水平最高的重要粮食资源。鲜、糯玉米果穗可直接食用，或经简单加工制作成冷冻食品或罐头产品。成熟的玉米籽粒需要经过破碎、分离、提取与转化等加工成主食食品以及燃料乙醇、玉米淀粉、玉米油、玉米蛋白、变性淀粉、淀粉糖、糖醇、乙醇、有机酸、聚乳酸等玉米深加工产品。目前，全球玉米深加工消费占比最多的国家是美国，其次是中国（图61）。

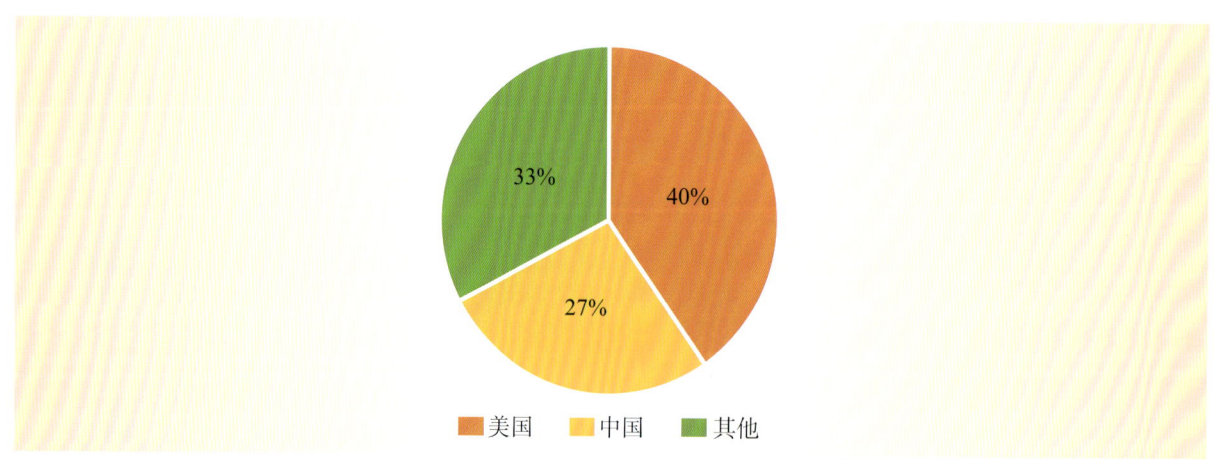

图 61 加工用消费占比及各国深加工情况占比

二、全球玉米食品加工情况

最早，玉米在北美、亚洲、非洲等区域作为主粮被大量消费。随着食品工业的发展，玉米在食品领域的应用不断扩大，通过湿磨和干磨工艺处理后，得到玉米粉和玉米淀粉等初级产品，并在此基础上可进一步加工为不同种类的食品（图62）。

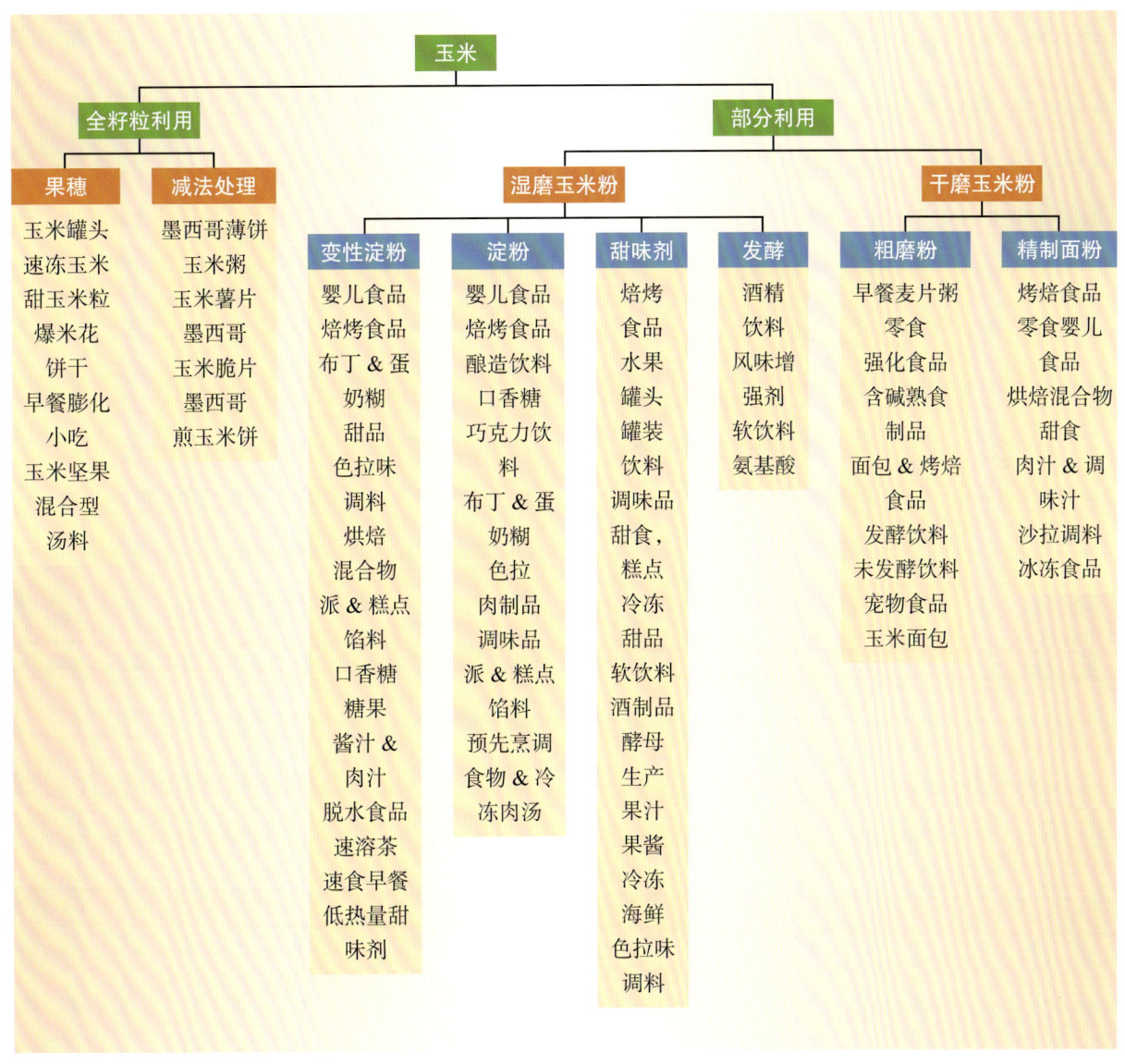

图62　玉米在食品中的应用

（一）鲜食玉米

甜玉米是目前最受欢迎的鲜食玉米品种，尤其是在欧美等国家，产品除了鲜食外，还可加工成玉米粒或玉米罐头。近年来，东南亚国家消费者也逐渐开始选择甜玉米。过去十年间，美国甜玉米年产量为9 979万～13 154万吨，年产值为7.5亿～8.5亿美元，其中，直接作为鲜食玉米食用占74%，用于食品加工占26%。中国、韩国、日本等国鲜食玉米品种主要为糯玉米。中国现已成为世界上最大的鲜食玉米生产和消费国。全球鲜食玉米的主要供应商有Seneca Foods（美国）、Van Groningen & Sons（美国）等。

（二）玉米主食

玉米是墨西哥、巴西和阿根廷等国家的传统食品原料。成熟的玉米籽粒经过去皮、去胚、干磨等工艺制成玉米粉，进一步加工成全谷物类、粥类、蒸煮食品、玉米卷饼、玉米脆片和玉米方便主食等。2019年，美国用于食品加工的玉米消费量为540万吨，仅占玉米消费总量的1.6%。而在全球范围内，玉米直接食用的消费占比不足10%。玉米粉及其制品的主要生产商主要分布在美国和墨西哥两国，其中，代表性企业有Gruma（墨西哥）、嘉吉（美国）、Grupo Bimbo（墨西哥）、Grupo Minsa（墨西哥）。

三、全球玉米深加工情况

玉米是最适合作为工业原料的粮食作物，也是加工程度最高的粮食作物。玉米深加工的特点是加工空间大，产业链长，产品种类丰富，包括酒精、淀粉、变性淀粉、功能性糖醇、氨基酸、玉米油等多个系列，这些深加工产品具有极高的附加值，成为玉米经济的主要支柱产品。以全球玉米产量和深加工量第一的美国为例，开发的玉米产品就有3 000多个，深加工消费玉米量从1999年的4 810万吨增长到2019年的16 818万吨。

（一）燃料乙醇

燃料乙醇是玉米深加工主要的产品类型（图63）。据美国可再生燃料协会（RFA）统计，2019年，全球燃料乙醇产量8 690万吨，占同期全球车用汽油消费总量60%。目前，美国和巴

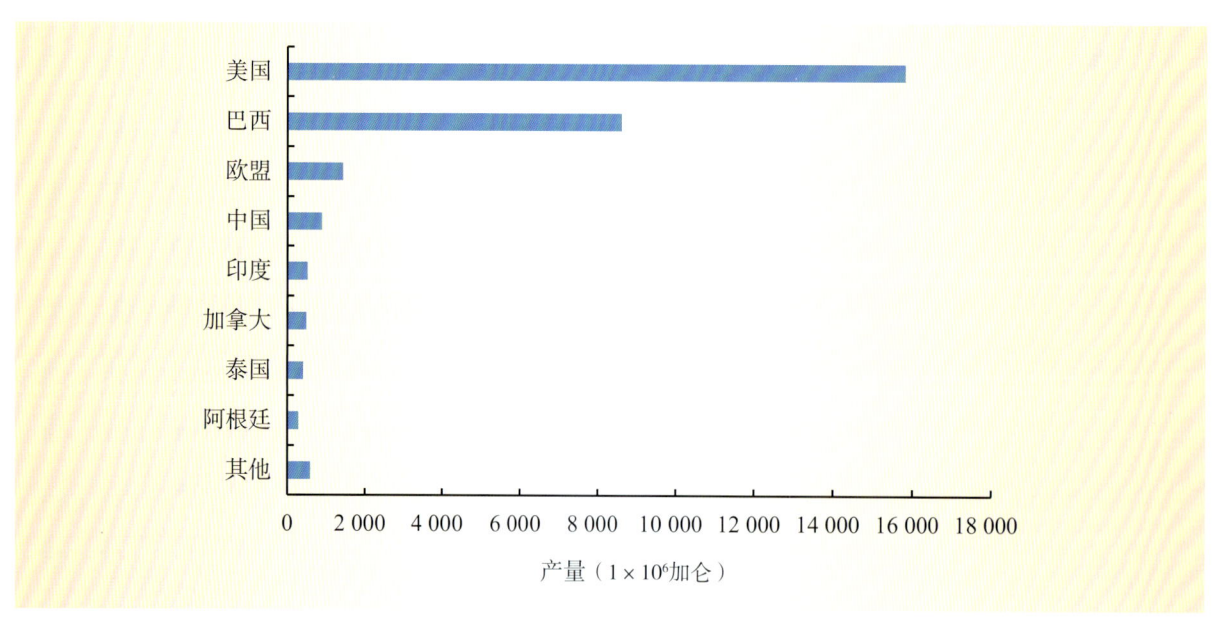

图63　2019年主要国家和地区的燃料乙醇产量

（注：1加仑≈3.785升）

西是全球燃料乙醇生产和消费最大的国家，欧盟和中国次之。美国和巴西生产的燃料乙醇占世界总产量的84%，但两国生产原料不同，美国95%的燃料乙醇来自玉米，而巴西来自甘蔗。2019年，美国玉米燃料乙醇产量为4 718万吨，占全球总产量的54%。

玉米生产燃料乙醇主要有干磨和湿磨处理两种方法。1995—2015年，美国干法乙醇工艺的粮单耗下降了10%，电单耗下降了38%，水单耗下降了51%，净能量产出投入比逐渐提高达到2.6~2.8，技术进步显著，成本迅速降低。燃料乙醇关键效率指标的提升得益于工艺技术、装备与生物技术集成。杜邦公司在2016年公布了一种名为"Synerxia"的新型发酵系统，由酵母与海藻糖酶复配而成，可将海藻糖转化为可发酵糖，降低发酵成熟醪的残糖，提高2%的乙醇产率。表10和表11分别列出了全球燃料乙醇生产的代表性企业及主要科研机构。

表10 燃料乙醇生产代表性企业

序号	代表企业	年产能（亿加仑）
1	POET LLC	19.41（73.5亿升）
2	Archer Daniels Midland	16.74（63.4亿升）
3	Big River Resources，LLC	4.28（16.2亿升）
4	Valero Energy Corporation	17.3（65.5亿升）
5	Green Plains	11（41.6亿升）
6	Pacific Ethanol，Inc	4.5（17亿升）

表11 燃料乙醇研究代表性科研机构

序号	国家	科研机构（学校）
1	美国	伊利诺伊大学厄本那—香槟分校农业和生物工程学院
2	美国	美国能源部高级生物能源和生物产品创新中心
3	美国	爱荷华州立大学农作物利用研究中心、生物世纪研究农场
4	美国	明尼苏达大学生物产品与生物系统工程系
5	美国	美国农业部国家农业利用研究中心生物能源研究室

（二）玉米淀粉

成熟的玉米籽粒经过湿磨工艺处理可以获得玉米淀粉。除了作为天然淀粉使用，大部分玉米淀粉被用于制备改性淀粉、甜味剂和乙醇等深加工产品。传统方法生产玉米淀粉的第一步为二氧化硫浸泡，但存在浸泡时间久、生产成本高、产物中可能存在亚硫酸残留等弊端，因此发明了环保高效的浸泡技术，包括高压浸泡技术（用提高压强的方式加快玉米的吸水速度）和酶解法，从而代替亚硫酸浸泡。但目前玉米淀粉的工业生产依然主要采用二氧化硫浸泡。

玉米淀粉可通过改性制备成为变性淀粉，以提高其加工品质和特性。目前，国际上淀粉改性方法主要包括化学法和物理法两种，化学改性方法包括稳定化（官能团替代）、交联作用、酸改性（稀化）、氧化、糊精化、接枝共聚和多重改性；物理改性方法包括热处理（预胶化、热湿处理、退火等）和非热处理（超声波、机械搅拌、超高压、脉冲电场等）。目前，世界变性淀粉的年产量已接近900万吨，其中，美国350万吨，欧洲200万吨，日本60万吨，泰国50万吨，中国180万吨。以美国为例，用于造纸的变性淀粉约占60%，食品占20%，纺织占10%。全球淀粉市场的主要企业包括嘉吉（美国）、宜瑞安（美国）、泰莱（英国）、ADM、Riddhi Siddhi（印度）和Gulshan Polyols（印度）、诸城兴贸（中国）。

（三）玉米淀粉糖

玉米生产淀粉糖需使淀粉分子通过酸或酶的作用降解。利用热量和压力将淀粉糊化和液化为粗水解物，在酶的作用下进一步糖化成淀粉糖水解产物，将混合物纯化并蒸干至固体。酸转化、酸—酶转化和酶—酶转化3种类型的淀粉转化工艺通常用于淀粉糖生产，通常使用的酶包括葡糖淀粉酶、真菌α-淀粉酶、支链淀粉酶、细菌α-淀粉酶、β-淀粉酶和葡萄糖异构酶。2016年，美国用于生产玉米衍生产品的玉米消耗量是2 770万吨，年产玉米淀粉糖1 212万吨，包括葡萄糖浆、高果糖浆、高麦芽糖浆、右旋糖、玉米糖浆固体和麦芽糖糊精。玉米淀粉糖生产集中在北美、欧洲、日本、东南亚和印度等区域，代表性企业见表12。

表12 全球淀粉糖生产代表性企业及生产情况

主要国家	代表企业	产量（万吨/年）
中国	中粮生物科技股份有限公司	108.4
中国	山东西王糖业有限公司	124.3
韩国	希杰集团	49.8
美国	CPC国际公司	5
美国	Tate & lyle	6
美国	嘉吉公司	35.5

（四）有机酸类

玉米淀粉生产的有机酸包括柠檬酸、乳酸、苹果酸、衣康酸、草酸等，其中，柠檬酸产量最大。微生物发酵法生产柠檬酸具有众多优点，可在低温、低pH值和高糖条件下发酵培养。目前，用于工业化生产的微生物类型仅为曲霉类与酵母类，其中，黑曲霉液体深层发酵生产柠檬酸是该行业的主流技术。玉米淀粉和木薯淀粉依旧是柠檬酸液体发酵的主流培养基成分。柠檬酸发酵原料处理主要有两个发展方向：一是淀粉糖的精细化分析处理；二是对传统玉米粉原料的高效预处理。

柠檬酸的全球产能从 2006 年的 170 万吨增长到 2015 年的 269 万吨。2017 年，全球柠檬酸生产企业约有 12 家，总产量为 254.4 万吨左右。国外企业包括泰莱（英国）、ADM（美国）、嘉吉（美国）和 Jungbunzlauer（瑞士），其总产量约占世界柠檬酸总产量的 30%。中国是柠檬酸产量大国，出口量第一；欧洲是除中国以外全球柠檬酸第二大生产地区，柠檬酸生产企业的经济和技术实力比较雄厚，一般都是集研发和生产一体化的跨国集团。美国是柠檬酸的生产大国和消费大国，每年生产柠檬酸约 25 万吨，柠檬酸消费量约为 35 万吨，美国的三大柠檬酸生产商呈三足鼎立之势，其中，ADM 为规模最大的生产厂家。

（五）氨基酸类

微生物发酵玉米淀粉是生产氨基酸的主要方法。2018 年，全球氨基酸产量超过 800 万吨，中国是氨基酸生产和消费大国，年产量与年产值均居于全球前列，其中，梅花生物科技集团是世界上最大的味精生产企业之一。全球氨基酸生产代表企业还包括味之素（日本）、Degussa（德国）、Kyowa Hakko（日本）以及 ADM（美国）等公司。赢创德固赛公司于 2005 年投产了年产量 12 万吨的装置，2011 年总产能从 20 万吨增加到 24 万吨，并在 2018 年进一步扩大至 26 万吨，还生产多种蛋氨酸衍生物以及食品和药物级 D- 蛋氨酸。

（六）聚乳酸

聚乳酸（PLA）可经过玉米糖浆发酵生成，主要消费领域是包装材料，占总消费量的 65% 左右，其次为生物医学领域，约占总消费量的 26%。目前，全球 PLA 年生产能力约 24 万吨，产量约 20 万吨，至 2020 年聚乳酸市场将达到 30 万～ 50 万吨。欧洲和北美洲是 PLA 最大的市场，而亚太地区是增长最快的市场之一。PLA 的生产企业主要包括嘉吉集团子公司 Nature Works（美国）和 Total Corbion（法国和荷兰）等。

（七）玉米油

玉米油是玉米胚芽经过压榨后通过异己烷提取，再经过脱磷、脱色、脱臭处理制备而成，是玉米粉和玉米淀粉生产的副产品。玉米油中含有较高比例的亚油酸（58%～ 62%），并且还是植物甾醇（8 300～ 25 500 毫克 / 升）和生育酚（830～ 11 301 毫克 / 升）最丰富的来源之一。美国是最大的玉米油生产基地，其次是中国和欧盟。在美国，玉米油占据所有使用食用植物油的 5%，主要用于快餐店和家庭烹饪。近年来，由于其价格较其他植物油低，也被用于起酥油、工业脂肪、人造黄油等食品工业化产品中。美国 ACH 集团旗下的 Mazola 品牌是全球最为知名和最大的玉米油生产商，其他代表性企业见表 13。

表 13　玉米油生产代表性企业

国家	企业	成立时间（年）	年销售额（万美元）
美国	Afrilogis Brokerage LLC	2019	2 500～5 000
乌克兰	Ecomanagement Group Limited Liability Company	2017	500～1 500
	Mercury Horsy Trading LLC	2019	100～500
德国	Konstanze Harder	2006	＞20
	Bmr Metall Und Kabelrecycling Gmbh	1990	20～100
土耳其	Bigdel Makine	2001	100～500

（八）其他

乳酸链球菌素（Nisin）是由乳酸乳球菌产生由 34 个氨基酸组成的多肽，是一种天然食品防腐剂。但因其低产量和高成本而制约着 Nisin 商业应用。近年来，开发玉米酒糟或玉米浆可作为发酵生产 Nisin 的替代氮源。

辅酶 Q_{10} 又名"泛醌"，是一种存在于多种生物体内的脂溶性天然维生素类物质。目前，制备辅酶 Q_{10} 的方法主要是微生物发酵法，最佳碳源为蔗糖、最佳氮源为玉米浆干粉，发酵产量受 pH 值、通气量、光照、前体添加物等影响。2018 年全球辅酶 Q_{10} 有效产能 1 100～1 200 吨，需求量约 800 万吨，2018 年，全球前六大企业产能占比超 90%，分别是金达威、神舟生物、钟渊化学、丽珠制药、浙江医药、新和成，其中，金达威在全球市场占有率已超 60%。

本部分主要完成人：刘景圣

第七章
全球主要国家玉米产业政策

在此,选取美国、欧盟、巴西 3 个具有代表性的国家,对其玉米产业政策进行分析。

一、美国

美国是世界上最大的玉米生产国和出口国。玉米产业是美国农业的重要支柱之一,耕种面积占总耕种面积的 25%。其玉米产业的发展不仅依赖于美国优越的自然环境、先进的科学技术,还得益于美国成熟的农业支持体系。

(一)玉米补贴政策

2014 年,美国新法案取消了固定直接支付、反周期支付,新设立了两个项目——价格损失保障项目(Price Loss Coverage,PLC)和农业风险保障项目(Agriculture Risk Coverage,ARC)。价格损失保障能够一定程度上补偿价格下跌造成的损失,可以视为对反周期补贴的调整;而农业风险保障针对的是收入的损失,可以视为平均作物选择补贴的升级模式。《2018 年农业提升法案》保留了 PLC 和 ARC,并规定农场主可以在 2021 年及以后每年自由选择 PLC 或是 ARC,以 PLC 作为默认选项。同时,调整《2014 年农业法案》中的基础单产和基础面积,重新设定补贴资格门槛和上限。

1. 价格损失补贴项目(PLC)

对玉米等作物实施的价格损失保障补贴是对反周期支付政策的调整。这种补贴是以基期产量和现行价格为基础进行的补贴,首先设定一个参考价格,如果市场价格低于参考价格的时候,则向生产者提供补贴。补贴额为补贴率、补贴单产、基础面积和面积补贴系数(85%)的乘积,具体计算公式为:

$$补贴 = 补贴率 \times 补贴单产 \times 基础面积 \times 85\%$$

其中,补贴率为参考价格与年度全美平均市场价格的差额;参考价格在美国《2014 年农业法案》中有明确规定,2014 年,法案规定的 2014—2018 年的玉米参考价格为 3.7 美元/蒲式耳；补贴单产按照2008—2012年玉米单产的90%作为标准；基础面积为2009—2012年玉米种植面积的平均值。

美国2018年农业法案重点提出改革收入补贴，首先制定可以上浮的参考价格，这一政策延续了2014年的价格损失补贴，允许价格随市场变动进行调整，最高可达115%。2013年以后，美国玉米价格基本稳定在100～150美元/吨。

2. 农业风险保障项目（ARC）

农业风险保障项目是一项收入保障计划，分为县和个人两项农业风险保障计划，主要目的是为农场主提供农业生产经营的保底收入，农场主可以选择县级农业风险保障项目或个人级别的农业风险保障项目，2014年法案中规定，一旦做出选择，在法案的效力期内不能改变。个人风险保障计划主要针对农场主整个农场的所有作物品种进行补贴，无法对玉米进行单独补助。县级农业风险保障项目可以分作物进行补助，从而实现对玉米进行补贴，其补贴条件为玉米实际的县收入水平低于县农业风险保障收入基准水平的86%。

$$总补贴 = 玉米单位面积的补助金额 \times 基础面积 \times 85\%$$

其中，基础面积与价格损失保障政策内容中基础面积规定相同。

$$单位面积补贴 = 单位面积基准收入 \times 86\% - 实际收入$$

其中，基准收入是最近5年玉米平均县产量（不包括县产量最高和最低的年度）乘以最近5年玉米的全国平均市场价格（不包括国内平均价格最高和最低的年度），实际收入是当年县的平均产量乘以全国平均价格，单位面积的补贴金额不得超过单位面积基准收入的10%。

《2018年农业提升法案》规定使用美国农业部风险管理局调查单产作为计算补贴的单产，将2009—2017年未种植作物或者种植非补贴范围作物的面积从ARC和PCL中剔除出去，提高了补贴的精准性。继续维持每个农场主的可获得的给付到户补贴上限设定为12.5万美元，将农民有资格获得农业补贴的总收入门槛维持90万美元的门槛值。

（二）转基因玉米的管理和商业化

美国自1996年以来一直领跑全球转基因作物发展。美国管理转基因生物释放和应用的部门是农业部（USDA）、环保局（EPA）和食品药品管理局（FDA），他们根据《生物技术管理协调框架》对转基因生物进行管理。农业部依据《植物保护法案》对转基因生物的范围、许可程序、记录保存制度和低水平无意混杂做出了规定；环保局依照《联邦杀虫剂、杀菌剂和杀鼠剂法案》和《联邦食品、药品和化妆品法案》对转基因微生物农药和植物内置式农药（如抗虫转基因作物）进行管理；食品药品局依照《联邦食品、药品和化妆品法案》保障转基因生物的食品和饲料安全。

自1996年推进转基因作物种植以来，美国转基因玉米种植面积和商业化程度上升显著。2008年，转基因玉米种植面积占比首次突破80%，并持续增长到2014年的93%。近五年来，转基因玉米占玉米种植面积占比维持在92%的水平。转基因玉米在美国广泛种植，有利于玉米总产量的稳定和生产成本的降低（图64）。

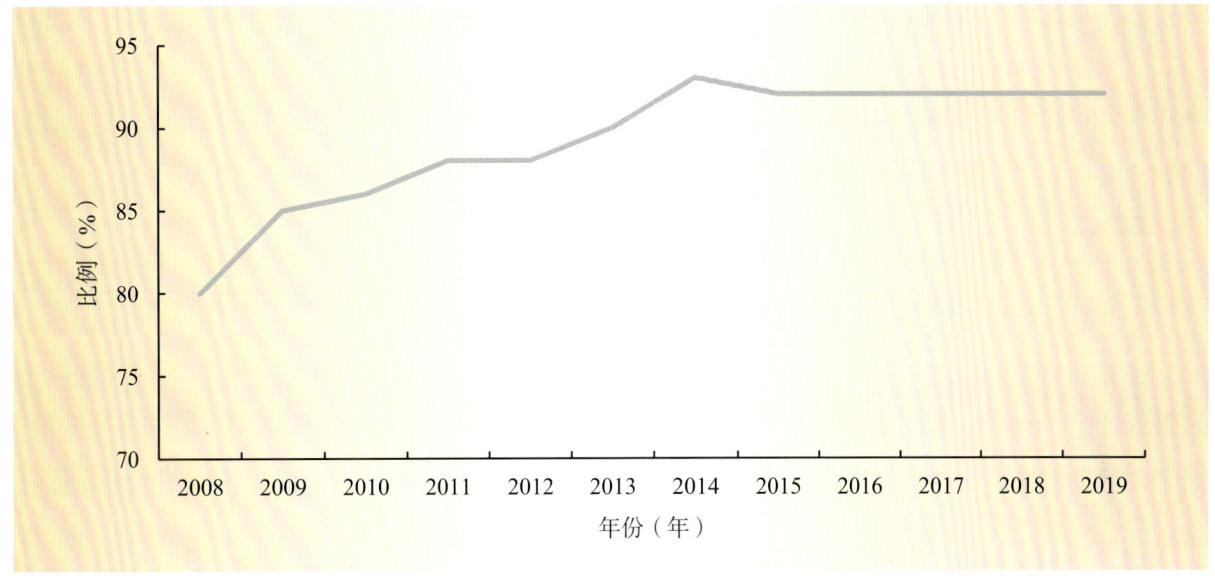

图64　美国转基因玉米种植面积占比

（数据来源：美国农业部）

（三）生物能源政策

美国是全球较早发展燃料乙醇的国家，且已经成为世界上主要的燃料乙醇生产国和消费国，这得益于廉价的转基因玉米的大规模种植和相关政策扶持。美国玉米种植业规模程度高、技术先进，约有40%的玉米用于燃料乙醇生产，玉米产能利用率常年稳定在90%左右。

美国从20世纪60年代开始推广使用乙醇汽油以来，共计颁布、修订与燃料乙醇相关的法律及燃料乙醇和乙醇汽油的发展规划、产业标准数十次，其中，《生物燃料安全法案》《美国能源独立和安全法案》《可再生燃料标准》等法规和制度为美国乙醇汽油全面推广奠定了坚实基础。

采用经济激励政策。生物燃料乙醇发展政策扶持主要来自联邦政府、州政府和相关协会，各级政府通过制定具体的财政措施为生物燃料乙醇产业发展提供了政府政策保障，使得生产企业具有盈利。

规划生物燃料乙醇产业发展方向。由于第一代生产燃料替代石油的成本太高，替代能力和减排二氧化碳能力有限，并且可能影响粮食安全和破坏环境，正转向用秸秆类农林废弃物、纸张和城市垃圾以及专门的能源作物为原料，生产第二代生物燃料——纤维素乙醇。美国计划到2022年其生物燃料要以纤维素乙醇为代表的先进生物燃料来源满足需求。为鼓励第二代生物燃料——纤维素乙醇生产，每加仑给予1.01美元的补贴，而把玉米乙醇的补贴从每加仑0.51美元减到0.46美元。

二、巴西

玉米是巴西重要的农作物，其产量和出口量均位居世界前列。2019 年，巴西玉米总产量 1.01 亿吨，占全球玉米总产量的 9%，产量位居世界第三，出口玉米 0.35 亿吨，占全球玉米出口量 20.6%，出口量位居世界第二。

（一）玉米补贴政策

1. 产品售空计划

对玉米等农产品实行的产品售空计划是指政府转移给大宗商户和加工商的价格差额补贴。产品售空计划也被称为价格差额补助，价格差额是指政府规定的给出价格与实际市场价格的差值。其中，参考价格是政府给农产品要求的最低价格，或者是期权合约要求的固定价格。为了保障农业生产者的利益，巴西政府鼓励批发商们和加工企业去中西部地区以不低于参考价格的收购价格来收购农产品，并且，在此过程中给加工企业和批发商们造成的亏损由政府以"差价"补贴的方式买单，这部分差价相当于农产品生产地到消费地的运输费用。然而，产品售空计划的额度非常有限，巴西政府为了解决这一难题采用额度分配制度，以竞标拍卖的方式进行额度分配。至今，产品售空计划仍是巴西对玉米等特定农产品最主要的政策支持工具。

2. 最低价格保证

最低价格保证是指在农业耕种之前 2～3 个月政府给玉米等特定农产品定的一个最低保证价格，最低保证价格高于农产品的生产成本，低于市场的预测价格。农业生产者可以在农产品耕种之前和政府签订协议将农产品以最低保证价格出售给政府，最后，如果真正的销售价格低于最低保证价格，农户的利益不会遭受损失，有利于稳定生产与农民的预期收入。到 2012 年，巴西价格支持的农产品种类仅玉米等 5 种。

3. 信贷支持

信贷支持是近年来巴西在玉米等特定农产品上采取的又一重要的政策支持工具。该政策以农业信贷补贴为主，包括种植信贷、投资信贷等。其中，种植信贷可用于购买与玉米生产相关的机械设备。同时，政府规定农业信贷为小规模农户提供的贷款利率要低于商业贷款利率。

（二）转基因玉米的管理与商业化

巴西转基因生物安全管理机构主要是国家生物安全理事会（CNBS）和国家生物安全技术委员会（CTNBio）以及政府相关部门。CNBS 总揽转基因生物安全管理，主要是评估转基因生物及产品的经济政治利益。CTNBio 为联邦政府提供技术支持，制定、修改并实施国家生物安全政策，建立关于批准转基因生物及其产品研究和应用的安全准则。

三、欧盟

玉米是欧盟重要的粮食作物和出口作物,一直以来,欧盟都重视对玉米产业的扶持。

(一)玉米补贴政策

2013年年底,欧盟通过了新一轮共同农业政策(CAP)改革。本次改革保留了市场支持和直接补贴,但其内涵发生了很大变化。直接补贴主要用于稳定农民收入。强制直补方面,一是新基础直补。这是整合以前针对欧盟老成员国不同农场的单独补贴计划和针对欧盟新成员国的单一面积补贴计划。整合后,补贴的发放都将依据受益农场的土地面积,主要是为应对当前单位土地面积获得补贴的差异过大。改革后,这一差异将逐步缩小,2020年各成员国平均每公顷获得的直补金额与欧盟平均每公顷获得的直补金额的90%之间的差额,与2013年相比将减小30%。基础直补的金额上限低于直补总额的70%。二是绿色直补。通常有机农场和农业环境绿化计划下的措施可视同绿化。

(二)转基因玉米的管理和商业化

欧盟的转基因生物由欧盟及其成员国两个层面共同监管。欧盟管理转基因产品的核心法律文件有3个,即《关于向环境有意释放转基因生物的指令》《关于转基因食品和饲料的条例》以及《关于转基因生物与转基因生物制品的可追溯性和标识的条例》。

欧盟在1998年批准了MON810转基因玉米即抗欧洲玉米螟的Bt玉米的商业化。总体来说,欧盟转基因玉米的种植面积呈上升趋势,但商业化步伐相对缓慢。

本部分主要完成人:仇焕广

第二篇

中国玉米种业及产业发展现状

CHAPTER 2
THE DEVELOPMENT OF THE CHINA CORN SECTOR

第八章
中国玉米生产情况

一、中国玉米种植区域分布

2011—2020年，我国玉米年播种面积整体呈先增加后下降趋势（图65），种植面积变化幅度为3 677万～4 497万公顷，2015年达到顶峰，之后随着供给侧结构调整，播种面积呈现逐渐下降的趋势，2020年播种面积为4 126万公顷，较2015年下降371万公顷，下降幅度为8.24%。

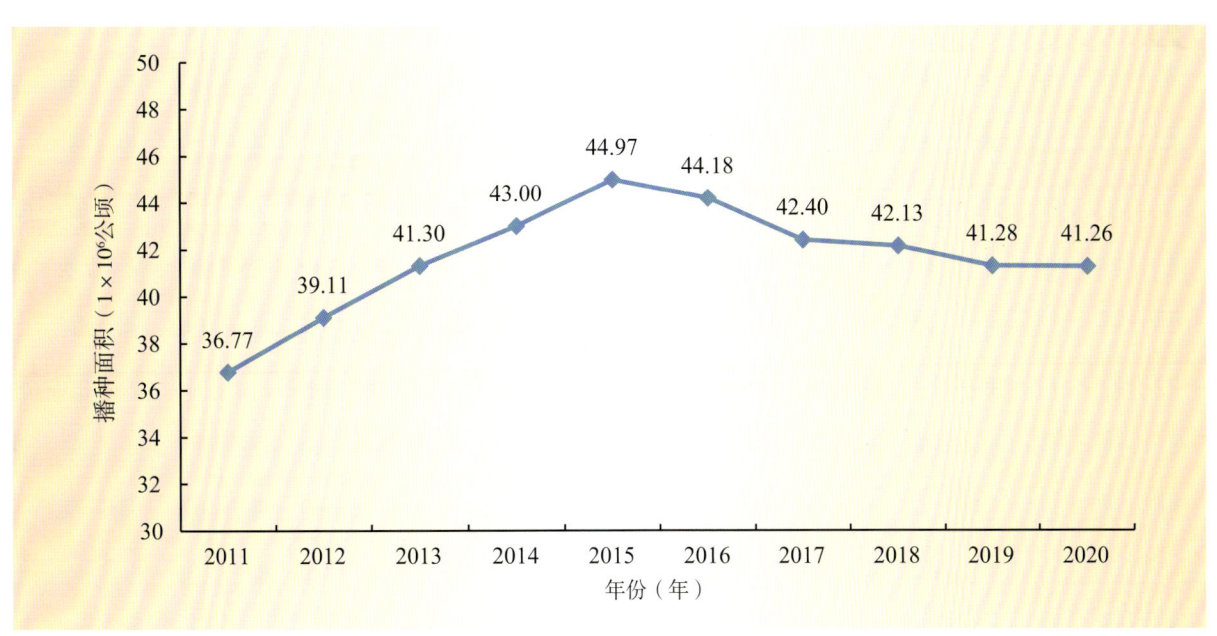

图65　2011—2020年中国玉米播种面积变化

（数据来源：国家统计局）

中国玉米种植主要分布在北方春播区、黄淮海平原夏播区、西南山地区、西北灌溉区、南方丘陵区、青藏高原区六大区域[①]。

北方春播区主要包括黑龙江、吉林、辽宁、内蒙古、陕西和山西省中部、河北北部，是我国玉米种植面积最大的区域，其中，东北三省和内蒙古是我国北方春玉米区重要区域，2019年播种面积占全国玉米面积的40.08%。

黄淮海平原夏播区包括北京、天津、山东、河北及河南大部、江苏、安徽的淮北地区，是我国重要的玉米产区，2019年，播种面积占全国的31.42%。

西南山地区包括四川、云南、贵州、陕西南部、广西、湖南、湖北的西部丘陵山区和甘肃的部分地区，其中，四川、云南和贵州占该区域玉米种植的绝大部分，2019年，三省播种面积占全国播种面积的10.07%。

西北灌溉区包括新疆、甘肃的河西走廊和宁夏的河套灌区，2019年，种植面积占全国的5.53%。

南方丘陵区包括广东、海南、福建、浙江、江西、台湾、江苏、安徽南部、广西、湖南、湖北东部，以鲜食玉米为主，2019年，种植面积占全国的0.66%左右。

青藏高原区包括青海省和西藏，2019年，播种面积约占全国的0.06%。

北方春播区、黄淮海夏播区、西南山地区和西北灌溉区被称为我国玉米生产四大优势产区（以下简称"四大优势产区"），年播种面积约占全国的90%，其中，北方春播区和黄淮海夏播区的播种面积一直位居前两位（图66）。2010—2019年，北方春播区种植面积呈现先升高后下降的

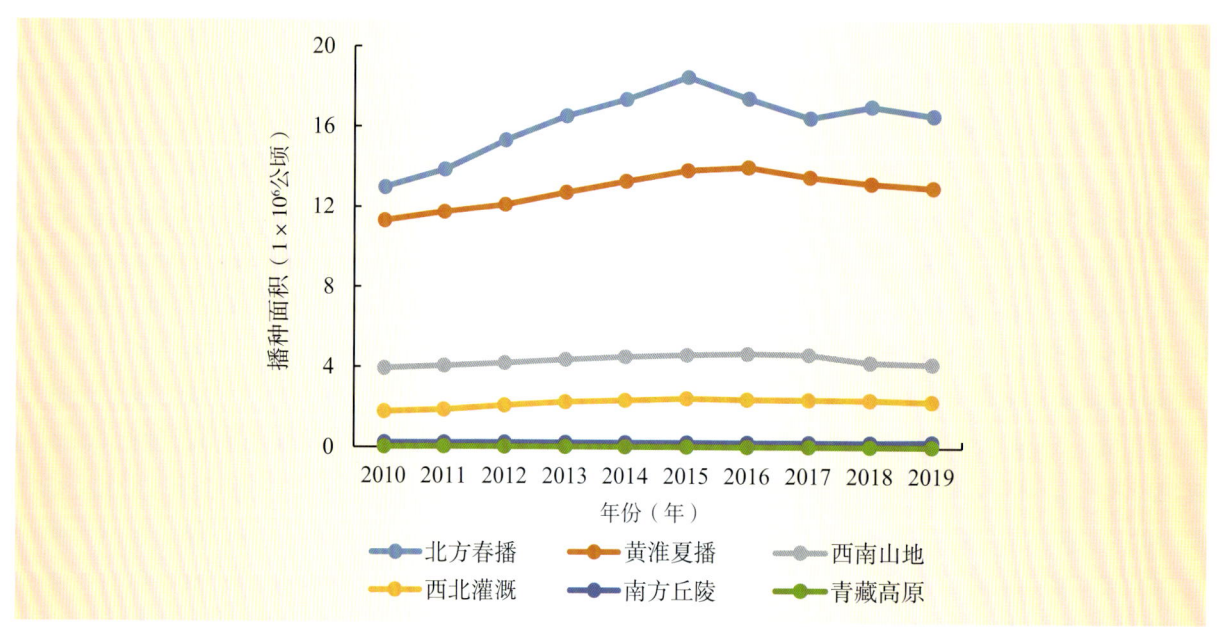

图66　2010—2019年四大主产区玉米播种面积

（数据来源：国家统计局）

---

① 目前，统计局尚未发布2020年分省的统计数据，所以只能查阅到各省（生态区）2019年数据。下同。

趋势，2016年，受国家玉米临时收储制度改革影响，东北三省和内蒙古调整种植结构，较2015年种植面积减少5.79%；随后2017年后继续降低并趋于稳定，2019年为1 655万公顷。黄淮海夏播区和西南山地区播种面积缓慢增加并趋于稳定，2019年分别为1 297万公顷和416万公顷。西北灌溉区播种面积一直比较稳定，2010—2019年平均播种面积为221万公顷。

二、中国玉米产量分析

（一）中国玉米总产量变化

2011—2020年，我国玉米总产量变化幅度为21 132万～26 499万吨，其中，2015年，总产量达到最高，为26 499万吨，2016年开始下降。因国家取消收储保护价，导致玉米面积逐年下降，进而导致总产量总体呈现下降趋势，到2018年，我国玉米总产量降为25 717万吨，较2015年降低782万吨，下降幅度为2.95%，2019年后总产量略有回升，达到26 077万吨（图67）。

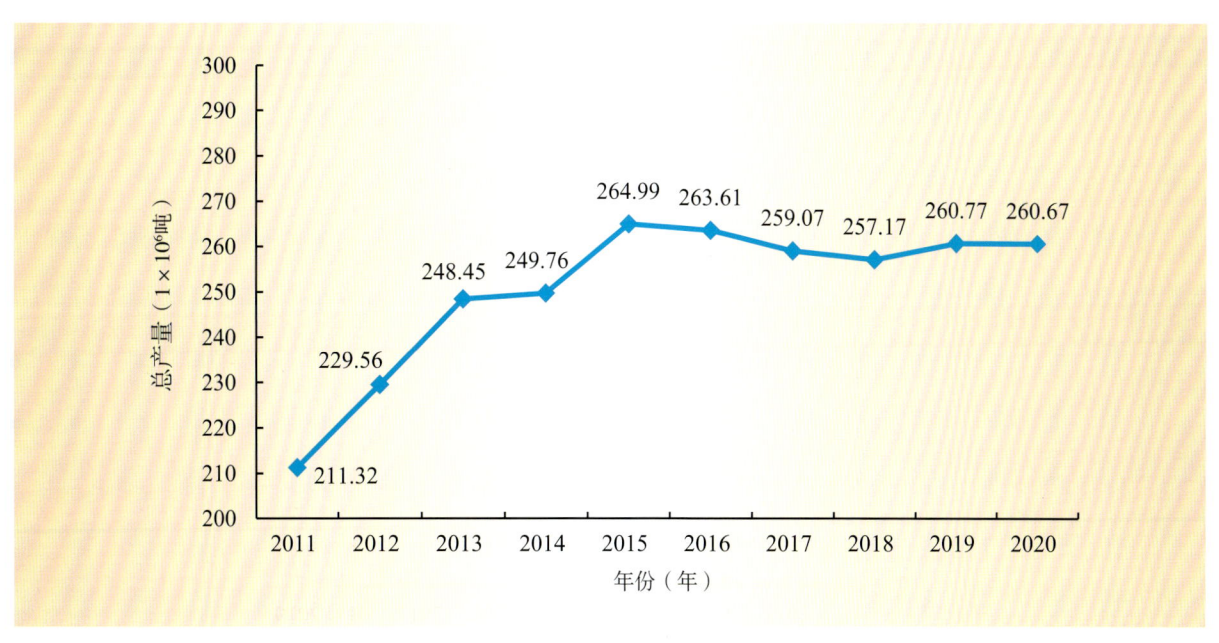

图67　2011—2020年中国玉米总产量

（数据来源：国家统计局）

（二）中国四大优势产区玉米总产量变化

2010—2019年，四大优势产区玉米产量的变化趋势基本呈现上升趋势（图68）。受2016年玉米临时收储政策改变及干旱影响，北方春玉米区播种面积明显下降，产量呈下降趋势，2018

年达到近些年最低，2019年恢复到2016年水平。黄淮海夏播区和西南山地区均在2017年总产量达到最高，依次为7 949万吨和2 422万吨，西北灌溉区在2019年达到近4年来最高的1 683万吨。

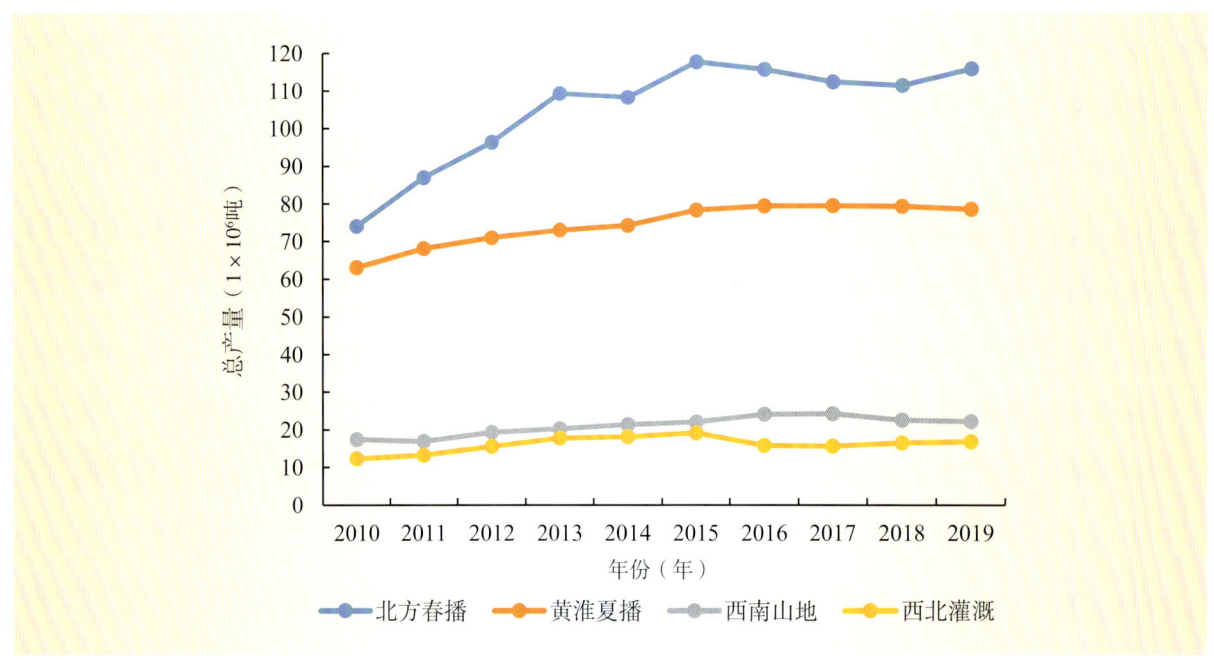

图68 2010—2019年四大优势产区玉米总产量变化

（数据来源：国家统计局）

2019年，北方春播区玉米产量占全国的44.45%，黄淮海夏播区占30.15%，西南山地区占8.49%，西北灌溉区占6.45%，其他占10.45%。总体来看，北方春播区和黄淮海夏播区所占比重大，两区玉米产量占全国的74.6%（图69）。

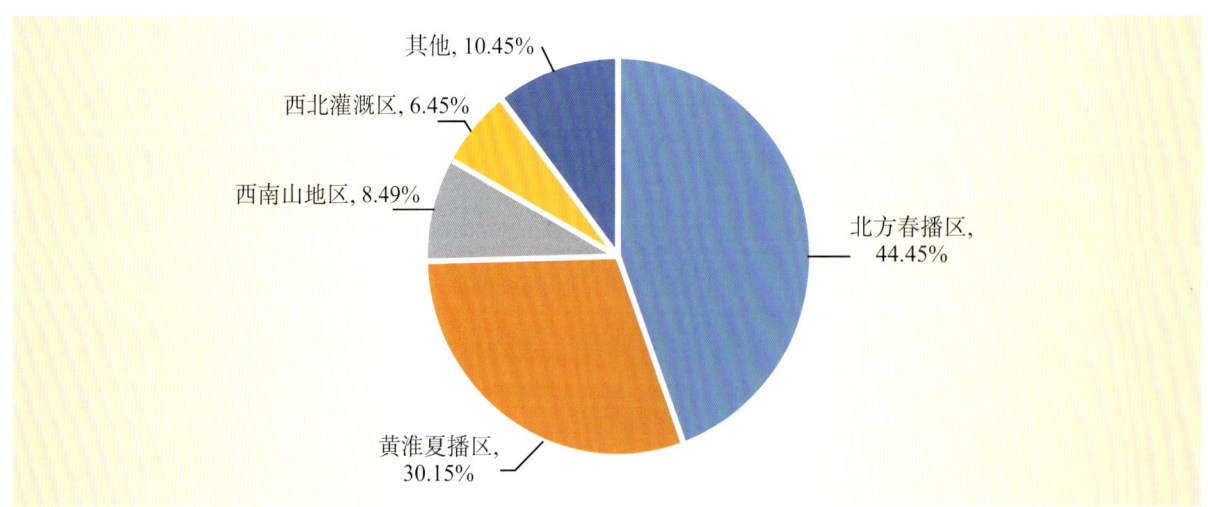

图69 2019年四大优势产区玉米总产量占全国比例

三、中国玉米单产分析

（一）中国玉米单产变化分析

2011—2020年，我国玉米平均单产为6.02吨/公顷，变化幅度为5.75～6.32吨，单产增加幅度较小（图70），但年际间波动较大，整体表现为两个阶段，一是2011—2013年，单产呈现逐渐增加趋势，变化幅度为5.75～6.02吨/公顷；二是2014—2020年，2014年单产下降幅度较大，然后呈现逐步增高、趋于平缓提高趋势，变化幅度为5.81～6.32吨/公顷，2020年达到最高6.32吨/公顷。

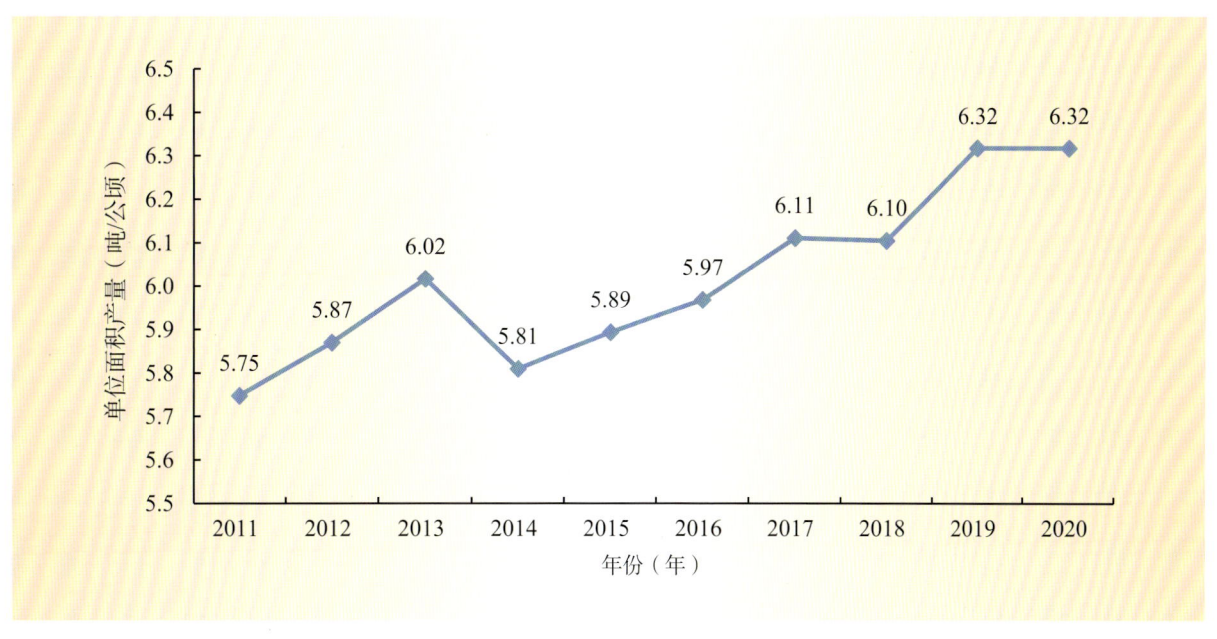

图70　2011—2020年中国玉米单产情况

（数据来源：国家统计局）

（二）中国四大优势产区玉米单产变化分析

2010—2019年，我国四大优势产区（除西北灌溉区外）玉米单产变化趋势比较平稳，整体呈现略增产趋势。整体相比，单产最高的为西北灌溉区，其次为北方春播区、黄淮海夏播区和西南山地区，2010—2019年四大区平均单产分别为7.26吨/公顷、6.45吨/公顷、5.79吨/公顷和4.83吨/公顷（图71）。西北灌溉区和北方春播区单产比全国平均分别高22.44%和8.87%，黄淮海夏播区和西南山地区单产均比全国平均单产低2.39%和18.6%。

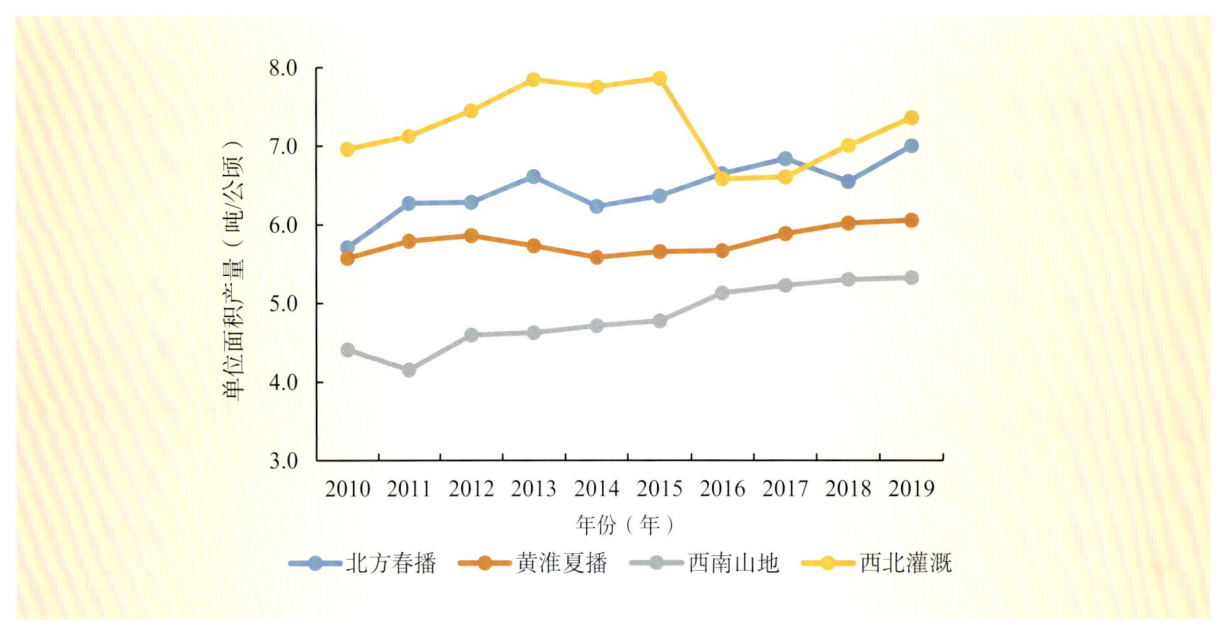

图 71　2010—2019 年四大主产区玉米单产情况

（数据来源：国家统计局）

四、玉米生产影响因素分析

影响我国玉米生产的因素主要包括临储及补贴政策因素、品种和种子质量、耕地质量、生物逆境和非生物逆境、水资源、农药化肥资源利用、机械化水平等。

随着不同政策的推行，我国玉米播种面积总体呈现先上升后下降趋势。2007 年，我国开始在东北三省和内蒙古自治区实行玉米临时收储政策，播种面积从 2008 年的 4.65 亿亩增加到 2015 年的 6.74 亿亩。2015 年，国家确定调减"镰刀弯"地区玉米非优势产区面积，2016 年，取消玉米临时收储政策，改变为在东北三省和内蒙古实施玉米生产者补贴政策，播种面积开始出现下降，与 2015 年相比，2018 年，东北地区玉米产量占比从 44.5% 下降到 43.4%，2019 年，全国播种面积下降到 6.19 亿亩。

我国玉米生产成本明显高于美国，市场竞争力弱。从总成本看，近 3 年我国玉米单位面积总成本 1 045.6 元 / 亩，明显高于美国的 756 元 / 亩。从变化趋势来看，2010 年以前我国玉米生产总成本低于美国，此后一直居高不下且远高于美国。从总成本增长率来看，我国在持续快速增长后近年来趋于平稳，而美国一直在缓慢增长（图 72）。

我国玉米生产人工投入过高，机械化水平不足。从成本构成来看，我国由高到低依次为劳动力、土地、化肥、机械、其他技术服务、种子、农药，占比依次为 42.5%、21.5%、12.5%、11.1%、5.4%、5.3% 和 1.6%；美国由高到低依次为土地、其他技术服务、化肥、种子、机械、农药和劳动力，占比依次为 23.7%、22.6%、17.2%、14.4%、12.3%、5.2% 和 4.7%（图 73）。与美国相比，在土地、化肥、机械方面，我国投入成本与美国基本相当；在劳动力方面，我国投入成本显著高于美国，占比也显著高于美国；在农药、种子、其他技术服务方面，我国投入低于美国，占比也低于美国。

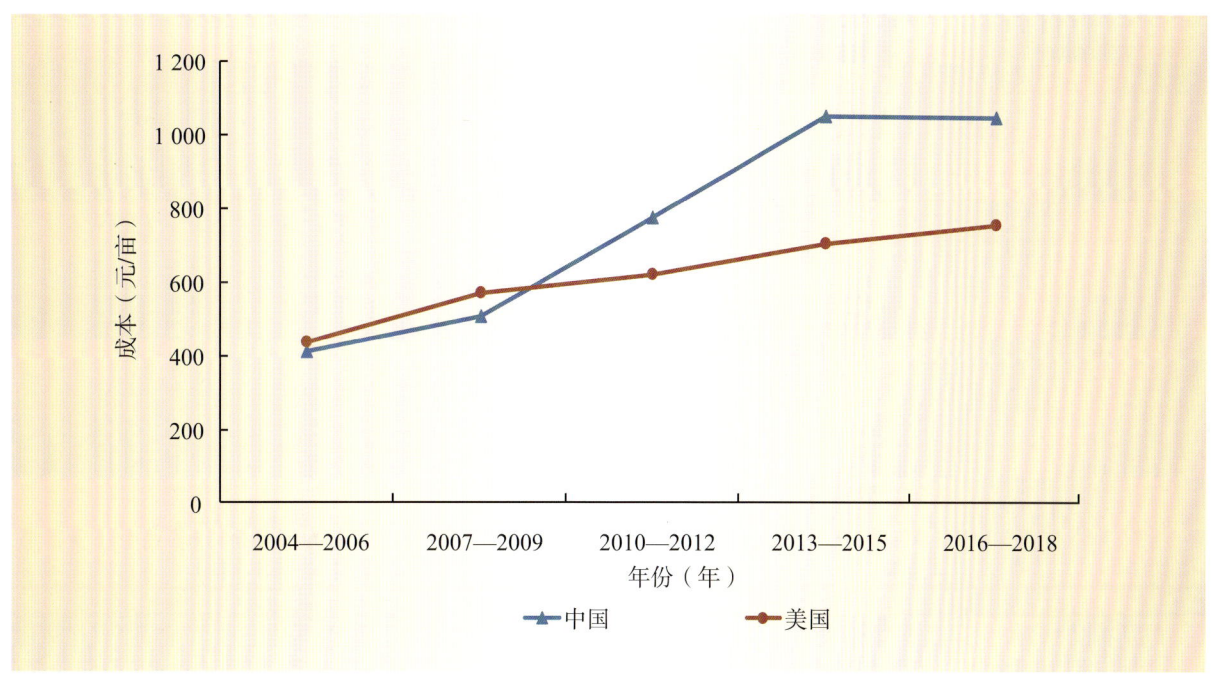

图 72　玉米单位种植面积的总成本变化趋势

（注：根据《全国农产品成本收益资料汇编》和美国农业部农业数据库整理）

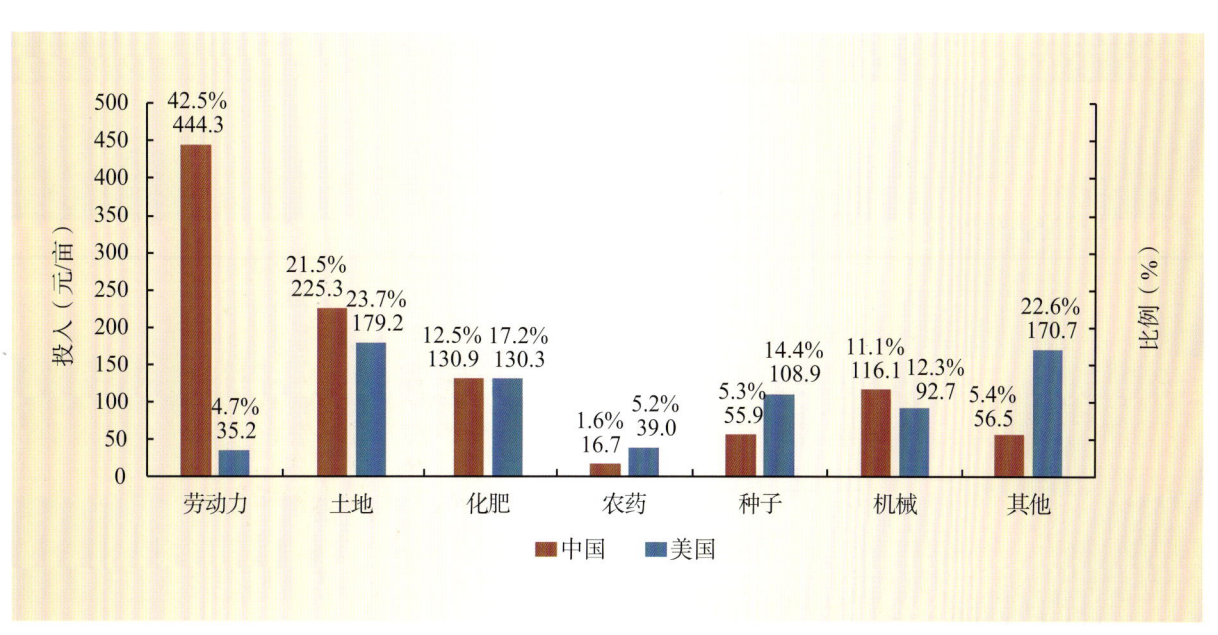

图 73　2016—2018 年玉米单位种植面积的投入结构

（注：根据《全国农产品成本收益资料汇编》和美国农业部农业数据库整理）

近三年，我国对玉米生产的政策性补贴（104元/亩）高于美国（77元/亩）。但是从时间维度上来看，我国玉米的单位产量补贴投入和单位面积补贴投入均有所下降，美国的补贴投入则呈现增加趋势（表14）。

表14 玉米生产政策性补贴国际比较

指　标	时间	中国	美国
单位产量的补贴投入（元/吨）	2010—2012年	360	90
	2013—2015年	400	77
	2016—2018年	260	100
单位面积的补贴投入（元/亩）	2010—2012年	144	53
	2013—2015年	160	53
	2016—2018年	104	77

注：美国补贴金额按当年汇率折算为人民币。

我国玉米商品性质量不高。商品品质的稳定性和一致性不高，籽粒容重不合格率占1/3，收获期含水量高，且在收储、运输中有颗粒混杂等造成质量不稳定。

现有耕地质量普遍下降。黑土层变薄、土壤酸化、耕作层变浅等问题凸显，我国耕层土壤深度仅为16.5cm，不到美国耕层深度的一半（图74）。

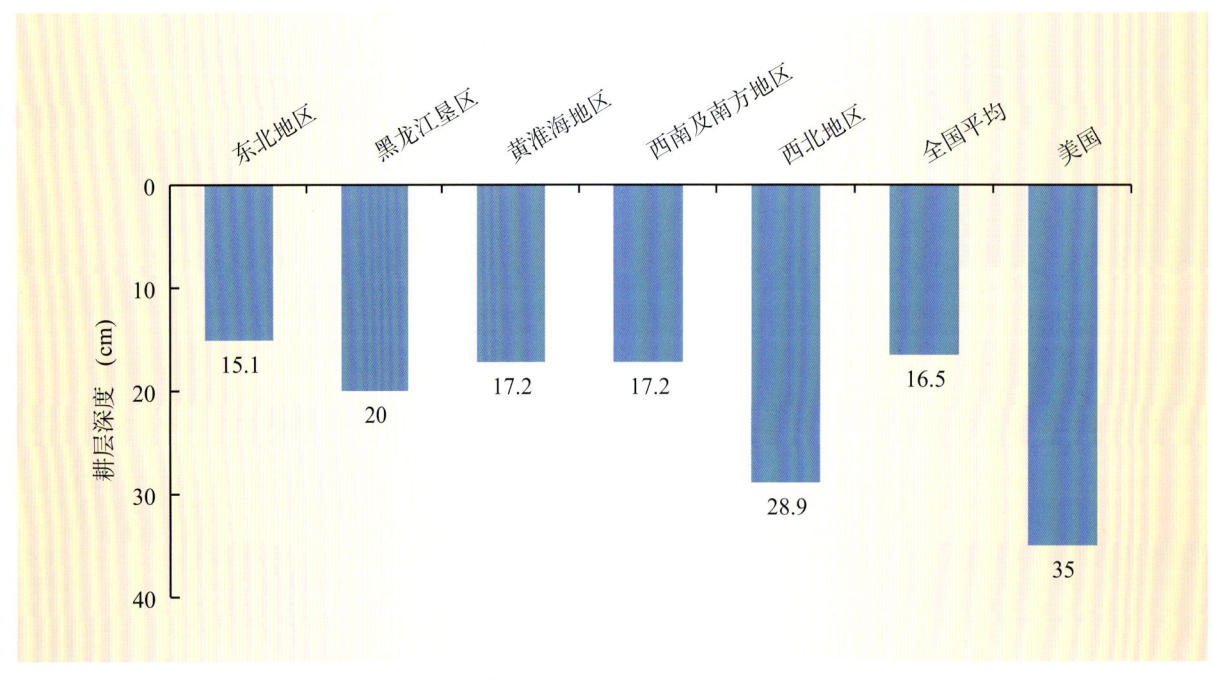

图74　中国玉米主产区及美国土壤耕层深度对比示意

（数据来源：联合国粮农组织，FAO）

逆境危害突出。我国四大玉米主产区始终面临丝黑穗病、茎腐病、穗粒腐病、玉米螟、草地贪夜蛾等病虫危害，一般年份产量损失超过 1 500 万吨；干旱、极端高温、台风等逆境胁迫日益常态化，通常造成减产 2 000 万吨以上；小型机械连续使用、化肥过量施用和低效利用导致土壤地力下降，严重影响玉米持续发展。

农业资源利用率较低。我国玉米亩均化肥用量约为 22 千克，远高于世界平均水平（每亩 8 千克）；农药平均利用率为 35%，远低于欧美发达国家 50%～60%，农业供水总量 2013—2019 年连续 6 年呈现下降趋势（图 75，图 76，图 77）。

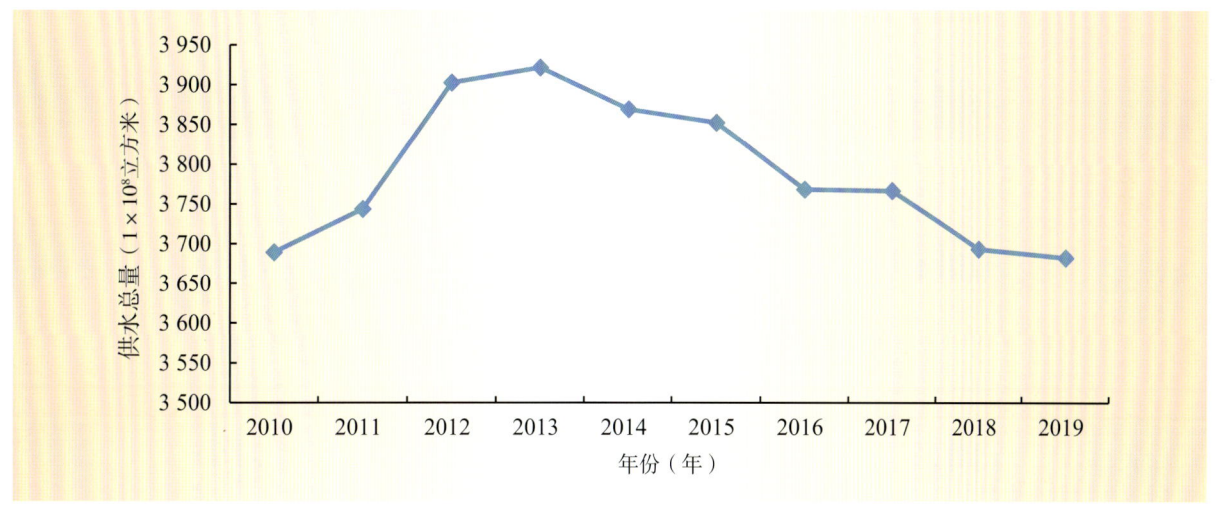

图 75　2010—2019 年中国农业供水总量

（数据来源：国家统计局）

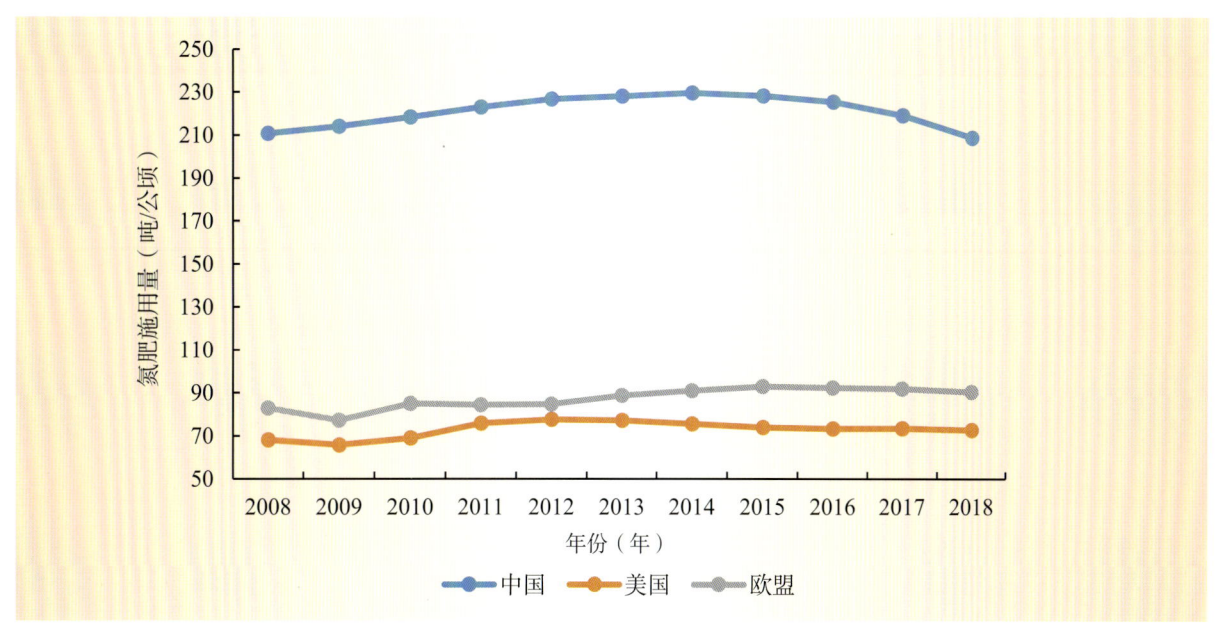

图 76　2008—2018 年中国单位面积氮肥施用量与美国、欧洲施用量对比

（数据来源：联合国粮农组织，FAO）

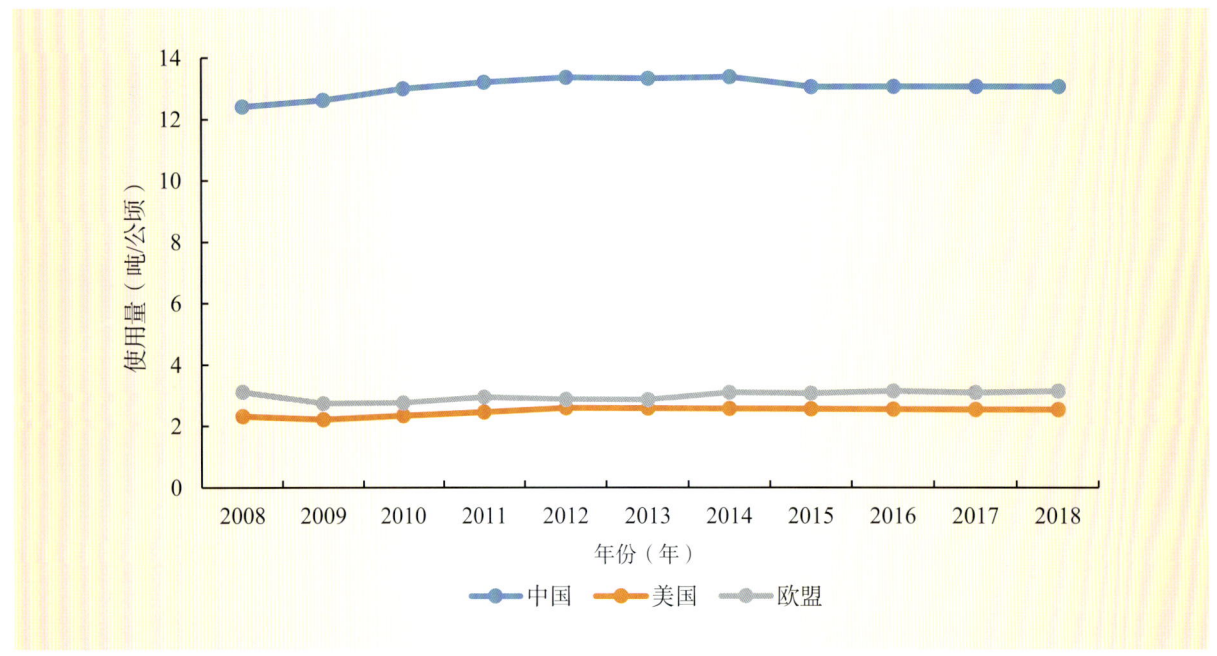

图 77 2008—2018 年中国单位面积杀虫剂使用量与美国、欧洲使用量对比

（数据来源：联合国粮农组织，FAO）

本部分主要完成人：李新海，路明

第九章
中国玉米种业情况

一、中国玉米种业创新情况

(一) 中国玉米基础研究进展

1. 基因组数据发掘不断深入

先后测序组装 Mo17、SK、mexicana、黄早四、郑58、昌7-2、K0326Y 的基因组,并挖掘其基因组变异特征,其中,Mo17、W22 和 SK 组装质量较高,成为国际上玉米基因组研究新的基因组数据库。完成第三代单倍图型(HapMap3)构建,进一步完善了玉米育种群体的变异信息,为玉米遗传育种提供了重要信息。

2. 功能基因发掘平台更加完善

基因组学的发展促进了突变体库构建,近年来,构建了全球最大规模、基因覆盖数量最多的玉米 EMS 突变体库和世界上最大的玉米序列索引插入文库,首次利用 CRISPR/Cas9 高通量技术体系,构建靶向突变体库。

3. 重要性状遗传机理解析提速

围绕抗病、抗逆、产量、株型、养分高效等重要性状开展了遗传和基础生物学研究。克隆鉴定了一批新功能基因(表15),解析相关性状形成的分子机制,为开展目标性状的遗传改良提供了方法和理论参考。2018年,我国玉米研究在 Science 期刊实现零的突破,克隆了控制玉米紧凑株型、密植增产的关键基因 UPA1 和 UPA2,建立了玉米紧凑株型的分子调控网络,该成果是我国在玉米株型方面取得的突破性成果,为培育耐密新品种奠定了理论基础。克隆了多个重要病害主效基因,如 ZmWAK 已被用于分子标记辅助选择导入吉单系列杂交种,显著提高了玉米对丝黑穗病的抗性;鉴定的抗茎腐病主效和微效 QTL 导入自交系京 24 中,抗病率分别能提高 40% 和 10% 左右。

表 15　近 10 年克隆或鉴定的玉米重要性状相关基因

序号	基因	性状与功能	文献
1	ZmOCD1	胚乳发育，草酰辅酶 A 脱羧酶	Yang et al., Plant Cell, 2018
2	ZmO11	胚乳发育，转录因子	Feng et al., Plant Cell, 2018
3	ZmSCC4	胚乳发育，黏连蛋白	He et al., Plant Cell, 2019
4	ZmKNR6	行粒数，激酶蛋白	Jia et al., Nature Communications, 2020
5	ZmmiR164e	籽粒大小，microRNA	Liu et al., Plant Biotechnology Journal, 2020
6	ZmINCW1	籽粒大小，细胞壁转化酶	Liu et al., Plant Physiology, 2017
7	ZmWAK	丝黑穗病抗性，WAK 家族蛋白	Zuo et al., Nature Genetics, 2015
8	ZmGDIα-hel	粗缩病抗性，囊泡运输相关基因	Liu et al., Nature Communication, 2020
9	ZmFBL41	纹枯病，F-box 蛋白	Li et al., Nature Genetics, 2019
10	ZmRAVL1	株型相关，转录因子	Tian et al., Science, 2019
11	ZmHKT1	耐盐，钾转运蛋白	Zhang et al., New Phytol, 2017
12	ZmHKT2	耐盐，钾转运蛋白	Cao et al., New Phytol, 2018
13	ZmHAK4	耐盐，钾转运蛋白	Zhang et al., Nat plants, 2019
14	ZmEREB180	耐渍，乙烯响应因子	Yu et al., Plant Biotechnol J, 2019
15	ZmHSFA2	耐热，热激蛋白	Gu et al., Plant J, 2019
16	ZmHSBP2	耐热，热激蛋白	Gu et al., Plant J, 2019
17	ZmNAC111	耐旱，转录因子	Mao et al., Nat Commun, 2020
18	ZmVPP1	耐旱，氢离子焦磷酸酶	Wang et al., Nat Genet, 2016
19	ZmPP2C-A	耐旱，丝氨酸苏氨酸蛋白磷酸酶	Xiang, et al., Mol Plant, 2016
20	ZmOST1	耐旱，丝氨酸苏氨酸蛋白激酶	Wu et al., J Integr Plant Biol, 2018
21	ZmTIP1	耐旱，S-酰基转移酶	Zhang et al., Plant Biotechnol J, 2019
22	ZmMP-KL1	耐旱，丝裂原活化蛋白激酶	Zhu et al., Plant J, 2019
23	ZmPTF1	耐旱，转录因子	Li et al., J Exp Bot, 2019
24	ZmBZU2	耐旱，转录因子	Wang et al., PLoS Genet, 2019

（二）中国玉米育种技术进展

1. 群体改良更加注重杂种优势群利用

中国农业科学院、西北农林科技大学、四川农业大学、贵州省旱粮研究所等单位持续开展群体改良工作，并取得显著成效。中国农业科学院作物科学研究所对中群 15、中群 16 群体持续改良，选育出 CA835 为代表的一批优良自交系；西北农林科技大学构建了玉米陕 A 群、陕 B 群并进行改良，选育出以 91227 为代表的优良自交系；四川农业大学合成并改良 P4 和 GW 群体，选育出以 Y1027 为代表一批优良自交系；贵州省旱粮研究所对墨瑞系列和苏兰系列群体持续改良和利用，选育出以 QB446 为代表一批优良自交系。

2. 外来种质资源利用取得新进展

外来种质资源利用是提高我国玉米育种水平的重要途经。21世纪以来，从美国先锋公司的 X 种质中，选育出京724、M54 等一批优良自交系。国家玉米产业技术体系组织开展玉米前育种研究，旨在利用外来种质资源（包括欧美种质、热带种质等）改良国内种质，创制出上百份优良育种新材料，一系列新选系组配的杂交种进入试验环节。利用欧洲早熟硬粒种质 UH004F 和欧洲早熟 Iodent 种质 UH004M 改良黄旅群种质的机收特性，研究发现欧洲早熟种质含有适合创新改良黄旅群种质在机械粒收性状方面的优良等位基因。

3. 双单倍体育种技术实现工程化应用

双单倍体育种技术是利用自然发生或人工诱导母本材料产生单倍体植株，再通过自然或化学加倍获得二倍体纯合自交系。近年来，围绕高诱导率新材料创制、单倍体鉴定与加倍工程化等关键技术，构建了规模化、工程化的双单倍体育种技术体系。研制的 CAU1 到 CAU6 系列、CHOI1 到 CHOI4 高油系列、吉高诱3号等诱导系，使玉米单倍体诱导效率从 2% 提高到 10% 以上；提出籽粒油分鉴别单倍体的技术原理并研发出核磁共振自动化鉴选设备，使单倍体鉴选准确率超过 90%；研发基于形态的单倍体幼胚直接鉴别方法，使单倍体幼胚鉴别效率提高 3~4 倍；创建的芽苗和组培加倍技术可使单倍体加倍效率提高数倍，已经实现规模化产业应用。

4. 转基因和基因编辑研究成效显著

采用转基因技术，创制出抗虫玉米双抗 12-5、2A-7、CM8101 等，抗除草剂玉米 CC-2 等，以及一批抗旱玉米、耐盐碱玉米。2019年12月30日，2个转基因抗虫玉米获得生产应用安全证书。对 CRISPR/Cas9 系统进行改良设计，利用双元 RNA 向导的 CRISPR/Cas9 系统分别对植物两个 MiRNA 基因的基因座（MiR169a 和 MiR827a）PrimiRNA 区域实现人工删除，删除效率分别达到 20% 和 24%。借鉴哺乳动物单碱基编辑方法，利用 Cas9 变体（nCas9-D10A）融合大鼠胞嘧啶脱氨酶（rAPOBEC1）和尿嘧啶糖基化酶抑制剂（UGI），构建了高效的植物单碱基编辑系统 nCas9-PBE，成功地在玉米基因组中实现高效、精确的单碱基定点突变。

5. 分子育种技术提升育种效率

开发出针对玉米粗缩病、茎腐病、丝黑穗病的抗病分子标记，并应用于育种材料创制和品种培育。开发出 3K SNP 芯片、50KSNP 芯片及 55KSNP 芯片，并广泛用于玉米遗传作图、种质资源鉴定、分子育种等研究。在全基因组选择技术及关键性状的分子选择及改良技术正逐步完善。围绕国内优良核心种质构建测交群体和多亲育种群体，利用产量等重要农艺性状开展了基因组选择技术研究，全面探究多种模型不同因素对表型预测准确度的影响，证实了加入数量性状位点和非加性效应可显著提高玉米产量预测准确性，并在全基因组选择技术与单倍体技术相结合的高效预测方法上取得了新进展。

（三）中国玉米品种选育进展

2006—2016年以来，全国每年审定品种数量在600个左右。之后，我国玉米品种试验与审定渠道进一步拓宽，增加了科研与企业联合体、企业绿色通道等品种试验与审定渠道。从2017年开始国审玉米新品种数量呈现快速增长，省审品种增幅更大，2019年共审定2 272个，是历年来审定玉米品种最多的年份。京科968、登海605等一批新的突破性品种的选育推广，正逐步降低郑单958、先玉335少数大品种主导市场的依赖（图78）。

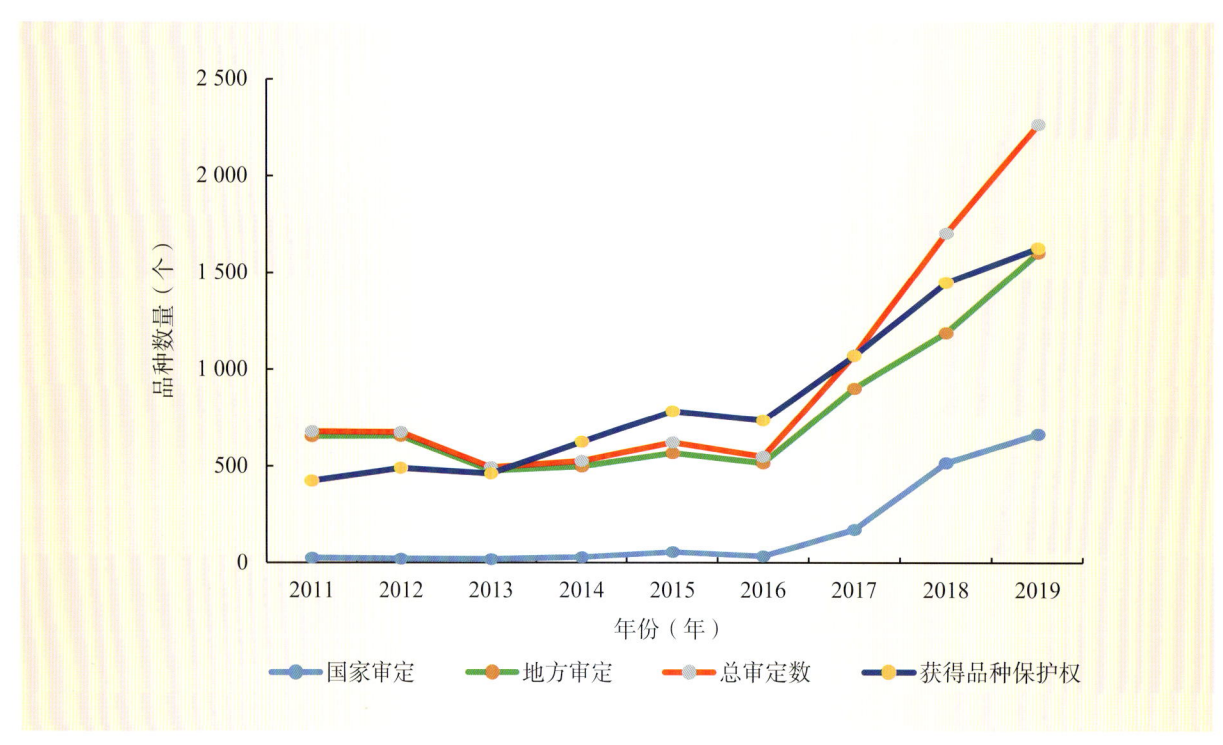

图78 近10年全国和地方审定品种及品种保护数量

（数据来源：中国种业大数据平台）

（四）主要科技研发机构

1. 主要大学与科研院所

（1）中国农业科学院　长期致力于玉米种质资源收集、引进与鉴定，种质扩增、改良与创新，重要性状形成基础解析，分子育种技术研究与新品种培育，承担了国家玉米种质资源库的建设和管理，是国家玉米产业技术体系、国家玉米良种攻关等重大科技任务的组织单位。20世纪70年代选育的中单2号，曾一度是我国推广面积最大的品种。近年来，在玉米优异种质创新、基因组解析、转基因、基因编辑与分子育种技术创新方面取得新进展，培育的耐密高产广适新品种中单808和中单909获得2019年度国家科技进步二等奖。

（2）中国农业大学国家玉米改良中心　主要从事玉米资源的改良与创新、基因组学研究、基因工程技术与应用、分子标记技术和新品种选育与利用研究，在玉米遗传育种基础理论研究方面处于全国领先优势，连续在国际顶尖刊物 Science、Nature Genetics、PNAS 发表文章，建立了玉米转基因、分子标记辅助选择和双单倍体育种（DH）等技术体系；在种质创新和新品种培育方面创新能力突出，培育的农大 108 曾是我国本世纪初推广面积最大的品种，获国家科技进步一等奖。

（3）河南省农业科学院　主要从事玉米种质资源改良创新、品种选育与利用研究。在品种培育上取得显著成果，培育的郑单 958 是 2004 年以来我国玉米种植面积最大的品种，累计推广 8.68 亿亩。

（4）北京市农林科学院　农业农村部玉米专家指导组组长单位、国家现代农业科技城玉米新品种研发联合体牵头单位、国家玉米品种标准样品库。累计选育并审定玉米品种 100 多品次，其中，国审品种 30 个，包括京科 968、京科 665、京农科 728，是近年来全国科研单位中培育品种的优势单位之一。

（5）四川农业大学　从事玉米遗传、种质创新和新品种选育研究。培育"川单"和"荣玉"系列品种 60 多个，先后获得 2 项国家技术发明二等奖。依托西南作物基因资源发掘与利用国家重点实验室和农业农村部西南玉米生物学与遗传育种重点实验等平台，在玉米重要性状形成遗传基础和育种技术创新方面取得较大进展。

（6）华中农业大学　主要从事玉米功能基因组和分子育种研究，在玉米数量遗传性状基础、功能基因发掘及分子生物学基础理论方面取得了系列研究成果。

（7）河南农业大学　在利用轮回选择开展种质创新和新品种选育方面取得重要成绩，选育的豫玉 22 曾是国内大面积推广的品种之一。现有玉米研究团队主要依托于省部共建小麦玉米作物学国家重点实验室和农学院。

（8）吉林省农业科学院玉米研究所　是玉米国家工程实验室（长春）、国家玉米工程技术研究中心（吉林）、农业农村部东北中部玉米生物学与遗传育种重点实验室、国家玉米改良中心公主岭分中心的技术依托单位。先后创制玉米骨干自交系吉 853 等，培育的吉单 101、159、180、27、50 等优良品种为吉林省玉米产业发展作出重要贡献。

（9）黑龙江省农业科学院玉米研究所　是黑龙江省唯一专门从事玉米育种、栽培、品种研发的国有专业研究机构，是全国唯一同时承建两个国家级玉米中心（分中心）的省级玉米研究单位，即国家玉米区域技术创新中心（黑龙江）和国家农作物玉米改良中心哈尔滨分中心的依托单位。

（10）辽宁省农业科学院玉米研究所　十一五以来，共有 70 多个玉米新品种通过国家或省级审定，获植物新品种权 14 项，国家发明专利 1 项；制定行业标准 1 项，辽宁省地方标准 5 项；出版著作 6 部，发表学术论文 200 余篇。研究成果获国家科技进步二等奖 2 项，全国农牧渔业丰收奖一等奖 2 项、二等奖 1 项，辽宁省科技进步一等奖 4 项、二等奖 4 项，辽宁省科技成果转化一等奖 1 项，市厅级科研奖励 26 项。

（11）山东省农业科学院玉米所　主要从事玉米种质创新和品种选育研究，先后育成鲁玉 13

号、鲁单50和鲁单981等杂交种50余个，多个品种和多项技术被推荐为国家和山东省主导品种和技术，品种累计推广2亿亩以上，增加社会效益100多亿元；获得植物新品种权72项、专利70项，软件著作权48项，制定地方标准16项；主编《中国玉米栽培学》《中国玉米品种及其系谱》和《山东玉米》等学术专著。

（12）丹东农业科学院　主要从事抗病玉米种质改良创新和品种培育研究，培育出优良玉米自交系"330""340"等，丹玉13号在1987—1994年连续8年居全国玉米种植面积第1位，为我国农业生产和粮食安全作出了突出贡献。

2. 主要种业企业

（1）山东登海种业股份有限公司　由著名玉米育种和栽培专家李登海研究员创建的农业高科技上市企业，与美国先锋公司合资成立了由登海种业控股的"山东登海先锋种业有限公司"。培育的掖478自交系和掖单2号、13号、4号、12号、19号与登海605系列杂交种，为中国玉米产业的发展作出了重要贡献。

（2）中国种子集团有限公司　玉米是中种集团的四大业务板块之一，2013年，中种集团与孟山都公司深化在玉米常规育种领域的战略合作，组建了中种集团控股的育繁推一体化企业"中种国际种子有限公司"。

（3）中国农业发展集团有限公司　以现代种业上市公司农发种业为发展平台，经过并购扩张，各子公司成功完成混合所有制改革，形成了东华北、黄淮海、西北市场的整体布局，玉米种子业务发展迅速，先后并购了山西潞玉、山东天泰种业等一批专业玉米育种公司，增强了该集团的玉米种业创新能力。

（4）北大荒垦丰种业股份有限公司　集研发、生产、加工、销售、服务和进出口业务于一体，具有完整产业链、多作物经营的现代国有控股种业公司。玉米种子是该公司的主要经营业务，引进培育了东北春玉米区的主要优势品种德美亚1、3号等。

（5）大北农集团　1994年创办的农业高科技企业，主营业务是饲料产品生产、销售和农作物种子培育、推广。在转基因玉米品种研发上处于国内领先地位，所属金色农华种业公司及其并购的川单种业公司等在玉米业务上与四川农业大学玉米所等科研单位有研发上的战略合作。

（6）安徽隆平高科种业有限公司　农业高科技股份有限公司，成立于1999年6月，该公司除了在传统水稻品种具有优势外，近年来大力投资和发展玉米种子业务，培育推广了以隆平206为代表的一批新品种。

（7）辽宁东亚种业有限公司　农业农村部首批32家"育繁推一体化"企业之一，是"国家级农业产业化重点龙头企业""中国种业信用明星企业""国家技术企业"。多年来所培育的东单系列品种在全国具有较高的知名度。

（8）安徽荃银高科种业股份有限公司　集农作物种子科研、生产、加工、国内外营销等业务于一体的高科技种业企业，公司系"国家高新技术企业"。近年来，在玉米板块上有所拓展。

（9）合肥丰乐种业股份有限公司　自2000年涉足玉米产业，在全国玉米产业第二大市场黄淮海市场运作多年，基础扎实，渠道成熟，品牌影响力较大。丰乐种业以2.9亿元收购专注于玉米种子业务的四川同路农业科技有限责任公司100%股权，为该公司布局西南玉米种业市场奠定了重要基础。

（五）基于论文与专利下中国玉米育种领域科技发展情况

1. 数据来源与分析工具

论文研究的数据来源于ISI Web of Science数据库平台，选择Web of Science核心合集数据库，文献类型为Article和Review，时间范围为2014年1月1日至2019年12月31日。报告采用主题检索方式进行文献检索，在保证查全率与查准率的基础上，采用多字段高级检索方法。

专利研究的数据来源于Derwent Innovation（DI）专利数据库，地域边界为全球专利数据，时间范围为2014年1月1日至2019年12月31日。采用主题检索方式进行专利检索，主题检索采用综合检索方法，通过去噪、申请人合并等进行数据清洗。

2. 基于论文的中国玉米育种领域发展态势分析

（1）我国玉米论文发表概况　2014—2019年我国玉米育种领域共发表2 290篇科技论文，年度发文趋势如图79所示。整体来看，我国玉米育种领域发文趋势，除了在2017年稍显下降外，其他年份呈缓慢增长趋势，年度平均发文量是381篇，处于稳步发展状态。从CNCI值来看，2014—2019年各个年份的差异较大，以均值1.2为中心呈上下波动趋势。我国玉米育种领域科技论文的平均影响力高于全球平均水平，在国际具有一定的影响力。

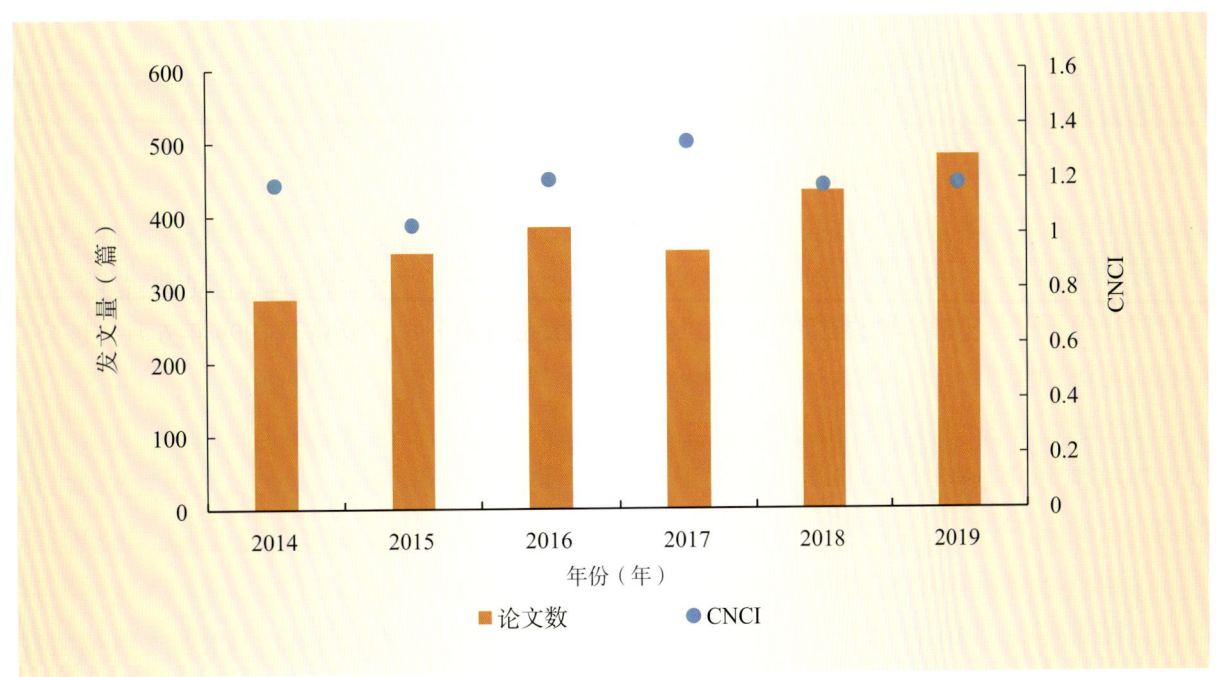

图79　中国玉米育种领域年度发文趋势

我国31个省（区、市）中，北京、江苏和湖北是发文量前三位的省份，其中，北京排名第一，共发表832篇，远远领先于其他省份，优势凸显（图80）。

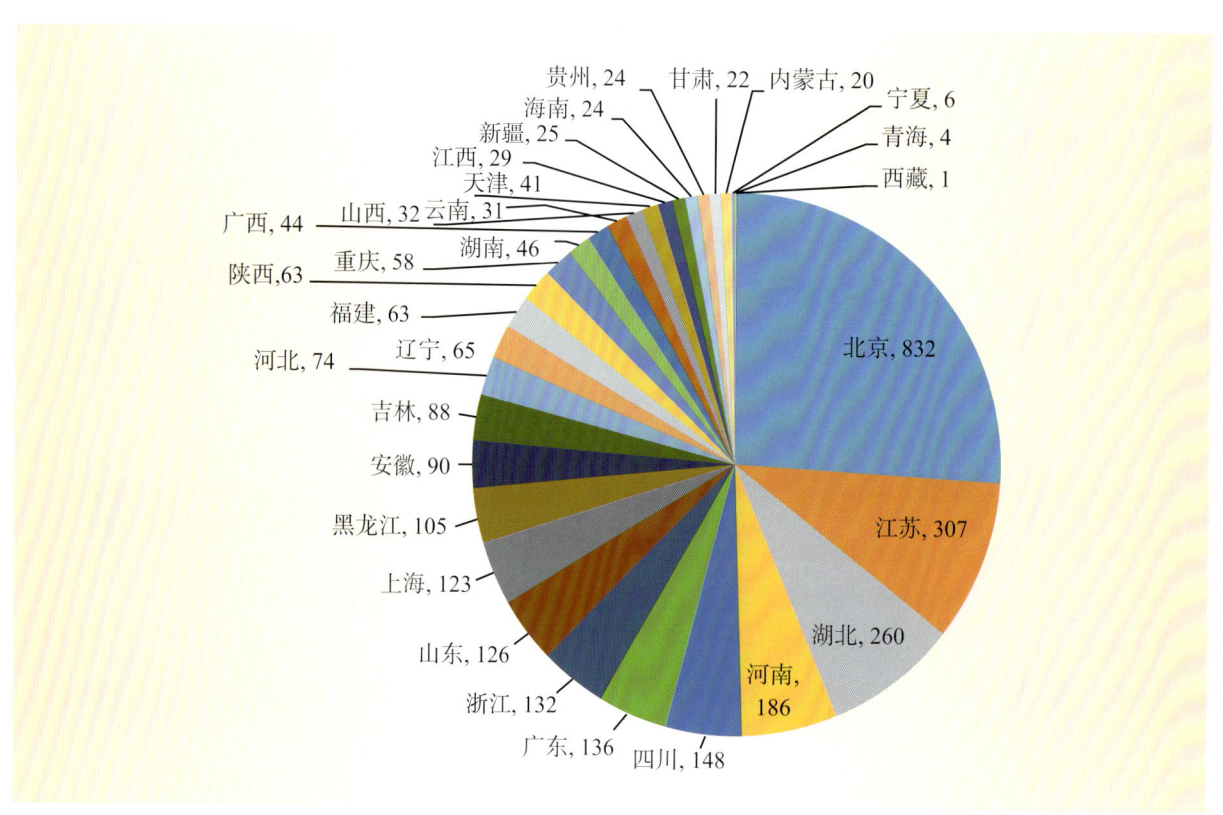

图80 中国玉米育种领域发文地区分布（单位：篇）

从机构类型分析，排名前十的机构中共包括2所研究院和8所高等院校，中国农业科学院以发文量651篇排名第一，中国科学院（523篇）和中国农业大学（293篇）分居第二位和第三位，以上机构是我国玉米育种领域的主要研究力量。从被引频次来看，各个机构的影响力和产出量较为一致，排名前三位的机构依然是中国农业科学院、中国科学院和中国农业大学，其中中国农业科学院、中国科学院被引频次在5 000次以上，在我国玉米育种领域具有较高的影响力，位于第一梯队（图81）。

（2）北京市玉米育种论文发表概况 2014—2019年北京玉米育种领域共发表832篇科技论文，在国内31个地区论文总数（3 205篇）的占比超过1/4，在规模上具有明显的数量优势。从影响力层面分析，北京的高被引论文数量有21篇，约占国内31个地区高被引总数（46篇）的1/2，优势显著，反映出北京地区在玉米领域的基础研究具有较高的影响力。

论文的质量可以从被引频次和CNCI值两个方面分析，北京以12 099次的总被引次数位列全国第一，湖北（4 476次）和江苏（3 410次）分列第二位和第三位。从CNCI值来看，北京在国内排名第四，CNCI值是1.43。排名前三的地区分别是：湖北（1.58）、湖南（1.52）和广东

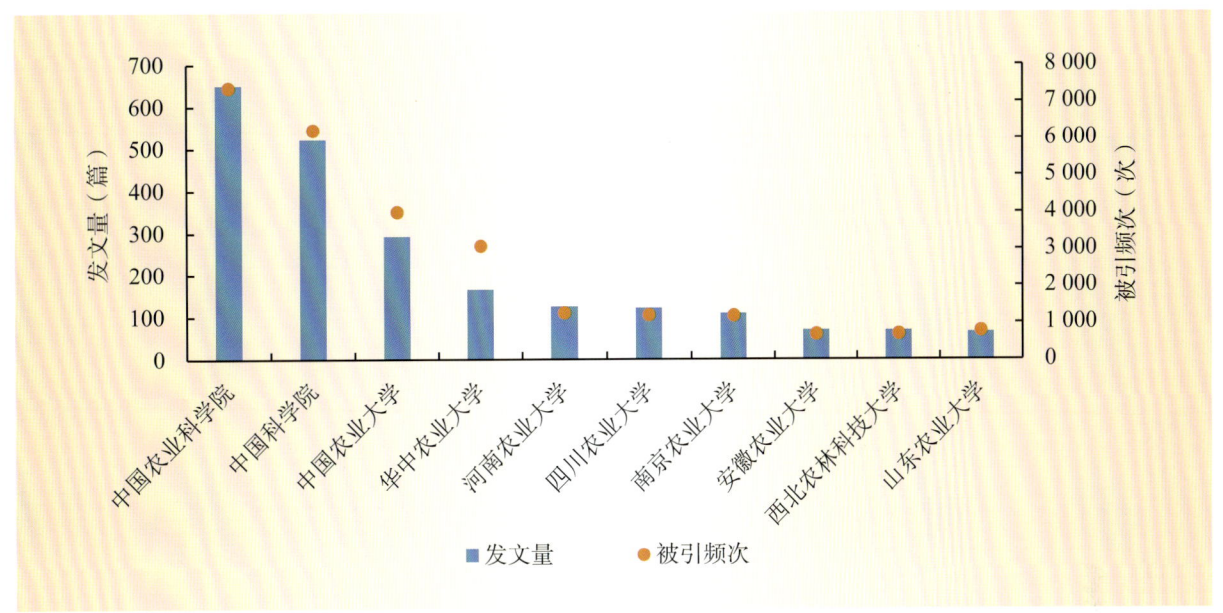

图81 中国玉米育种领域机构分布

(1.47)。综合来看,北京地区在玉米领域的论文具有较高的质量,位居国内前列。

3. 基于专利的的中国玉米育种领域发展态势分析

(1) 我国玉米育种专利申请概况 我国的玉米育种专利主要来自本国申请,占比约81.03%;国外来华申请约占18.97%,其中,美国是最主要的来华申请国,占比约为15.02%。2015—2018年,在我国位列推广面积前十位的玉米品种中,先玉335、德美亚1号分别为美国、德国公司选育品种,其余品种均为国内科研院校或公司选育。北京、山东和安徽是我国玉米育种领域的主要技术来源地,这三省市专利申请量占我国专利申请总量的约57.67%。排名前十位的我国玉米育种专利申请人包括7家本国申请人和3家国外申请人,国外申请人均为美国企业,分别为先锋、陶氏益农和孟山都。7个本国申请人包括1家企业和6所高校及科研院所,6所高校及科研院所分别为中国农业科学院、中国农业大学、中国科学院、安徽省农业科学院、四川农业大学和北京市农林科学院,可见,科研院所和高校在玉米育种领域的研发热度较高。大北农是专利申请人排名前十位的唯一本国企业,反映出目前我国玉米育种领域科研单位强于企业,处于研发与产业化并行的阶段,也说明我国玉米育种需要大力推进多种创新主体协同创新,玉米育种产业化任重而道远(图82,图83)。

(2) 北京玉米育种专利申请概况 2014—2019年北京玉米育种专利申请量达393件,在我国31个地区中位列第一,较排名第二的山东省高出近3倍。从专利类型上来看,北京发明专利388件,实用新型专利5件,发明专利占比较高。从专利授权率来看,北京申请专利中法律状态处于有效的占比达到46.1%,与专利申请量排名靠前的几个地区相比较,位列第一,在专利质量上占有一定优势。从影响力来看,北京专利的总被引频次达117次,位列全国第一,有一定的影响力。从申请机构来看,专利申请数量排名靠前的分别是中国农业大学、中国农业科学院、大

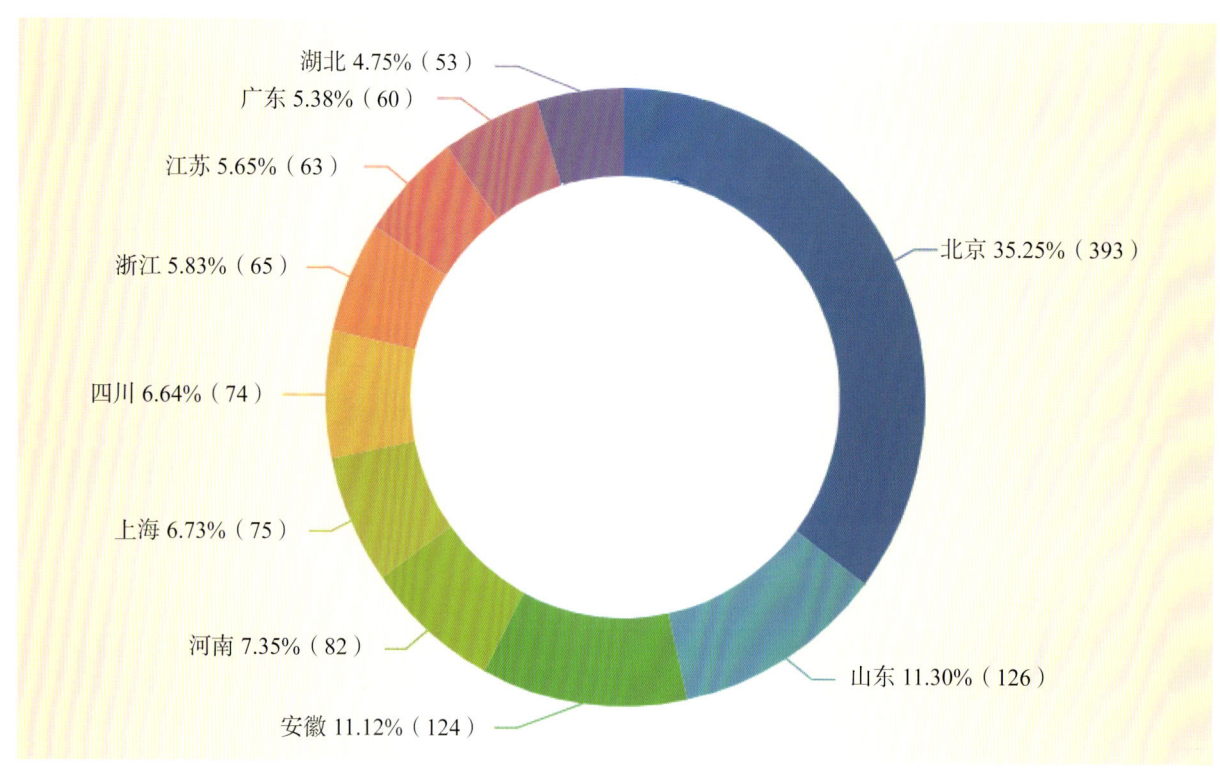

图82　中国玉米育种专利本国申请省市分布

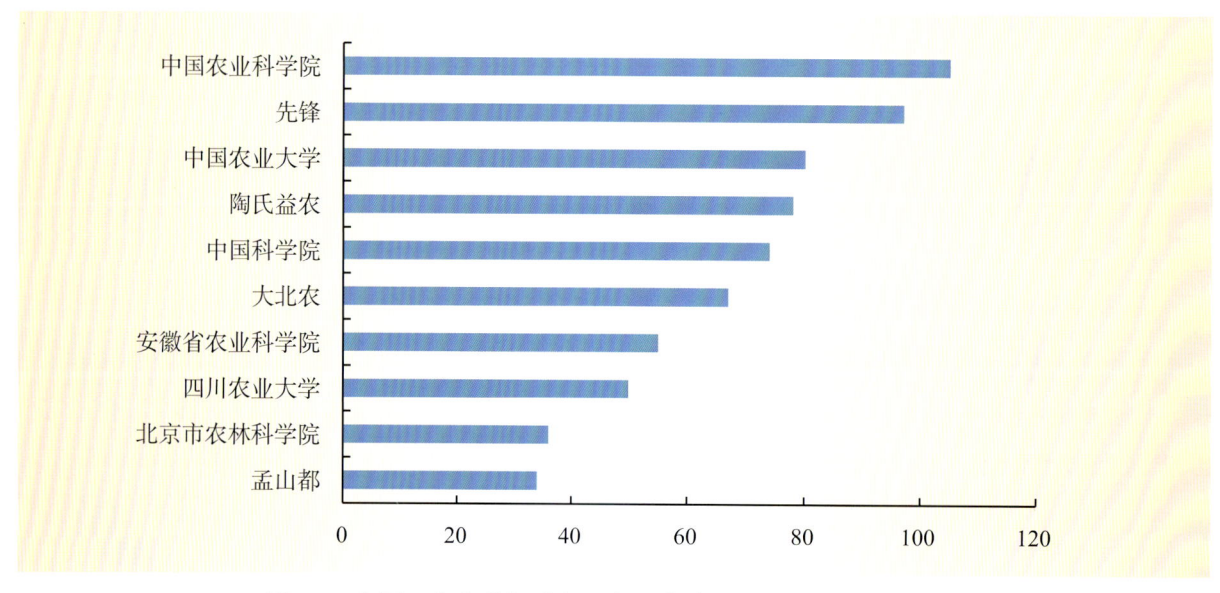

图83　中国玉米育种领域主要专利申请人（2014—2019年）

北农生物技术有限公司、中国科学院、北京市农林科学院、未名生物农业集团有限公司和先锋海外公司。

4. 中国玉米育种领域研究关注的技术热点

我国玉米育种研究热点词主要集中在基因工程、生物技术、转基因玉米、基因组、基因编辑、分子标记、杂交育种等（图84）。与全球玉米育种技术分布情况相比，我国在育种技术分布上呈现一致性，均以转基因和基因编辑等基因工程技术为主要技术热点，提高玉米遗传转化效率；在育种目标性状方面以抗病、抗虫、抗旱、耐除草剂和高品质为关注的主要农艺性状。

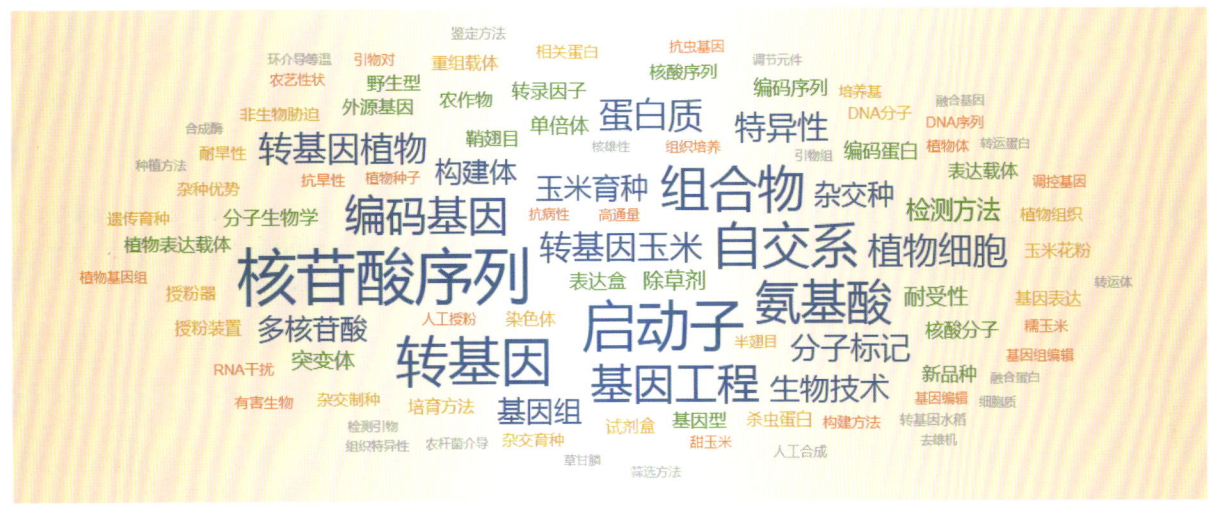

图84　中国玉米育种领域词云分布

二、中国玉米种业情况

（一）中国玉米种子生产与产品推广

1. 杂交玉米种子生产与使用情况

（1）玉米种子生产情况　"十二五"以来，国家南繁科研育制种基地建设取得突破，甘肃玉米制种基地一期建设顺利实施，玉米制种大县巩固发展。2020年，杂交玉米制繁种面积继续保持在合理区间，制种面积调减，据全国农业技术推广服务中心发布数据，2020年，全国杂交玉米落实制种面积230万亩，其中，大田玉米200万亩，青贮玉米26万亩，鲜食玉米4万亩，比2019年256万亩减少26万亩，减幅10%。从制种区域看，2019年，甘肃和新疆玉米制种面积合计201.88万亩，占全国玉米制种面积78.9%；产量合计达到8.35亿千克，占到全国总产的82.9%。2020年，甘肃和新疆两省（区）落实玉米制种面积169万亩，占全国制种面积的70%以上（同比减幅超15%）；其中，西南地区制种基地（云南、四川等地）落实玉米制种面积26万亩（同比增幅15%）；东北地区制种基地（内蒙赤峰、黑龙江、吉林等地）落实制种面积15万亩（同比减幅25%）。从主导企业来看，全国玉米种子销售额前5的企业合计制种面积19万亩，同比下降27%；销售额排名第6～20名与排名第21～40名的玉米种子企业制种面积与去年相比，均小幅下降，降幅分别为5%与3%。

（2）玉米种子供应总量情况　从2003年至今的全国杂交玉米制种面积和总产量来看（图85），

我国玉米制种计划性明显提高，玉米种子供应总量充足。2019年全国杂交玉米制种总产9.90亿千克（图86），比2011年的13.6亿千克减少27.2%。制种单产由2011年的331千克/亩增至2019年387千克/亩（图87），单产明显提高。预计2021年玉米种子有效供应量将超过14亿千克，预计2021年大田用种总量10亿千克左右，种子供应能有效保障大田用种安全。

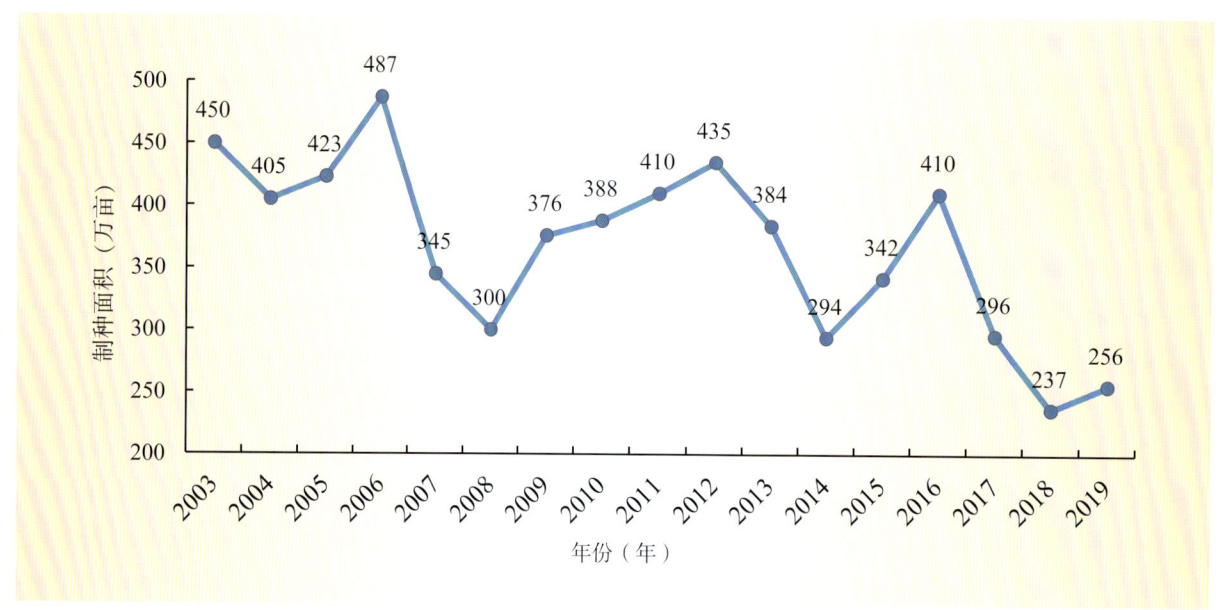

图85　2003—2019年全国杂交玉米制种面积情况

（数据来源：2020年中国农作物种业发展报告）

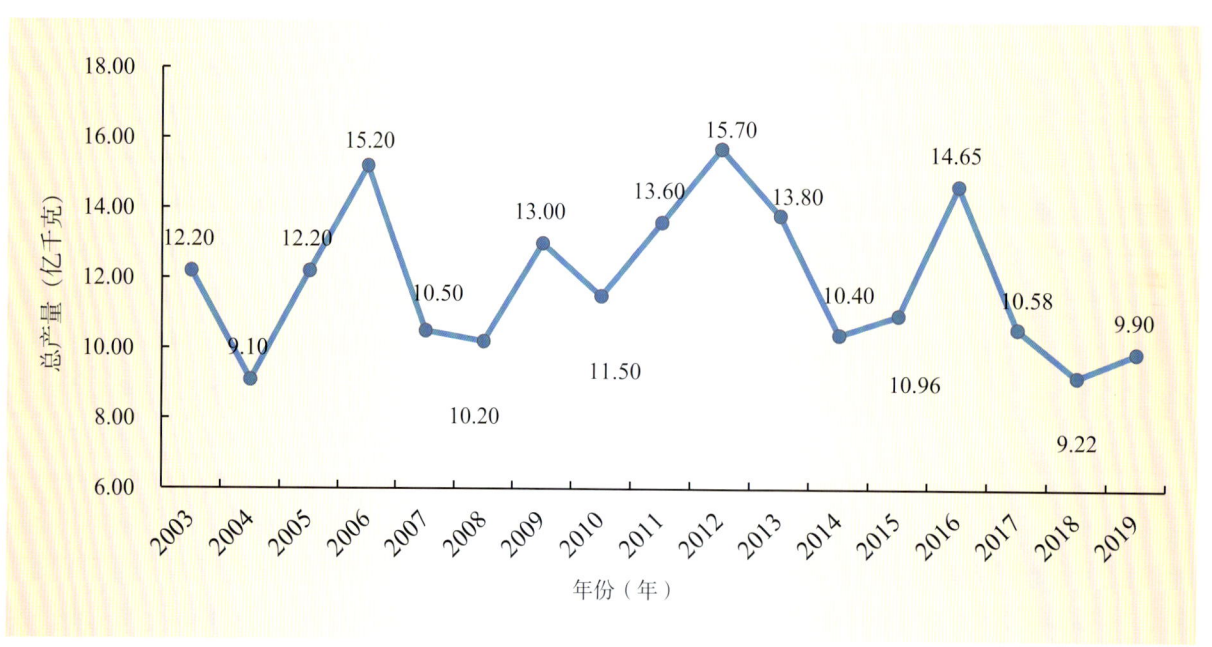

图86　2003—2019年全国杂交玉米种子总产量情况

（数据来源：2020年中国农作物种业发展报告）

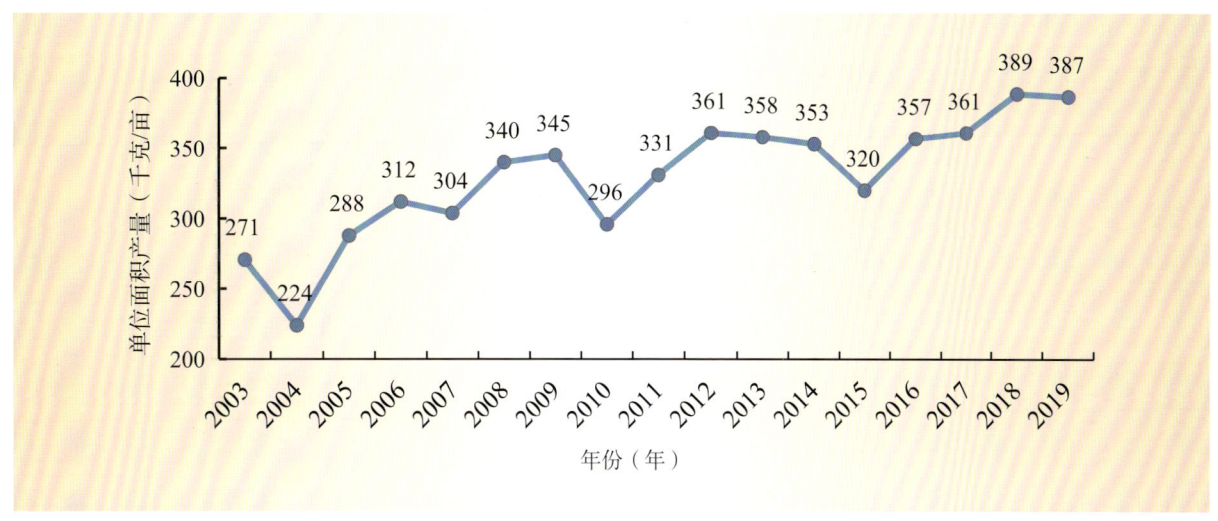

图 87　2003—2019 年全国杂交玉米制种单产情况
（数据来源：2020 年中国农作物种业发展报告）

（3）玉米繁制种碎片化局面出现　玉米制种结构继续呈现品种数量增多、品种平均制种面积下降趋势，抗热性差的美系血缘品种制种面积调减，郑单 958 等经受住市场检验的大品种、宜籽粒机收品种制种面积调增。以制种面积最大的甘肃省为例，2020 年，甘肃省杂交玉米制种品种数量超过 1 700 个，分别比 2019 年、2018 年增加 300 个、500 个，连续 2 年增幅超过 15%；制种面积在 10 000 亩以上的品种只有 8 个，制种面积在 1 000 亩以下的品种数量与去年同比，增幅超过 15%。主要原因：一是种子库存依然很大；二是企业普遍预期生物技术运用可能加快，主动规避品种更新换代而引起的库存种子大规模转商风险。

（4）玉米种子加工和质量情况　近年来，种子行业为破解杂交玉米制种成本高的难题，重点针对玉米机械去雄以及父本后期割除等关键环节机械化短板，集成杂交玉米种子全程机械化生产技术体系和高产高质量生产模式，在国家级制种基地试点推广，试点区域玉米制种耕、种、收机械化率达到 100%，种子实现不落地进仓。种子企业普遍建立起了较为严格完善的种子生产技术规程，种子生产过程质量控制水平不断提高。目前，制种模式以"企业＋基地＋农户"为主，"企业＋土地承包大户"及"企业＋土地流转"等模式逐步推广。果穗及籽粒烘干加工率达 40% 以上，脱粒、精选、包装环节基本实现全程机械化、标准化，市场供给种子 90% 以上实现了包衣，90% 以上实现单粒播种精量包装，99% 以上的种子纯度达到国标二级以上。玉米种子抽查合格率和企业抽查合格率均稳定在 98% 以上，供种数量及质量有保证。

（5）杂交玉米种子使用状况　2019 年全国玉米用种面积 5.82 亿亩，亩用种量比较平稳，为 1.84 千克/亩（图 88），种子使用总量 10.68 亿千克（图 89）。

2. 杂交玉米种子价格与市值情况及分析

（1）全国杂交玉米种子价格呈稳中略升态势　玉米种子价格受生产成本、粮价政策、供求关系、品种、销售时间、销售区域、种子企业与零售商策略等多种因素的影响。2013 年以来，全国杂交玉米种子市场零售价格总体呈稳中略升态势，2019 年杂交玉米种子市场零售价格为 26.68 元/千克，比 2013 年提高 4.35 元/千克（图 90）。

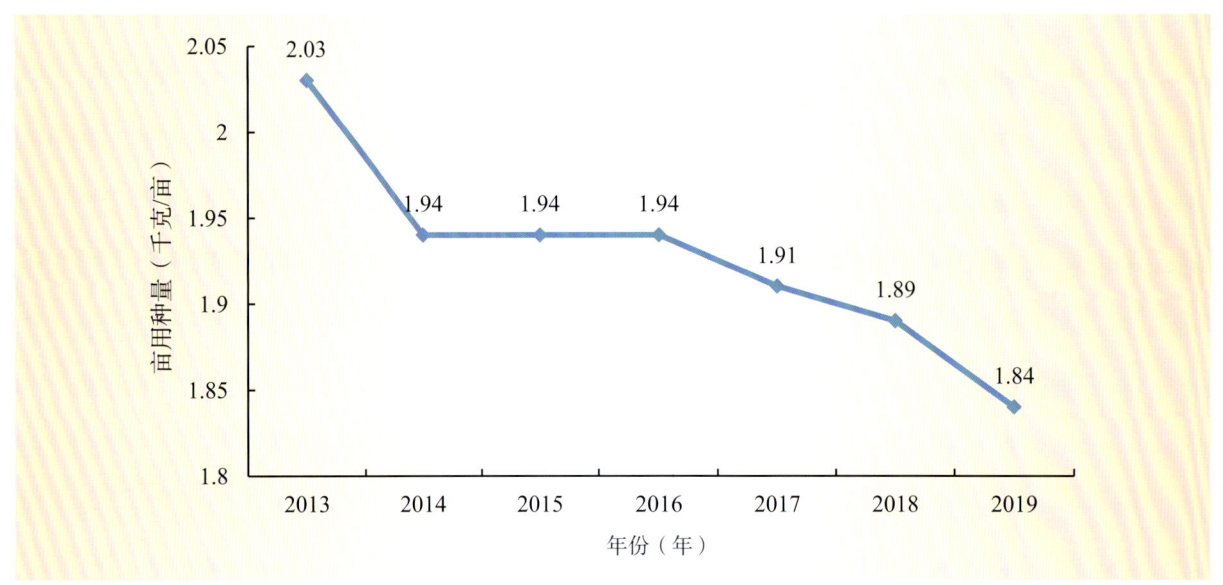

图 88　2013—2019 年全国杂交玉米亩用种量

（数据来源：2020 年中国农作物种业发展报告）

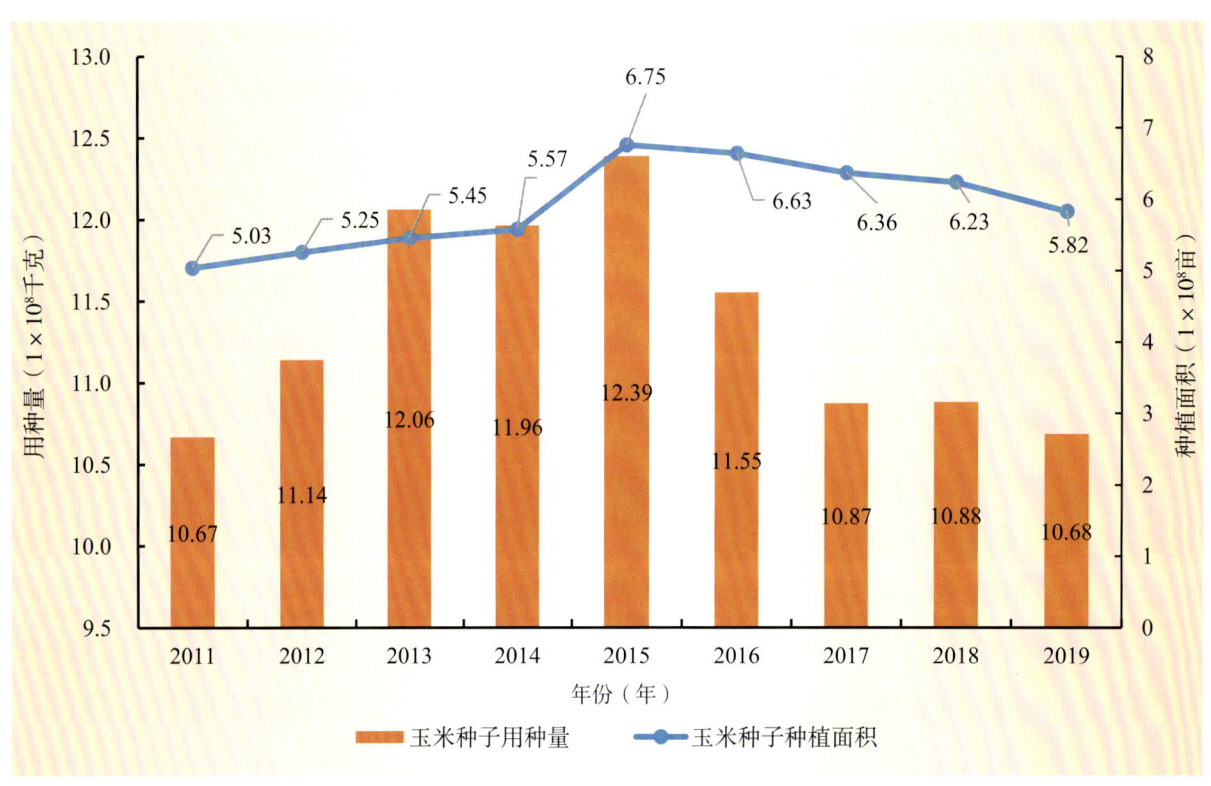

图 89　2010—2019 年全国杂交玉米种子使用总量

（数据来源：2020 年中国农作物种业发展报告）

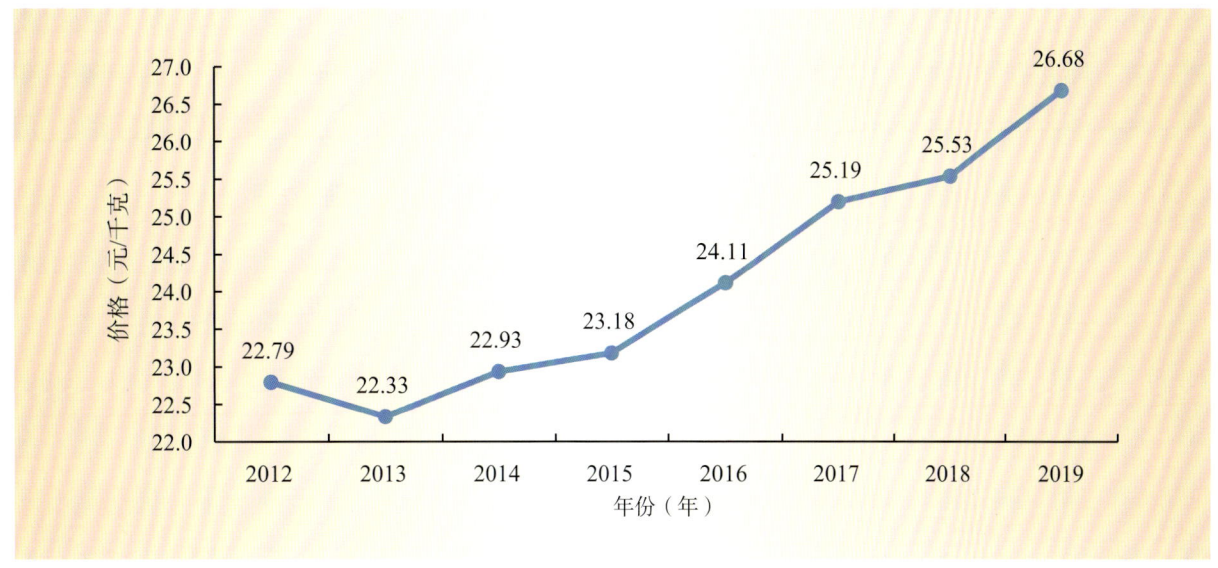

图 90　2009—2019年杂交玉米种子市场零售价

（数据来源：2020年中国农作物种业发展报告）

（2）全国杂交玉米种子市值持续性高增长动力不足　玉米的广泛生态适应性及其日益增长的经济价值，为玉米种子市场多元化提供了发展平台。玉米种业成为中国农作物种业商品化率最高、市值规模最大的种业细分领域，玉米种子商品化率持续保持在100%。近年来受制于玉米临储政策开放、种植结构调整、劳动力成本上涨等政策性因素，中国玉米种业出现了市场集中度和市值双徘徊的现象。2019年中国玉米种子市值达到285.06亿元，占我国农作物种子市值（1 187.55亿元）的24.00%，居第一位；玉米种子市值接近2015年最高市值287.12亿元水平（图91）。

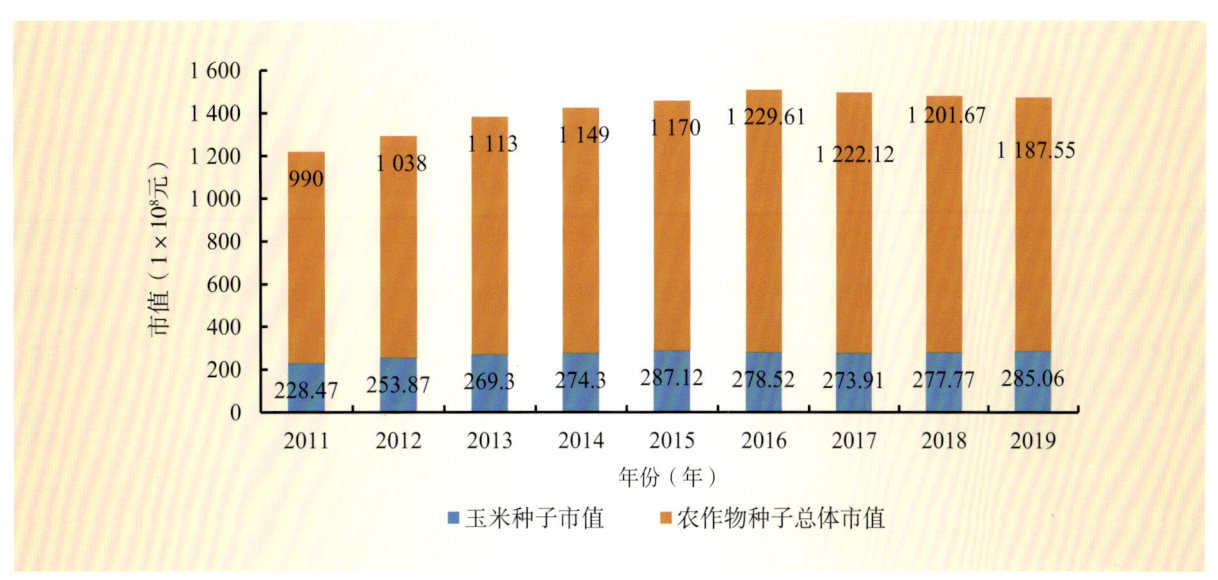

图 91　2011—2019年中国玉米种子市值变化趋势

（数据来源：2020年中国农作物种业发展报告）

2019年，杂交玉米种子市值排名前10位省份依次为黑龙江省、内蒙古自治区、吉林省、山东省、河北省、河南省、四川省、云南省、辽宁省、新疆维吾尔自治区（图92）。现阶段我国玉米种子企业产需过剩、效益低下的格局没有发生根本改变，预计结构调整期还将持续一定时间。

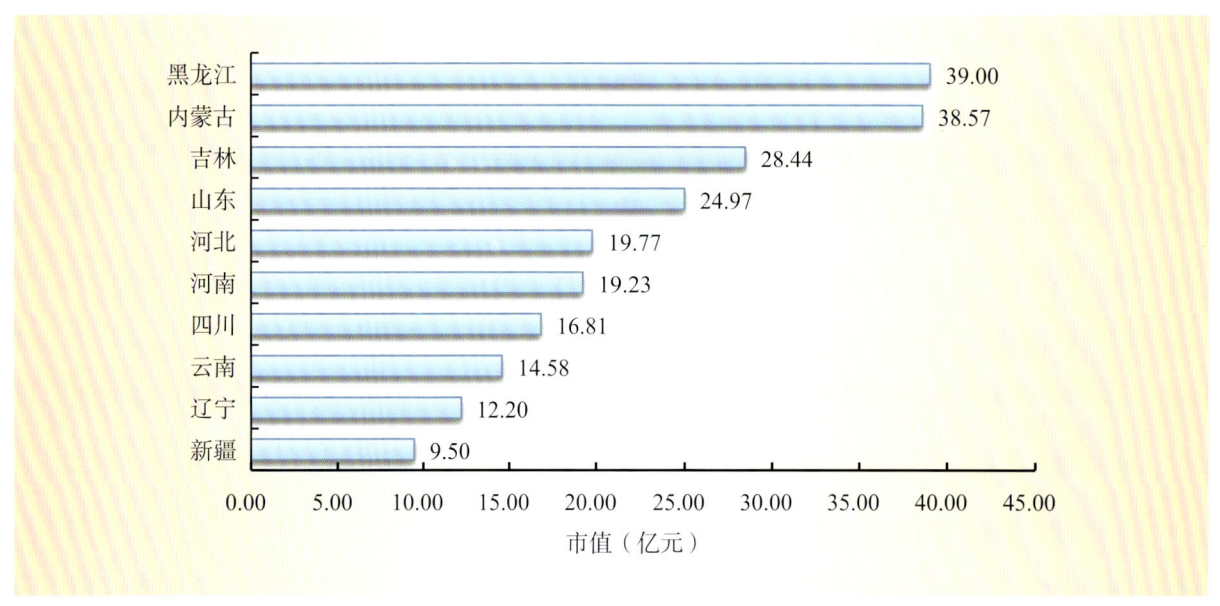

图92　2019年玉米种子市值排名前10位省份

（数据来源：2020年中国农作物种业发展报告）

3. 玉米品种推广情况

（1）玉米品种情况　"十二五"以来，全国审定玉米品种7 915个，其中2019年国审与省审玉米品种分别为664个、1 580个，占5种主要农作物（稻、小麦、玉米、棉花、大豆）审定品种数（16 769个）的47.20%，新品种的稳产性和丰产性都有很大提高，机收籽粒玉米品种取得新突破，优质专用、绿色生态品种大幅度增加，玉米自主选育品种面积占比明显提高，占比由2010年的85%提高到目前的90%以上，实现了中国粮主要用中国种。品种权已成为玉米种业创新的重要指针，2019年申请玉米品种权2 366件（其中，大田玉米1 007件），占当年植物新品种权申请总量7 032件的33.65%；授权814件（其中，大田玉米376件），占当年授权植物新品种权总量2 288件的35.58%。

（2）玉米品种推广情况　从2014—2019年推广面积前10位玉米品种来看（表16），500万亩以上品种数相对稳定，以京科968、登海605为代表的一批自主选育玉米品种推广面积快速提升，2019年分别位居第二（1 459万亩）和第四（1 278万亩），为粮食增产和粮食安全作出了重要贡献。得益于玉米种业和现代化种植技术的发展，我国玉米单位面积产量有了较大的提升，从2010年的5 454千克/公顷，增长到2019年的6 316千克/公顷。

表16　2014—2019年推广面积前10位玉米品种　　　　　　　　　　　　　单位：万亩

排名	2014年		2015年		2016年		2017年		2018年		2019年	
	品种	面积	品种	面积	品种	面积	品种	面积	品种	面积	品种	面积
1	郑单958	5 406	郑单958	4 630	郑单958	3 944	郑单958	3 441	郑单958	3 074	郑单958	2 818
2	先玉335	4 061	先玉335	3 735	先玉335	3 263	先玉335	2 526	先玉335	2 027	京科968	1 459
3	浚单20	1 694	浚单20	1 417	京科968	2 017	京科968	2 016	京科968	2 018	先玉335	1 333
4	德美亚1号	1 230	京科968	1 242	登海605	1 439	登海605	1 427	登海605	1 369	登海605	1 278
5	伟科702	942	德美亚1号	1 093	浚单20	965	浚单20	799	德美亚1号	751	裕丰303	1 234
6	登海605	854	登海605	979	隆平206	816	伟科702	756	伟科702	701	中科玉505	776
7	隆平206	739	隆平206	879	德美亚1号	791	隆平206	587	裕丰303	653	浚单20	564
8	京科968	641	伟科702	870	伟科702	742	大丰30	481	浚单20	606	伟科702	521
9	中单909	513	中单909	700	中单909	540	翔玉998	478	隆平206	568	联创808	498
10	蠡玉16	473	绥玉23	490	蠡玉16	446	蠡玉16	437	联创808	511	隆平206	493

数据来源：2014—2019年全国农作物主要品种推广情况统计数据。

根据全国农业技术推广服务中心对2019年玉米推广面积统计，推广面积10万亩以上的玉米品种有915个，推广总面积42 158万亩。单个品种推广面积超过1 000万亩的有5个，郑单958的推广面积最大，占6.68%。前10位品种（郑单958、京科968、先玉335、登海605、裕丰303、中科玉505、浚单20、伟科702、联创808、隆平206）推广面积为10 974万亩，占10万亩以上玉米品种推广总面积的26.03%。前五位玉米品种种植集中度（前五位品种推广面积占10万亩以上品种推广总面积的比例）为19.30%。2000—2019年前五位玉米品种集中度呈现显著的阶段性特征，2001—2010年波动上升，10年平均集中度为32.4%，2010年达到最高36.24%，2011年以后逐年小幅回落，2015年已下降到2000年之前的水平（图93）。

（二）中国玉米种子企业发展情况

1. 玉米种子企业数量与规模情况

截至2019年年底，我国持有效经营许可证的企业数量为6 393家，其中，经营玉米种子的企业1 697家。我国玉米种子企业由2013年的1 748家，减少到2017年的1 264家，随后上升到2019年的1 697家（图94）。

2. 玉米种子企业发展情况

（1）玉米企业盈利能力不断提升　2019年，国内销售本企业杂交玉米种子销售量前5名、前10名、前20名企业销售数量分别为1.56亿千克、2.40亿千克、3.43亿千克，占全国玉米商品种子使用量（10.68亿千克）的14.61%、22.46%、32.10%，分别比2018年增加了0.43、1.08、1.32个百分点。

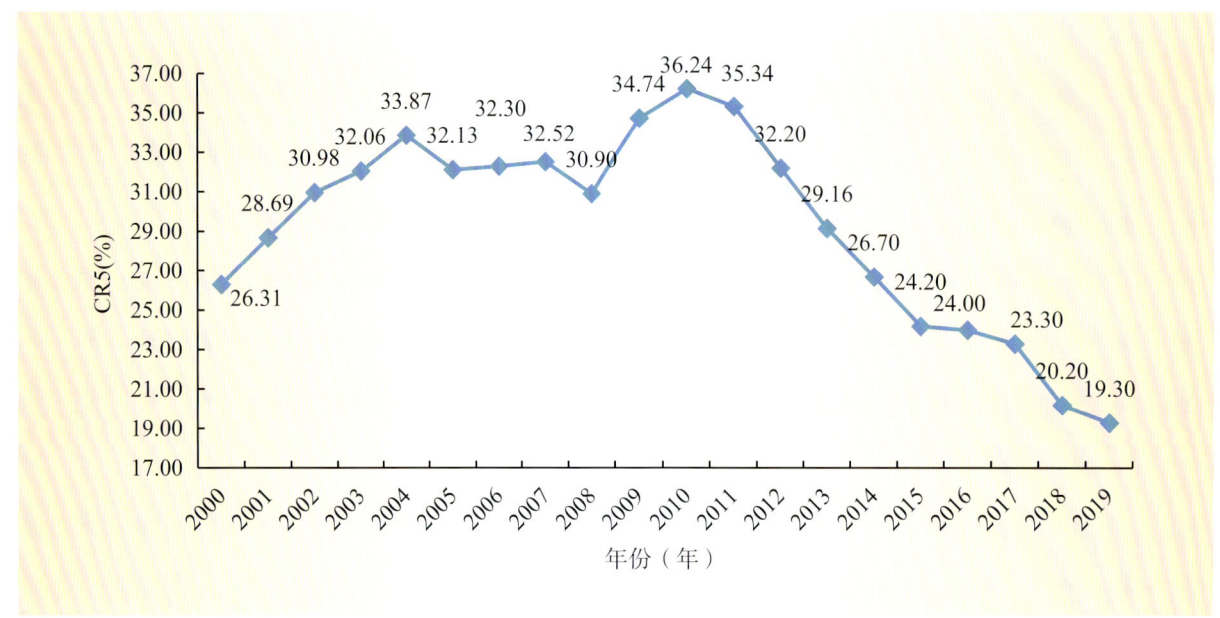

图 93 2000—2019 年前 5 位玉米品种的种植集中度（CR5）

（资料来源：2020 年中国农作物种业发展报告）

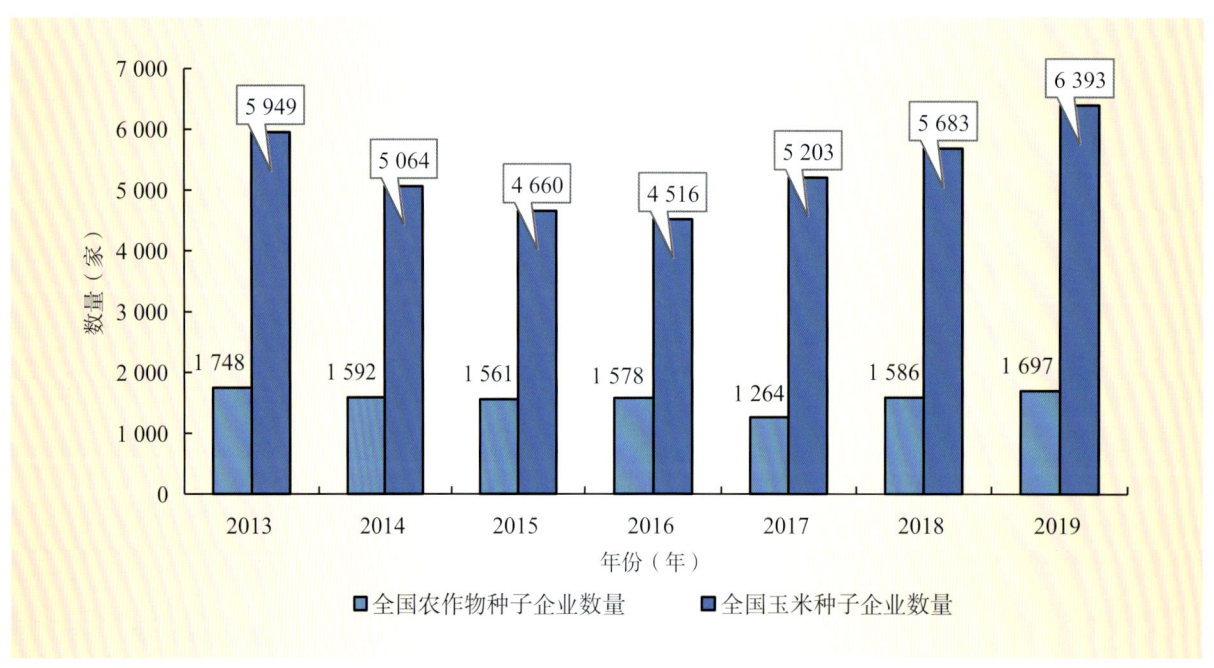

图 94 2013—2019 年全国玉米种子企业数量

（资料来源：2020 年中国农作物种业发展报告）

随着丰乐种业成为"中国种业第一股"（1997），隆平高科（2000）、万向德农（2002）、ST 敦种（2004）、登海种业（2005）、大北农（金色农华，2010）、荃银高科（2010）、神农科技（2011）等玉米种子企业成功地进入资本市场。目前我国境内上市的种业公司共有 10 家（2019 年年底总市值 786.75 亿元、总营收 388.23 亿元、净利润 7.15 亿元），新三版挂牌种业企业近 70 家，总市值超千亿元。经营玉米种子业务的上市企业（主板、创业板、新三板）有20余家（表17）。

表17 2019年玉米上市企业营业收入　　　　　　　　　　　　　　　　　　单位：万元

序号	企业简称	总营业收入	玉米种子营业收入	净利润
1	隆平高科	312 954	77 863	−18 483
2	登海种业	82 317	72 127	−4 023
3	垦丰种业	138 028	64 321	12 341
4	ST敦种	118 371	33 831	−21 586
5	万向德农	27 537	26 362	6 570
6	秋乐种业	32 630	22 834	4 408
7	丰乐种业	240 395	21 647	6 356
8	农发种业	513 572	15 993	4 530
9	金博士	15 548	14 947	5 613
10	荃银高科	115 366	11 387	8 671
11	康农种业	11 515	11 287	3 869
12	金色农华	41 417	10 992	1 947
13	明天种业	35 766	6 145	1 219
14	金秋科技	2 457	2 278	−4 008
15	鑫丰种业	6 690	1 334	−217
16	金丰源	25 099	944	1 112
17	曲辰种业	1 060	851	−193
18	大唐种业	2 263	257	210
19	红旗种业	22 005	218	333
20	神农科技	11 245	75	−33 802

资料来源：种业上市公司2019年年报整理。

（2）玉米种业企业成为品种创新的主体　企业逐步取代科研院所成为品种创新的主体力量，2019年，全国664个国审玉米品种中，企业作为第一完成单位审定品种的占比高达87%。玉米种子企业新品种保护年申请量连续9年超过科研机构，2019年，企业申请玉米品种权1 846件，占当年玉米申请总量（2 366件）的78.0%；种业企业授权玉米品种权668件，占当年玉米授权总量（814件）的82.1%。

（3）企业国际化布局深入发展　2019年，有23家种子企业在国外投资成立公司，种子企业国际竞争力不断增强。中国化工集团通过收购全球种业巨头先正达，与ADAMA建立了一个具有全球竞争力的种子和农化企业，农药业务占据全球市场份额23%，种子业务占据全球6%的市场份额。中信集团（隆平高科）收购陶氏益农在巴西的玉米种子业务后，2018年，进入全球

10强。中国玉米种子企业的海外科技和产业化布局正在加速（图95）。

图95 隆平高科全球研发布局

（数据来源：隆平高科官网）

（三）中国玉米种子贸易情况

1. 中国农作物种子进出口贸易情况

2014—2019年（除2016年外），中国农作物种子进出口贸易总额基本维持在5.8亿美元以上，整体呈波动状，进口始终大于出口。2019年全年中国农作物种子进出口贸易同比有所下降，主要农作物种子进出口总量9.11万吨，其中，进口量6.6万吨，出口量2.51万吨；主要农作物种子进出口总额6.46亿美元，其中，进口额4.35亿美元，出口额2.11亿美元，贸易逆差为2.24亿美元（表18）。

表18 2014—2019年中国种子进出口贸易额变化趋势　　单位：亿美元

项目	2014年	2015年	2016年	2017年	2018年	2019年
进口额	3.24	2.87	3.62	4.17	4.75	4.35
出口额	2.61	2.43	2.13	2.00	2.19	2.11

资料来源：中国海关信息网。

2019年，我国农作物种子前三大进口贸易国为美国、日本、丹麦，进口量最大的是黑麦草种子，进口额最大的是蔬菜种子（占我国农作物种子进口总额的52%）。2019年我国农作物种子前三大出口贸易国为巴基斯坦、荷兰、韩国，出口量最大的是水稻种子（占我国农作物种子出口总量的70%），出口额最大的是蔬菜种子。

2. 中国种用玉米进出口贸易情况

从图96看出，我国种用玉米贸易近几年一直呈现进口大于出口的净进口状态。

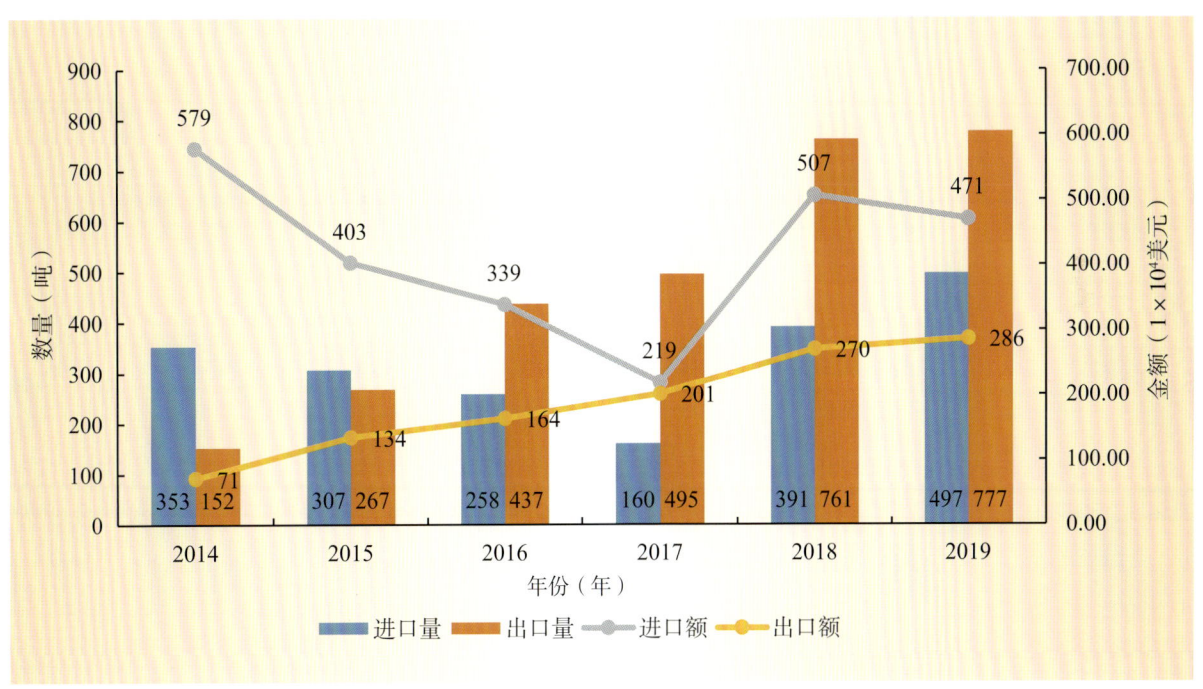

图96　2014—2019年种用玉米进出口情况

（资料来源：中国海关信息网、2019年中国农作物种子/苗进出口贸易数据分析报告）

（1）种用玉米的进口情况　我国种用玉米的进口波动较大。2014—2019年，我国种用玉米进口波动较大，在2014—2017年大幅度递减，2018年有所回升后，2019年进口量持续增加，而进口额略微下降（图97）。2019年种用玉米的进口量497吨，同比增长27%；进口额470.7万美元，同比降低7.1%。

我国种用玉米的进口国主要有德国、法国、智利、阿根廷等国家。德国在2018—2019年连续两年都是我国进口种用玉米的最大来源国，2018年从德国的种用玉米进口额占当年进口总额的比例达到近65%，2019年我国从德国的种用玉米进口额为168.41万美元，占当年种用玉米进口总额的36%。主要进口企业有：北京金色谷雨种业科技有限公司（27%）、广东省良种引进服务公司（18%）、广东金皓进出口贸易有限公司（18%）等。

（2）种用玉米的出口情况　我国种用玉米的出口额逐年递增。从图118看出，我国种用玉米的出口额以32%的年均增长率稳步增加。2019年我国种用玉米的出口量达776.63吨，同比增2.0%；出口额286.29万美元，同比增6.1%。

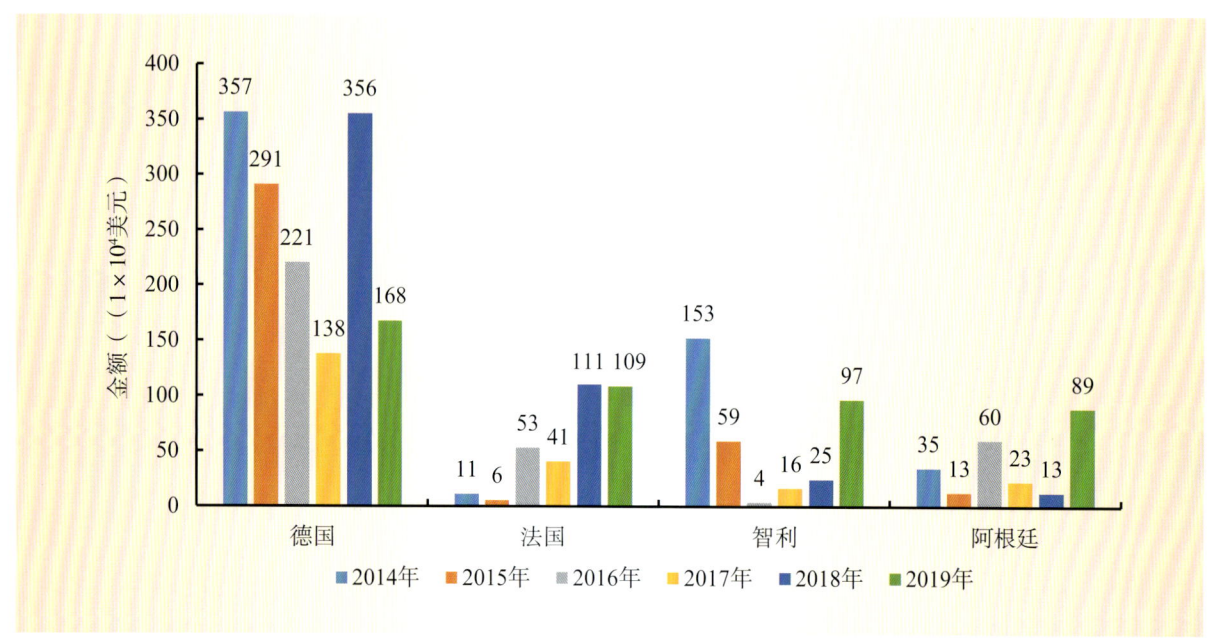

图 97　2019 年中国种用玉米进口国别（按进口额）

（资料来源：中国海关信息网、2019 年中国农作物种子/苗进出口贸易数据分析报告。）

我国种用玉米的出口国主要是越南和安哥拉。2019 年，我国向越南出口种用玉米的金额为 241.73 万美元，占种用玉米出口总额的 84%（图 98）。2014—2019 年，我国向越南出口种用玉米的金额持续递增，以糯玉米品种居多。此外，近两年也有少部分向安格拉等非洲国家出口。国内主要出口企业有安徽荃银高科种业股份有限公司（45%）、江苏金华隆种子科技有限公司（36%）、合肥市合丰种业有限公司（8%）等。

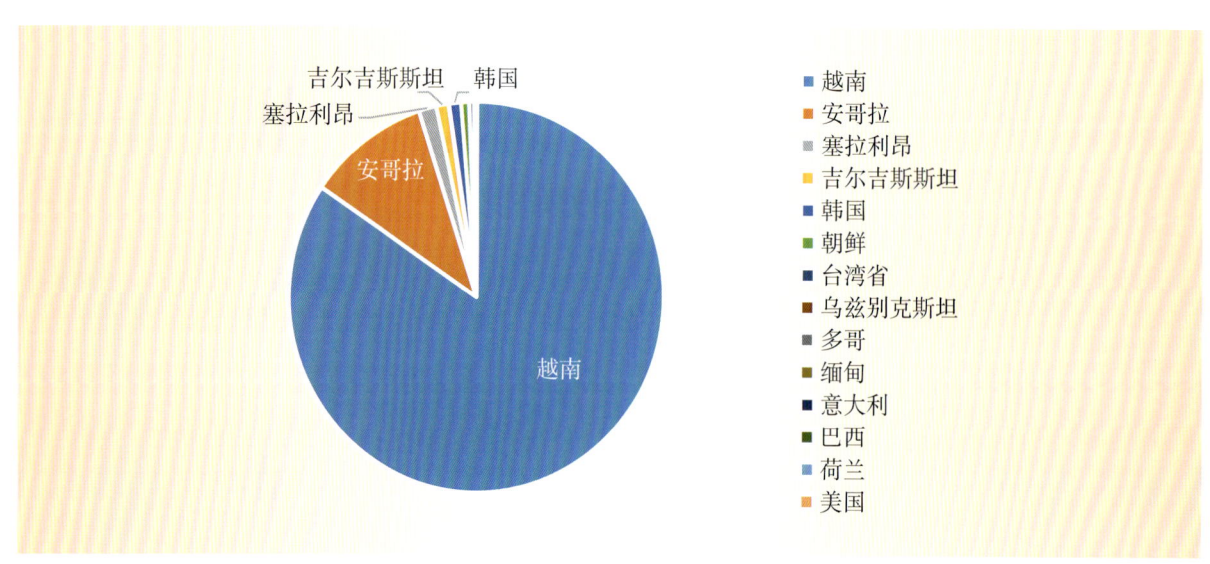

图 98　2019 年中国种用玉米出口国别（按出口额）

（资料来源：中国海关信息网、2019 年中国农作物种子/苗进出口贸易数据分析报告）

（四）北京玉米种业情况

1. 北京玉米种业发展环境

北京是我国种业之都，拥有"三个中心（全国种业科技创新中心、种业资源集聚中心、全国种业交易交流中心）、一个平台（全国种业发展服务平台）。

（1）全国种业科技创新中心　北京已建成全球最大的玉米标准DNA指纹库。2019年5月，由中国农业科学院、中农发种业集团、屯玉等10余家育种单位共同参与的"基于全基因组选择的玉米预测育种服务平台的构建与应用"项目启动。中国农业大学在玉米单倍体加倍技术方面取得新突破；中国农业科学院作物所在基因编辑创制玉米籽粒淀粉代谢途径目标突变体与高效育种技术方面取得新进展。京科、中单系列玉米品种推广种植面积占全国市场18%以上。京科968自2014年以来，连续6年稳居全国玉米推广面积前十位，2019年位居第二（1 459万亩），已累计推广1亿亩以上。京农科728成为京津冀、黄淮海区玉米生产主栽品种；京科糯2000已成为我国种植面积最大的糯玉米品种，成为韩国、越南等"一带一路"国家主导品种；农科玉368成为甜加糯类型鲜食玉米主导品种；京科青贮516、301、932等成为青贮玉米主栽品种。

（2）种业资源集聚中心　北京科技创新资源丰厚，拥有种业研发机构超过80家，7位院士在内的高水平专家1 000多位，玉米育种水平全国领先。世界种业前十强企业拜耳、科迪华、利马格兰等均在北京设立了研发中心或办事处。北京已成为全国种业企业总部、大中型企业聚集中心。

（3）全国种业交易交流中心　北京成为全国种业交易交流中心和权威信息发布地，连续举办28届北京种子大会，成功举办2014年世界种子大会。2019年种业销售额（58.26亿元）占全国的近8%。建立顺义、丰台两大种业交易交流区，为全国种业搭建了"全国农作物种子信息中心"，提供品种、技术、金融、信息化等交易交流平台。

（4）建立全国种业发展服务平台　建立"10+1+5"新品种创新示范展示基地。2018年发布《开展农业植物新品种权规范使用示范活动工作方案（2018—2020年）》（京农发〔2018〕148号），加强新品种保护工作，促进玉米品种创新及成果转化。构建全国首个自主知识产权"互联网+"商业化育种大数据平台——金种子育种云平台。2020年4月，北京市农业农村局发布北京种业三年行动计划《北京现代种业发展三年行动计划（2020—2022年）》，提出到2022年实现北京现代种业的创新链、产业链、价值链和服务链协同发展能力大幅提升，现代种业建设成效突出的目标，具体推动实施"2412种业行动计划"，第一个"412"是培育四大种业（农作物、畜禽、水产、林果四大种业）和12个优势物种（主要包括特色玉米、节水小麦、马铃薯、甘蓝等12个北京优势特色物种）；第二个"412"是开展科技引领、产业提升、创新成果转化、发展环境优化等四大行动，实施承接国家现代种业重大项目工程、种质创制及品种选育联合攻关工程、种质资源保护工程等12项重点工程。

2. 北京玉米种业科技发展与创新情况

（1）玉米科研单位创新资源丰厚　北京有中国农业科学院（作物科学研究所、生物技术研究所），中国农业大学（国家玉米改良中心）、中国科学院遗传与发育生物学研究所等隶属于中央的玉米科研单位，以及北京市农林科学院（玉米研究中心）、北京农学院、北京市农业技术推广站等隶属于北京市的玉米科研单位。

（2）玉米种业企业科研投入持续增长　北京有中国种子集团有限公司、中农发种业集团股份有限公司、北京大北农生物技术有限公司等53家玉米种业企业，集中度较高。2019年北京市研发投入前八名的玉米种业企业投入为3.52亿元（表19），占全市265家种业企业科研总投入6.83亿元的58.6%，占全国种业企业科研总投入的14.9%，居全国各省（区、市）之首。

表19　2019年度北京市玉米种业企业科研投入前八位单位情况表　　单位：万元

排名	企业名称	科研投入
1	中国种子集团有限公司	11 063.75
2	北京大北农生物技术有限公司	8 000.00
3	北京金色农华种业科技股份有限公司	4 521.8
4	中农发种业集团股份有限公司	3 426.35
5	北京屯玉种业有限责任公司	2 665.00
6	北京联创种业有限公司	2 068.96
7	北京大京农业开发有限公司	1 979.32
8	德农种业股份公司	1 527.69

资料来源：2019年度北京市农作物种业发展报告。

（3）玉米种业企业已逐渐成为北京玉米种业科研的主体　2019年，北京市教学科研单位、种业企业通过国审玉米品种共114个，占全国国审玉米品种总量的17.17%，位居全国第一位。自2012年以来，北京市玉米种业企业品种审定数量占比逐年增高，2019年通过国审玉米品种97个（表20）、省审玉米30个（表21），在商业化育种上已成为科研创新主体。

表20　2019年北京种业企业玉米国审品种分布情况　　单位：个

序号	申请单位	玉米国审品种数量
1	中地种业（集团）有限公司	15
2	北京奥瑞金种业股份有限公司	10
3	北京金色农华种业科技股份有限公司	9
4	北京联创种业有限公司	9
5	北京中农斯达农业科技开发有限公司	7
6	北京华农伟业种子科技有限公司	6
7	德农种业股份公司	5

（续表）

序号	申请单位	玉米国审品种数量
8	北京顺鑫种业科技研究院有限公司	4
9	北京屯玉种业有限责任公司	4
10	中国种子集团有限公司	3
11	北京九鼎九盛种业有限责任公司	3
12	北京顺鑫农科种业科技有限公司	3
13	北京沃尔正泰农业科技有限公司	3
14	北京大德长丰农业生物技术有限公司	2
15	北京大京九农业开发有限公司	2
16	北京新实泓丰种业有限公司	2
17	北京纵横种业有限公司	2
18	北京保民种业有限公司	1
19	北京德农北方育种科技有限公司	1
20	北京高锐思农业技术研究院	1
21	北京九圣禾农业科学研究院有限公司	1
22	北京粒隆种业有限公司	1
23	北京龙耘种业有限公司	1
24	北京农科院种业科技有限公司	1
25	中农发种业集团股份有限公司	1
合计		97

资料来源：2019年度北京市农作物种业发展报告。

表21 2019年北京种业企业省审玉米品种分布情况   单位：个

序号	申请单位	玉米省审品种数量
1	先正达种苗（北京）有限公司	3
2	北京中农斯达农业科技开发有限公司	3
3	北京中农大康科技开发有限公司	3
4	景福源（北京）科技有限公司	2
5	北京中农三禾农业科技有限公司	2
6	北京优种优栽科技服务有限公司	2
7	北京萨福沃种业有限公司	2
8	北京华耐农业发展有限公司	2
9	北京保民种业有限公司	2
10	北京金色农华种业科技股份有限公司	1

(续表)

序号	申请单位	玉米省审品种数量
11	北京华农伟业种子科技有限公司	1
12	中农集团种业控股有限公司	1
13	德农种业股份公司	1
14	北京农科院种业科技有限公司	1
15	北京绿亨玉米科技有限公司	1
16	北京联创种业有限公司	1
17	北京大德长丰农业生物技术有限公司	1
18	北京高锐思农业技术研究院	1
合计		30

资料来源：2019年度北京市农作物种业发展报告。

3. 北京玉米种业企业情况

（1）北京玉米种业企业规模稳定　北京是全国玉米种业科技创新的高地。2019年，北京种业企业265家，其中玉米种业企业53家，包括大田玉米种业企业36家、鲜食玉米种业企业10家、青贮玉米种业企业7家（表22），并有多家大型农业企业，产业联动效应显著，引领作用强。2019年玉米种子销售额（28.45亿元）占北京市农作物种子销售总额（58.26亿元）的48.83%，占全国玉米种子销售总额的15%以上。

表22　持证玉米企业经营类型分布情况

单位：个

作物类型	合计	育繁推	进出口	转基因	外资	部级	市级	区级
大田玉米	36	11	5	0	1	8	28	0
鲜食玉米	10	0	2	0	0	2	8	0
青贮玉米	7	3	1	0	0	1	6	0
共计	53	14	8	0	1	11	42	0

资料来源：2019年度北京市农作物种业发展报告。

（2）北京种业企业从业人员素质整体较高　2019年，北京种业企业职工总数为7 857人，其中科研人员1 814人，占职工总数的23%。种业企业职工中，拥有博士133人、硕士821人，是全国种业企业拥有博士、硕士数量最多的省份。

（3）北京本地玉米制种面积缩减　2019年，北京市企业玉米种子生产面积39.61万亩，共生产玉米种子1.7亿千克。全市玉米种子生产企业共计生产玉米品种156个，其中，生产面积小于1 000亩的品种数为93个，占全市企业玉米生产品种总数的近六成。2019年在北京地区开展玉米制种业务的企业有两家，共落实制种面积0.175万亩，比上年减少0.155万亩，减幅为6.96%。共生产玉米种子62万千克，比上年减少72万千克减少53.41%，平均制种单产354千克/亩，比上年减少95千克/亩。北京市玉米种子生产的前三大品种为京农738、MC538和中单28，三大品种合计生产面积0.1万亩，生产玉米种子32万千克。本地企业调减本地杂交玉米生产面积的主要原因有：一是北京大田面积逐年缩减，市场规模减小；二是本地制种生产成本较大，且生产出的种子质量不及西北地区。

（4）北京玉米种业企业前五强集中度占到一半以上　2019年，北京市玉米种业企业53家，玉米种子销售量达1.74亿千克，销售额达28.45亿元。玉米种子销售量前五强企业销售玉米种子9 238万千克，销售集中度（种子销售量占该类种子全市销售量的比例）CR5为53%；前十强企业销售玉米种子1.259亿千克，销售集中度CR10为74%（表23）。

表23　2019年玉米种子企业商品种子销售额前十强　　　　　　　单位：万千克

作物	企业名称	排名	商品种子销售量
大田玉米	北京联创种业有限公司	1	3 155.47
	中国种子集团有限公司	2	1 637.00
	德农种业股份公司	3	1 913.07
	垦丰科沃施种业有限公司	4	800.61
	中农发种业集团股份有限公司	5	1 098.80
	中地种业（集团）有限公司	6	785.46
	北京屯玉种业有限责任公司	7	1 418.94
	北京金色农华种业科技股份有限公司	8	537.86
	北京华农伟业种子科技有限公司	9	728.00
	北京金色丰度种业科技有限公司	10	540.00
鲜食玉米	北京华奥农科玉育种开发有限责任公司	1	85.09
	北京绿亨玉米科技有限公司	2	11.13
	北京金农科种子科技有限公司	3	67.66
	北京华耐农业发展有限公司	4	22.68
	北京中农斯达农业科技开发有限公司	5	32.00
青贮玉米	北京大京九农业开发有限公司	1	562.89
	北京禾佳源农业科技股份有限公司	2	22.10
	北京顺鑫农科种业科技有限公司	3	15.78
	北京中农三禾农业科技有限公司	4	24.05

资料来源：2019年度北京市农作物种业发展报告。

在种业管理服务方面，北京市坚持"两手抓两手硬"。一方面严格依法履职，强化执法监管，

维护公平竞争的种业市场秩序,确保"品种种植安全、种子质量安全、生产用种安全、种子产业安全";另一方面,强化技术支撑体系建设,提升执法监管水平,为北京市农业"调转节"保驾护航,助力实施乡村振兴战略。

本部分主要完成人:李新海,赵静娟,李军民

第十章 中国玉米消费情况

一、中国玉米消费概况

随着经济的发展和人民生活水平的不断提高，我国玉米消费量在过去30多年间持续增长，消费领域也不断增多。2014—2019年，我国玉米消费量从2014年的1.79亿吨增长到2019年的2.93亿吨，5年时间增长了1.14亿吨，年均增长率达10.4%，年平均消费量为2.27亿吨，其中，2018年，我国玉米消费量达到历史最高点，即2.98亿吨，实现了近3亿吨的玉米消费量。2019年，受环保政策倒逼、非洲猪瘟疫情和叠加猪周期影响，我国玉米消费量出现大幅下滑，同比降低了4 979万吨。从消费领域看，饲用玉米消费量占比最大，2019年占66.7%，工业玉米消费量其次，占26.5%，食用玉米和种用玉米消费量占比较低，分别占6.36%和0.42%（图99）。

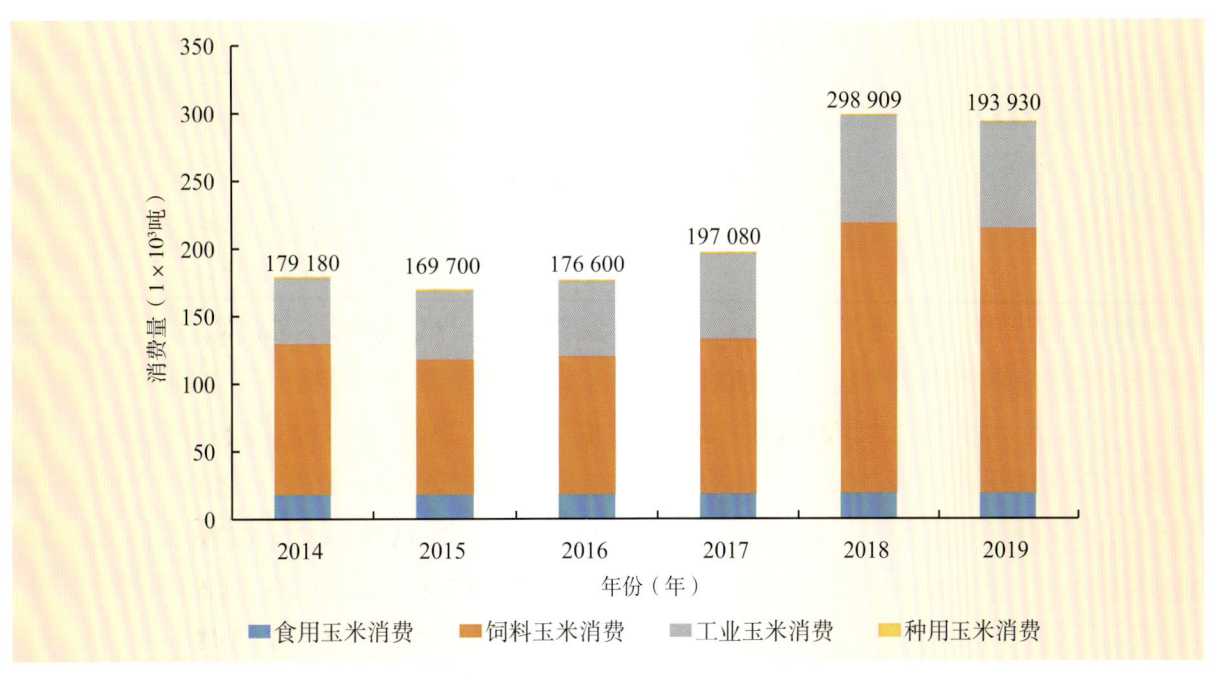

图99 中国玉米消费情况（2014—2019年）

（数据来源：《饲用谷物市场供需状况报告》第206期、246期）

二、不同消费用途情况分析

(一) 食用玉米消费情况

2014—2019年,我国食用玉米消费量呈缓慢增长态势,由1 800万吨增长到1 870万吨,5年时间增长了70万吨,年均增长率达0.77%,年平均消费量为1 836万吨。食用玉米消费占我国玉米消费比重由2014年的10%下降到2019年的6.3%,原因为我国玉米消费的基数增长过快,导致我国食用玉米消费量虽然增长,但是占比却表现为下降趋势(图100)。

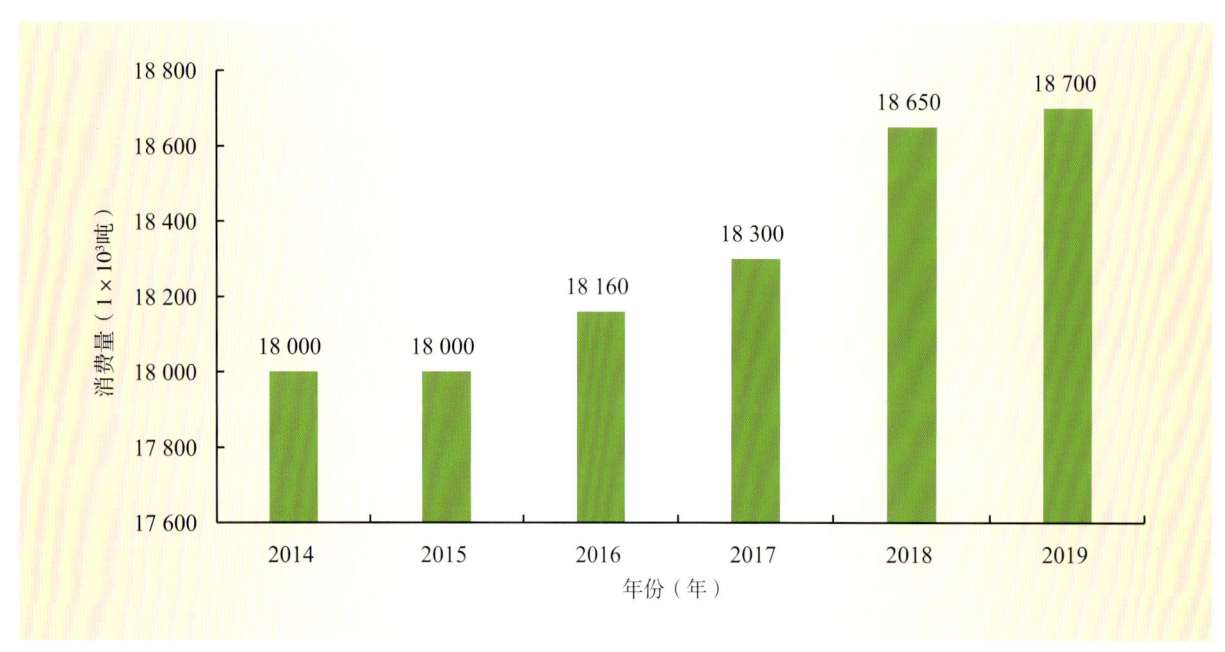

图100 中国食用玉米消费情况(2014—2019年)

(数据来源:《饲用谷物市场供需状况报告》第206期、246期)

随着我国人民生活水平不断提高,对主食的多样化提出了新要求,具备营养、健康、低脂等指标的食品越来越成为新世纪人类的首选,鲜食玉米(主要指甜玉米、糯玉米和甜加糯玉米)由于具有口感佳、营养物质丰富等优点,需求与日俱增,种植面积不断增加。截至2019年,我国鲜食玉米种植面积已突破2 200万亩。《全国种植业结构调整规划(2016—2020年)》规划中也明确提出我国要适当发展鲜食玉米产业,鲜食玉米产业未来发展潜力巨大,将成为我国玉米消费新的增长点。

(二) 饲用玉米消费情况

2014—2019年,由于养殖业的快速发展,我国生猪与禽类养殖规模不断扩大,导致我国饲用玉米消费呈现高速增长态势，5年间由1.11亿吨增长到1.96亿吨，增长了0.85亿吨，年均增长率达12%，年平均消费量为1.43亿吨。饲用玉米消费占我国玉米消费比重由2014年的62.2%增长到66.7%（图101）。

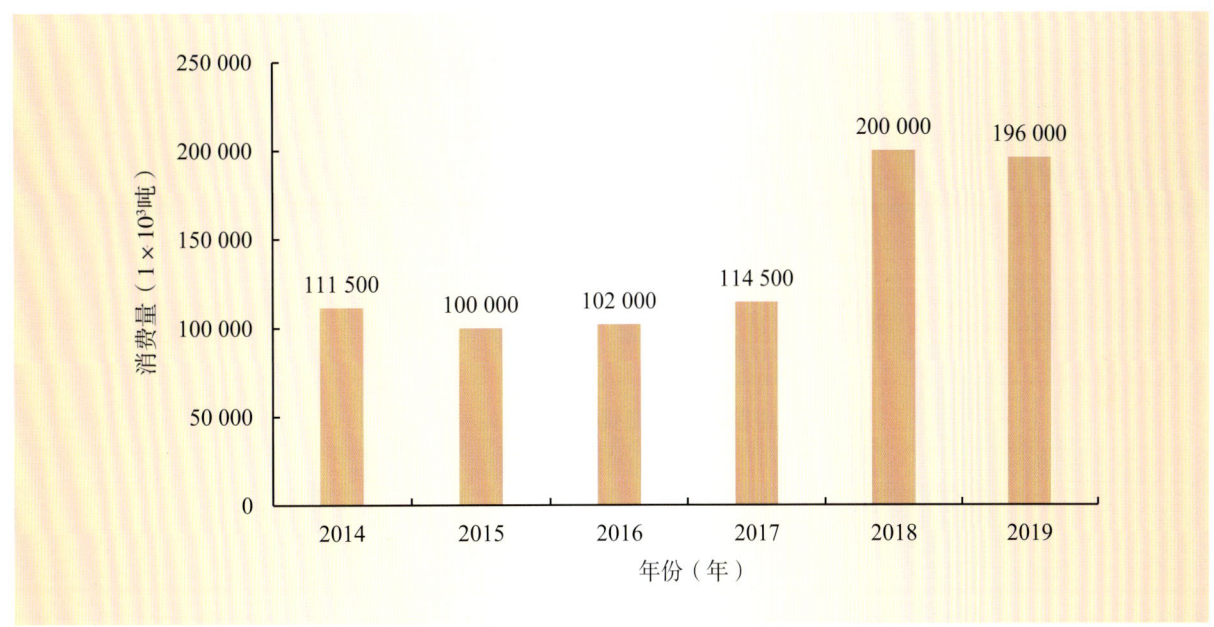

图101　中国饲用玉米消费情况（2014—2019年）

（数据来源：《饲用谷物市场供需状况报告》第206期、246期）

1. 长周期视角下，禽类饲用玉米消耗是主要驱动力

2014—2019年，我国肉类产量由8 818万吨降低到7 649万吨，5年时间降低了1 169万吨，年均递减率达2.8%，年平均产量为8 461万吨。其中，2014—2019年我国禽肉产量由1 825万吨增长到2 239万吨，5年时间禽肉产量增长了414万吨，年均增长率达4.17%，年平均产量为2 027万吨。禽肉产量的迅速增长主要驱动因素是因为我国人民饮食习惯的改变，加大了对禽肉的需求；还有一个因素是猪肉价格的快速上涨导致的替代需求激发（图102）。

2. 短周期视角下，生猪饲用玉米消耗波动起伏较大，是次要驱动力

我国生猪养殖受猪周期的影响较大，2014—2019年，我国猪肉产量经历下行周期，生猪出栏量由2014年的7.35亿头下滑到2019年的5.44亿头，生猪出栏量下滑了1.91亿头；猪肉产量由5 821万吨降低到4 255万吨，5年时间降低了1 566万吨，年均递减率达6.47%，年平均产量为5 236万吨。再加上我国环保政策倒逼和非洲猪瘟疫情冲击等影响，导致我国出现生猪产能持续下滑，猪肉供应相对偏紧，价格上涨较快的情况，这也导致禽肉作为替代，呈现养殖规模和产量快速增长的态势（图103）。

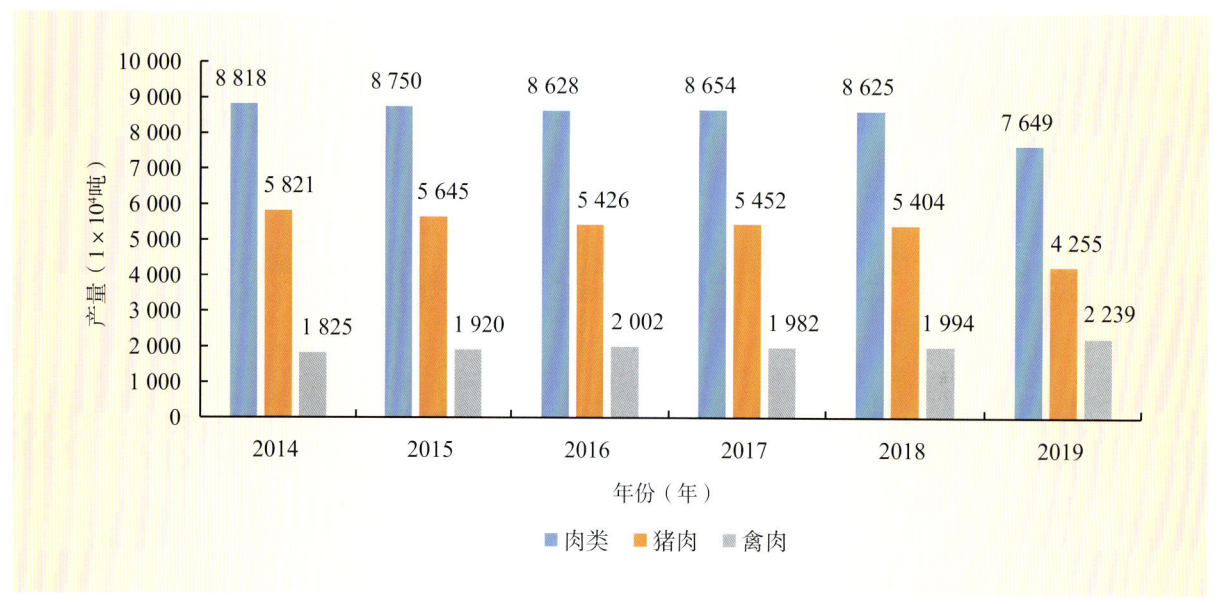

图102　中国肉类产量情况（2014—2019年）

（数据来源：国家统计局）

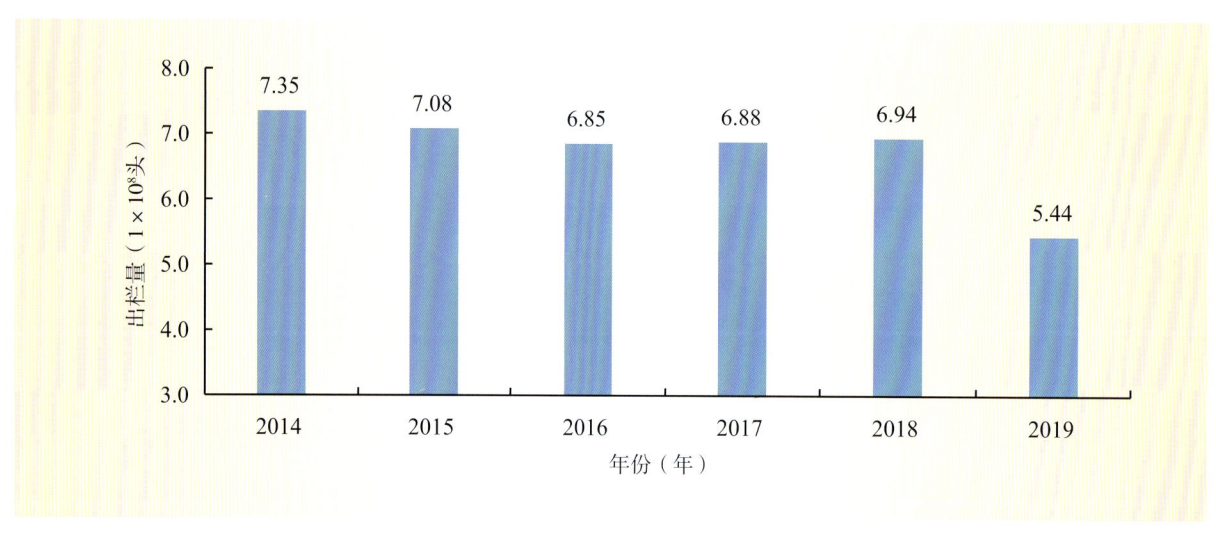

图103　中国生猪出栏情况（2014—2019年）

（数据来源：国家统计局）

（三）工业玉米消费情况

2014—2019年，受国家高补贴政策与市场利润双重驱动，我国玉米深加工产业快速发展，导致我国工业玉米消费呈现爆发式增长态势，5年间，我国玉米工业消费量由4 820万吨增长到7 800万吨，增长了2 980万吨，年均增长率达10.1%，年平均消费量为6 502万吨（图104）。

1. 政策高补贴刺激，推动玉米深加工企业开工率高位运行

2015年，我国因为连续8年的托市政策出现了"高库存、高价格、高进口"的玉米"三高"现象，导致我国于2016年取消了玉米托市的最低收购价政策。为了降低库存压力，我国东北

"三省一区"（辽宁、吉林、黑龙江和内蒙古自治区）相继出台了玉米深加工补贴政策。据统计，辽宁和黑龙江给予玉米深加工企业的补贴标准分别是100元/吨和300元/吨，吉林和内蒙古的补贴标准均为200元/吨。2017年，黑龙江省10家饲料企业和21家玉米深加工企业，总共获得17.7亿元收购补贴，累计补贴玉米收购数量590万吨。

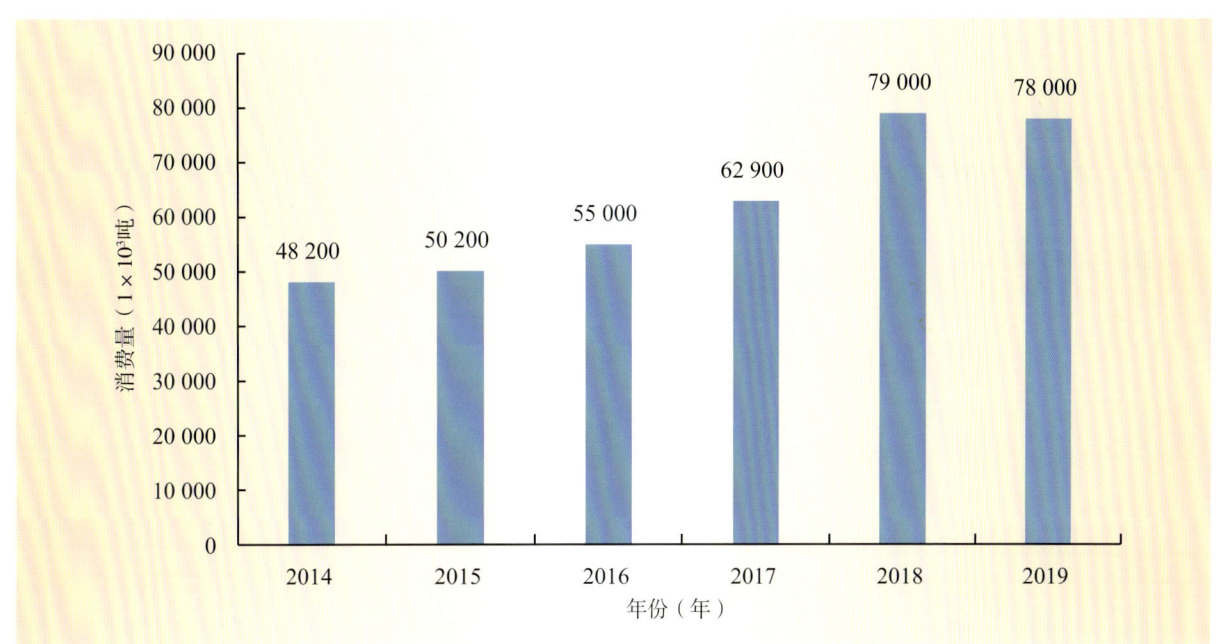

图104　中国工业玉米消费情况（2014—2019年）

（数据来源：《饲用谷物市场供需状况报告》第206期、246期）

2. 市场高额利润的驱动，导致我国玉米深加工企业产能呈现爆发式增长

2016年后我国玉米取消最低收购价政策，实行价补分离的生产者补贴政策，使得我国商品玉米价格快速回落，下游玉米深加工企业利润进入修复期，再叠加政府高额补贴的驱动，导致我国玉米深加工企业产能迅速扩张。国家粮油信息中心数据显示，2014年，我国玉米深加工企业产能是4 080万吨，到2019年提高到12 350万吨，5年时间我国玉米深加工企业产能提高了8 270万吨，成为我国大量玉米去库存的重要支撑（图105）。

（四）种用玉米消费情况

2014—2019年，受农业供给侧改革和单粒播种普及双重的影响，我国玉米种用消费呈现缓慢下跌态势，消费量由148万吨下降到123万吨，5年时间消费量下降了25万吨，年平均递减率达3.63%，年平均消费量为136万吨。我国玉米种用消费占我国玉米消费比重由2014年的0.83%下降到2019年的0.42%（图106）。

1. 玉米播种面积下降，导致我国大田玉米用种量需求下降

2014—2019年，我国玉米播种面积经历了先升高后下降的变化趋势。从2008年开始我国出台了玉米最低收购价政策,玉米托市价格一再提高,导致播种面积进入到快速增长期。2014—2015年,我国玉米播种面积呈升高趋势,从2014年的6.45亿亩增加到2015年的6.75亿亩。2016—2019年出台了玉米镰刀弯调减和轮作休耕政策,玉米播种面积进入到一个快速的下降期,从2015年的6.75亿亩下降到6.19亿亩,下降了0.56亿亩(图107)。

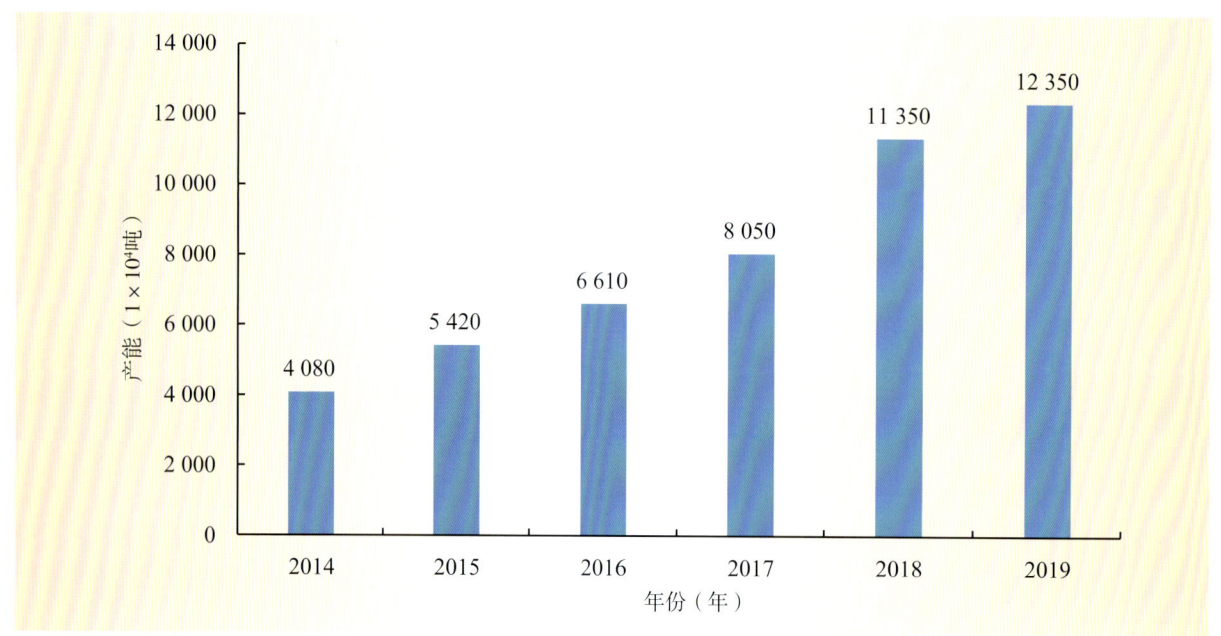

图105 中国玉米深加工产能情况(2014—2019年)

(数据来源:国家粮油信息中心)

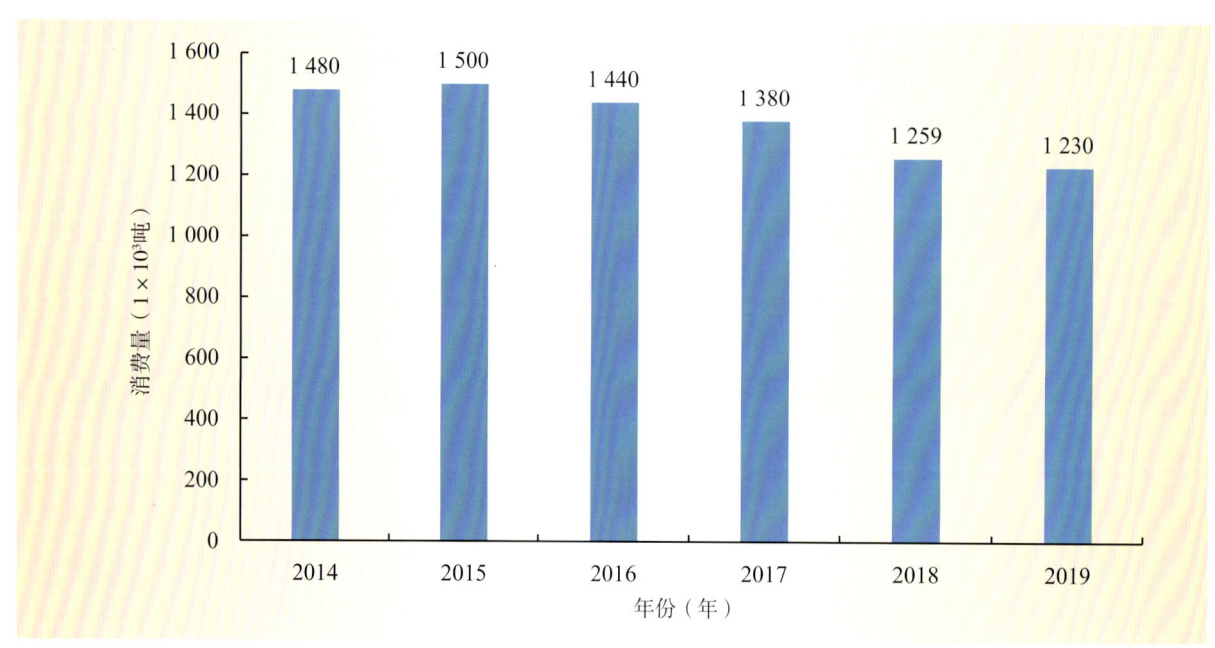

图106 中国种用玉米消费情况(2014—2019年)

(数据来源:《饲用谷物市场供需状况报告》第206期、246期)

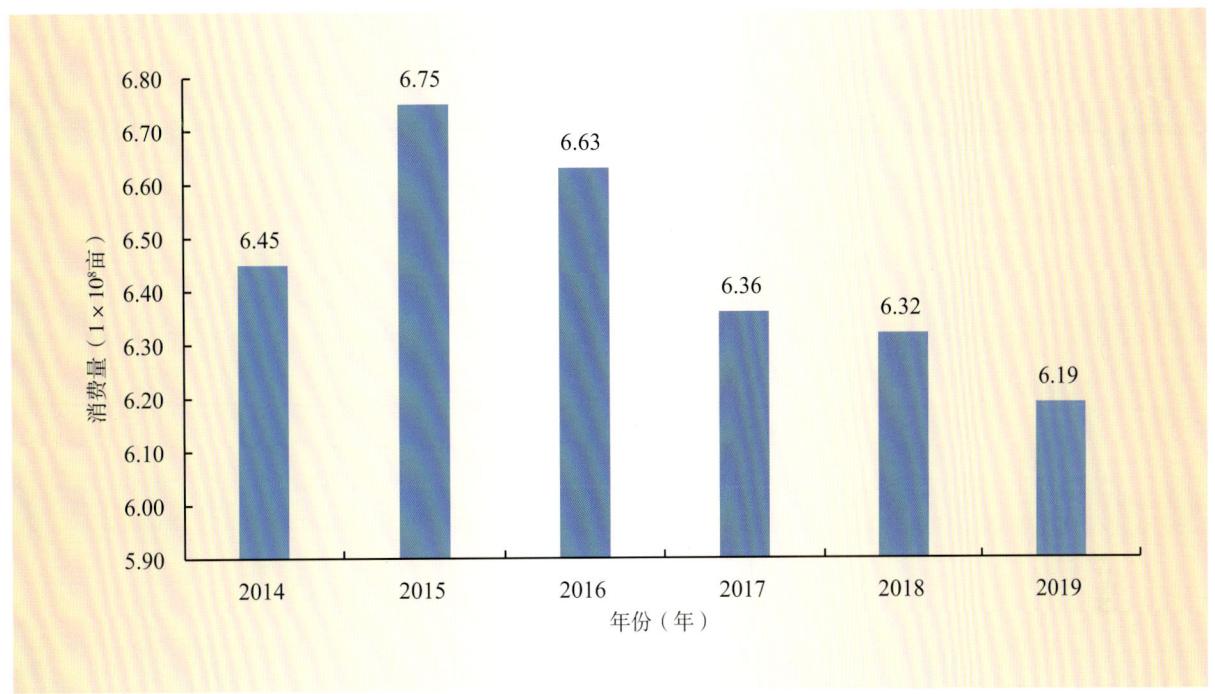

图107 中国玉米播种面积变化情况（2014—2019年）

（数据来源：国家统计局）

2. 玉米开启单粒播种时代，导致我国玉米大田用种量逐步下降

过去，我国种植玉米往往是每窝播种2～3粒，但只留1株生长，效率较低且成本高。单粒播种技术的推广改变了我国的传统玉米播种方式，实现"1穴1粒"播种，并同时满足芽率、芽势、纯度3项指标。玉米单粒播种技术提升了中国玉米的商品品质，同时也减少了我国大田用种的需求量。

三、玉米替代品消费情况分析

（一）中国小麦消费情况分析

2014—2019年，我国小麦消费量保持稳定增加，年消费量从1.16亿吨增加到1.29吨，5年间增加了0.13亿吨，年平均增长率为2.15%，年平均消费量为1.19亿吨。

我国小麦消费主要有食用、饲用、工业和种用等4个方面，其中，食用消费一直居于小麦消费的主导地位。2015年以来，我国小麦食用消费呈缓慢降低的趋势，小麦制粉量由2015年的9 750万吨逐渐降低到2019年的9 280万吨，年平均递减率为1.23%，年平均消费量为9 426万吨，主要是由于居民饮食结构改变，对小麦作为食用的需求减少。饲用小麦消费、工业小麦消费和种用小麦消费，从2015年开始均呈现逐渐增加的趋势。饲用小麦消费从2015年的320万吨增加到 2019 年的 1 800 万吨，年平均增长率为 54.00%，年平均消费量为 1 275 万吨；工业小麦消费从 2015 年的 500 万吨增加到 2019 年的 1 200 万吨，年平均增长率为 24.47%，年平均消费量为 851 万吨；种用小麦消费从 2015 年的 510 万吨增加到 2019 年的 600 万吨，年平均增长率为 4.15%，年平均消费量为 566 万吨（图 108）。

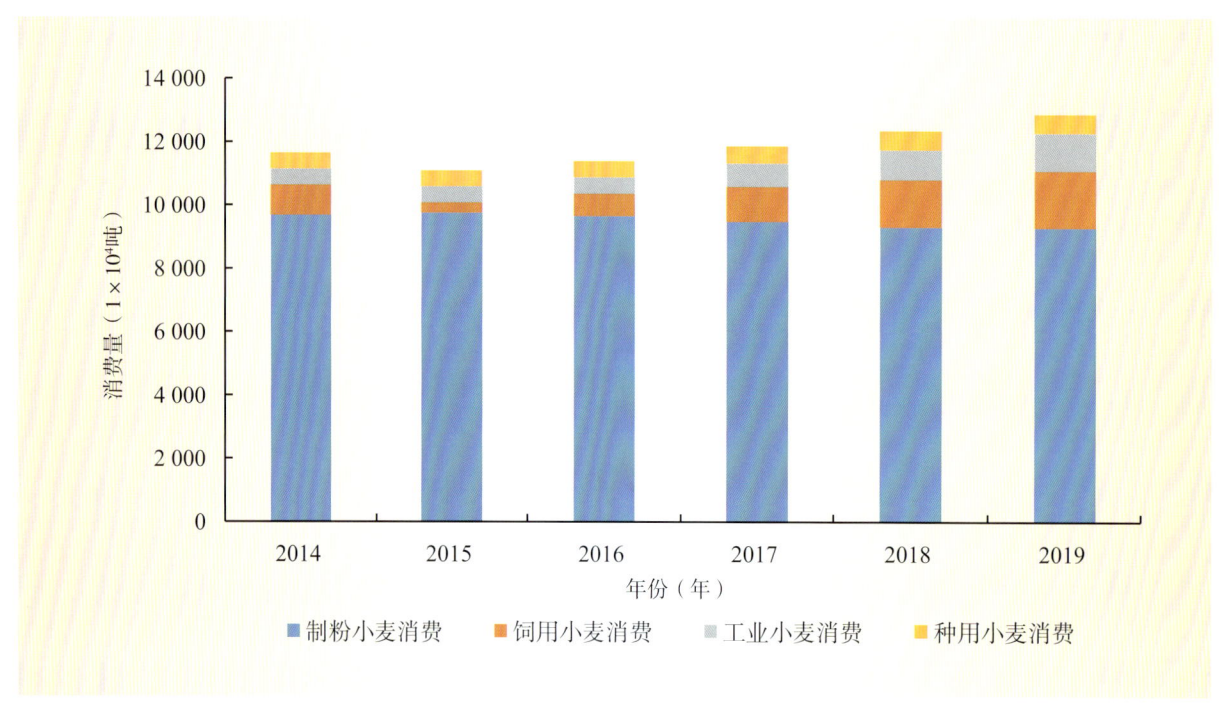

图 108　中国小麦消费情况（2014—2019 年）

（数据来源：布瑞克农业互联网）

（二）中国稻谷消费情况分析

2014—2019 年，我国稻谷消费量呈现先下降后升高的趋势，稻谷消费量从 2014 年的 2 亿吨，降低到 2017 年的 1.86 亿吨，然后逐渐升高到 2019 年的 1.92 亿吨，五年间降低了 0.08 亿吨，年平均递减率为 0.81%，年平均消费量为 1.93 亿吨。

稻谷是我国第一大口粮消费品种，全国有 60% 人口以稻谷为主食。当前我国稻谷消费主要有食用、饲用、工业和种用等 4 个方面，其中，食用消费占了 85% 以上。从近年消费需求变化来看，由于居民饮食结构改变，肉、蛋、奶、蔬菜、水果等副产品需求量增长，稻谷作为口粮的需求量总体呈下降趋势。2014—2019 年，食用稻谷消费由 1.73 亿吨降低到 1.59 亿吨，5 年间降低了 0.14 亿吨，年平均递减率为 1.67%，年平均消费量为 1.64 亿吨。饲用和工业稻谷消费量总体呈升高趋势，饲用稻谷消费量从 2014 年的 1 087 万吨增加到 2019 年的 1 500 万吨，年平均增长率为 6.65%，年平均消费量为 1 256 万吨；工业稻谷消费量从 2014 年的 1 410 万吨增加到

2019年的1 750万吨，年平均增长率为4.42%，年平均消费量为1 520万吨。主要是由于国家稻谷拍卖底价下调，部分低价超期粮作为饲料和工业用途的需求增加。种用量基本维持在130万吨左右，波动不大（图109）。

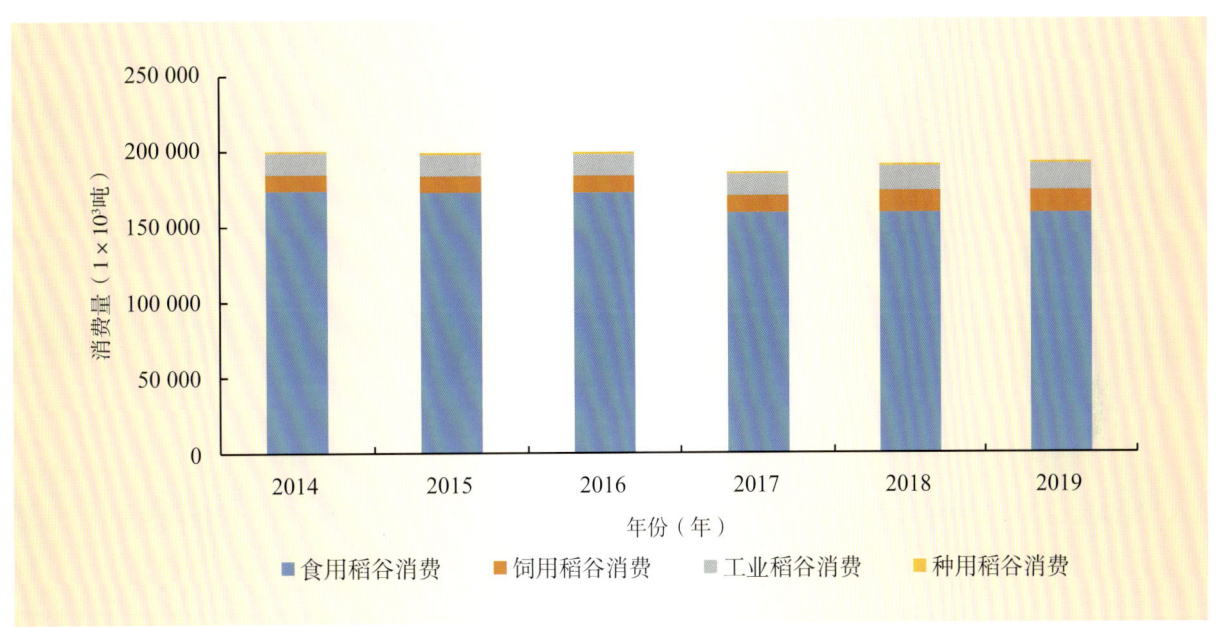

图109　中国稻谷消费情况（2014—2019年）

（数据来源：布瑞克农业互联网）

四、中国玉米消费影响因素分析

（一）人口因素

人口对我国玉米消费有直接的影响。随着人口数量不断增加，对玉米的需求总量也在不断增加。中国当前人口数量为14亿，如果全国人民每人每年玉米消费量增加1千克，则中国的玉米消费将增加14万吨。

（二）城镇化水平

我国的城镇化水平在不断提高。根据《中国城市发展报告》，至2050年，我国的城市化水平将达到75%。城镇人口的增加会使肉、蛋、奶等畜产品的需求和比重扩大，间接增加了饲用玉米消费量，但食用玉米消费的数量和比重会进一步下降。

（三）居民收入水平

居民收入水平是居民消费的重要影响因素。不同收入水平的群体其消费总量与消费结构都会有所不同。随着我国居民收入水平的提高，居民的食品消费结构发生了很大变化，对营养和健康的要求越来越高，如肉、蛋、奶、水果、蔬菜等非粮食品的消费逐渐增加。畜产品消费增加，刺激了养殖业的快速发展，引起饲用玉米及玉米加工副产物等玉米间接消费的增加。

（四）玉米价格水平

在供求市场中，价格是影响供求关系的基础因素，因此玉米价格对于玉米消费有重要影响。食用玉米消费是人们的生活必须品，消费需求缺乏弹性，因此食用玉米消费需求对价格的敏感度较低。受玉米价格影响较为明显的是工业玉米消费和饲用玉米消费。玉米价格的上涨会使生产成本增加，降低企业的利润，同时增加的成本会转移到消费者身上从而抑制工业玉米消费及肉、蛋、奶等畜产品生产中饲用玉米的消费。

（五）替代品的价格

玉米消费受其替代品价格变化的影响。一般情况下，水稻和小麦的价格比玉米价格要高，因此在饲料业中，玉米的比重最大，是最普遍的饲用粮食作物。在玉米价格和水稻及小麦的比价发生变化时，尤其是小麦就会对玉米有一定的替代作用。近年来，随着玉米价格的不断上涨，小麦对玉米的替代量也在不断增加。木薯可以作为玉米的替代品生产淀粉、酒精等。木薯对玉米的替代作用多大要看木薯的产量和价格区间是否合适。尽管我国木薯产量较低，但是在加工业生产中，其对玉米加工业消费有一定的影响。

（六）玉米工业制成品价格

现阶段，中国玉米加工业产品主要有淀粉和酒精。玉米淀粉系列产品种类多，产业链长。在20世纪90年代每吨玉米淀粉的价格曾高达3 000元左右。在这种超额利润的趋势下，玉米淀粉加工能力迅速提高。玉米酒精既可以用于白酒行业，也可以作为燃料资源，降低能源紧张带来的压力。玉米制成品的价格作为玉米加工业收益的决定影响因素，直接影响我国玉米工业消费量。

本部分主要完成人：屠焰，张鑫

第十一章 中国玉米贸易与价格分析

一、中国玉米价格分析

(一) 国内玉米价格分析

2015年以来,无论是产区还是销区,玉米价格总体呈现"先跌后涨"态势;国内玉米期货价格与现货价格走势基本一致,呈现"先跌后涨"的震荡运行态势(图110)。

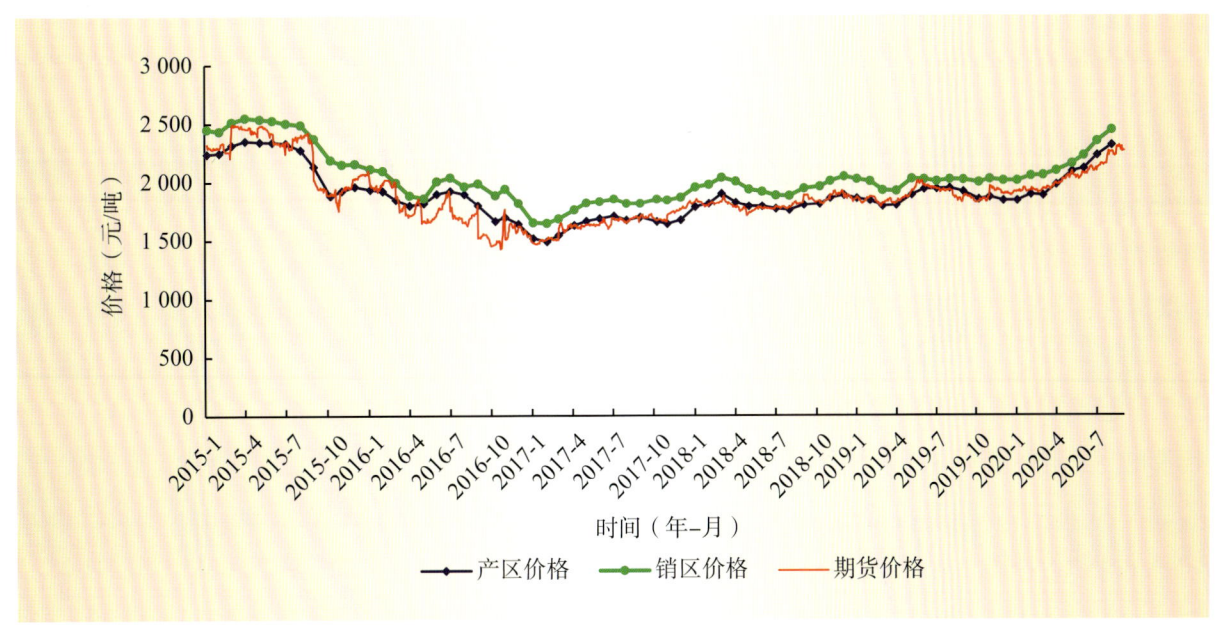

图110 国内产销区平均批发价格和大连玉米近月交割期货价格走势图

(注:产销区价格为月度价格,报价品种为二等黄玉米,14%水分;产区价格为东北产区和华北产区主产城市的玉米价格均值,东北产区包括长春、哈尔滨、大连港、沈阳和通辽,华北产区包括石家庄、德州、潍坊、郑州和徐州;销区价格为杭州、成都、上海、广州港和福州港的玉米价格均值。期货价格为大连玉米期货近月主力2101合约每日收盘价格)

2015年1月至2017年2月，由于国家收储政策变化，国内玉米价格呈现降低态势。2016年6月起，我国取消玉米临时收储政策，出台玉米生产者补贴政策，玉米上市后，价格随行就市。玉米进入去库存周期，市场上严重的供过于求导致国内玉米价格震荡下跌。2017年2月，国内玉米产销区价格和期货价格同时下跌至2015年来最低价，产区价格为1 489元/吨，同比下降434元/吨，降幅22.59%；销区价格为1 644元/吨，同比下降453元/吨，降幅21.58%；从月均价角度，期货价格为1 510元/吨，同比下降482元/吨，降幅24.2%。

2017年3月至2018年3月，国内玉米价格进入反转周期，呈现震荡上涨态势。截至2018年3月，产区价格为1 898元/吨，同比上涨356元/吨，涨幅23.05%；销区价格为2 034元/吨，同比上涨351元/吨，涨幅20.89%。本轮反转由供需两端共同发力：一是通过"镰刀弯"调减政策和轮作休耕政策调减玉米播种面积；二是2016年起通过对玉米深加工企业进行100～300元不等的生产补贴，促进玉米深加工企业的产能恢复与扩张（2015年玉米深加工政策变化较大，每吨补贴金额100～400元；2016年起辽宁100元/吨，吉林和内蒙古200元/吨，黑龙江300元/吨）。

2018年4月至2019年12月，国内玉米市场处于去库存周期，价格走势整体平稳，呈现阶段性波动。2019年，玉米市场季节性特征明显：第一季度，新玉米集中上市，市场供应形势改善，玉米价格回落；第二季度，东北地区多地中央储备粮直属库陆续开库收购新玉米，玉米价格止跌回升；第三季度，随着新季玉米陆续上市，玉米价格开始走低；第四季度，由于临储玉米拍卖暂停、运输费用上涨等，玉米价格止跌回升，但涨幅有限。

2020年1月以来，国内玉米价格呈现上涨态势。产区价格由1月的1 838元/吨上涨至8月的2 311元/吨，累计涨幅达到25.74%；销区价格由1月的2 008元/吨一路上涨至8月的2 439元/吨，累计涨幅达到21.5%；从月均价角度，期货价格由1月的1 924元/吨一路上涨至8月的2 265元/吨，累计涨幅达到17.69%。本轮玉米价格上涨主要是由以下三个因素驱动：一是肉蛋奶消费需求增长，国内生猪产能不断恢复，带动饲料需求处于产能爆发期；二是由于今年夏秋季的洪涝灾害与台风，使得玉米倒伏比较严重，生产成本增加，加之临储玉米库存减少，今年玉米上市晚于往年，玉米供需缺口扩大，在一定程度上推高了价格；四是国际市场玉米期货价格形势也在一定程度上影响到现货市场。截至2020年8月，我国玉米产区平均价格2 311元/吨，环比上涨87元/吨，涨幅3.91%；同比上涨367元/吨，涨幅18.88%。销区价格为2 439元/吨，环比上涨96元/吨，涨幅4.1%；同比上涨420元/吨，涨幅20.8%。从月均价角度，期货价格为2 265元/吨，环比上涨97元/吨，涨幅4.47%；同比上涨394元/吨，涨幅21.06%（图111）。

（二）国内外玉米价格对比分析

2015年以来，国内外玉米到港价差总体呈现"先缩后增"态势；芝加哥玉米期货价格走势平稳，大连玉米期货价格波动较大，但始终高于芝加哥期货价格，国内外玉米期货价差总体呈现"先缩后增"态势（图112）。

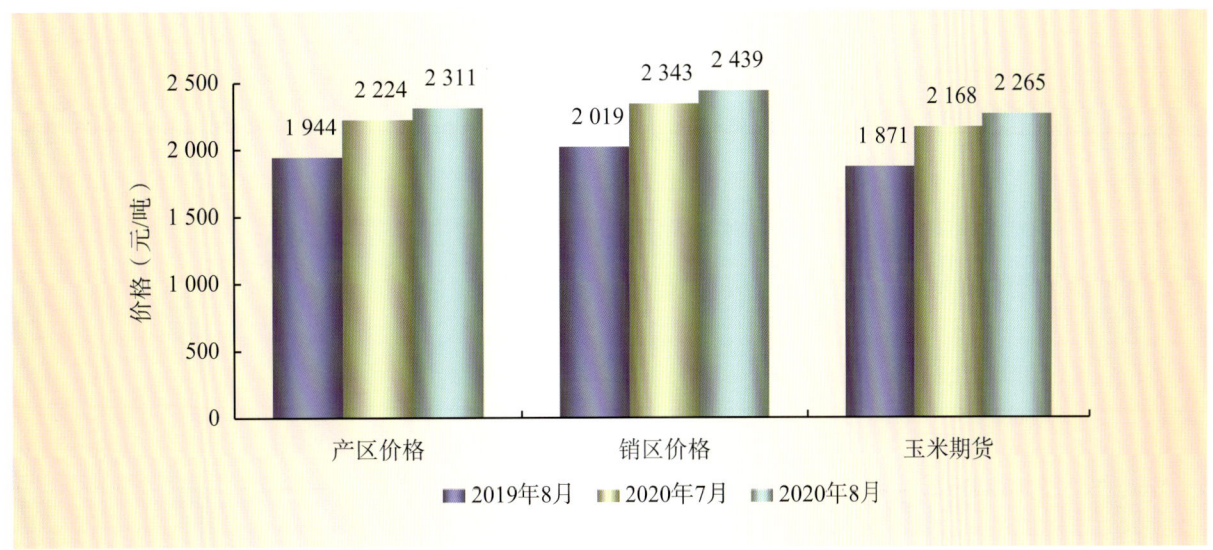

图 111　2020 年 8 月国内玉米价格与上月及上年同期对比情况

（数据来源：国家粮油中心、大连商品所）

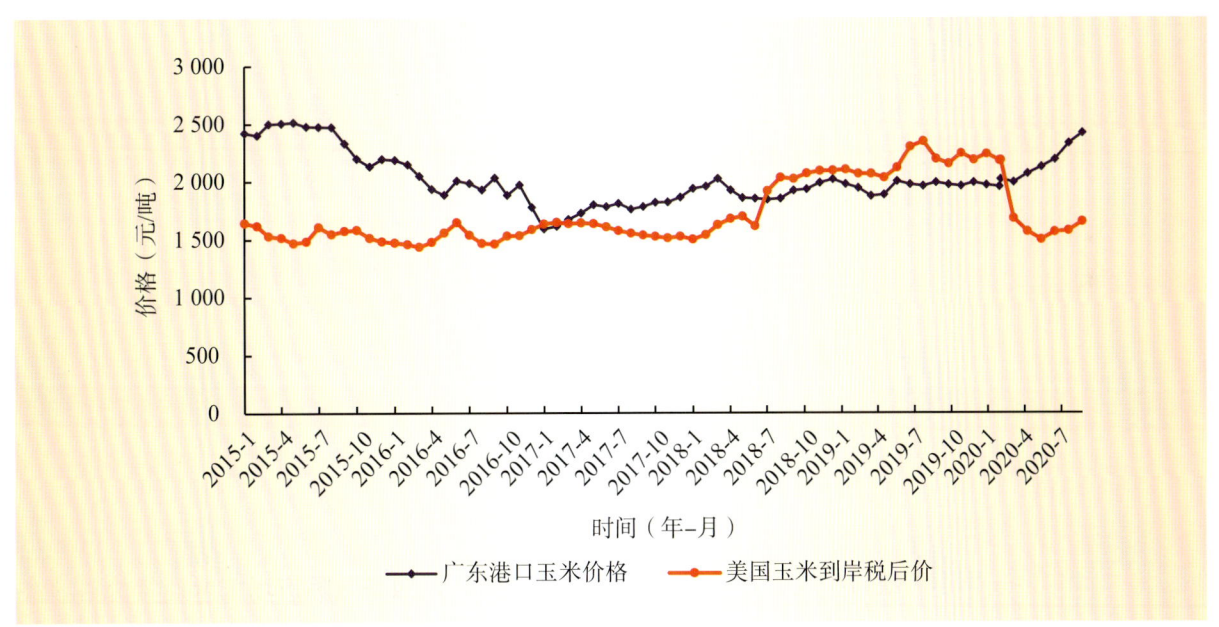

图 112　国内外玉米到国内销区港口价格走势对比图

（数据来源：国家粮油中心）

自 2015 年 1 月至 2017 年 2 月，由于玉米临时收储政策的取消和玉米生产者补贴政策的实施，国内玉米市场价格形成机制逐步完善，国内玉米价格呈震荡下降趋势，国内外玉米价差逐渐缩小。2017 年 1 月，美国玉米到港价 1 632 元/吨，首次超过国内玉米到港价 1 590 元/吨，国内外价差达到 42 元/吨；同期大连玉米期货价格为 215 美元/吨，国内外期货价差 73 美元/吨。

2017 年 3 月至 2018 年 6 月，国内玉米价格开始恢复，重新超过美国玉米到港价，价差走势平稳。

2018年7月6日起，我国对进口美国玉米加征25%的额外关税，美国玉米到港价超过国内玉米到港价。2018年7月，美国玉米到港价上涨至1 914元/吨，环比上涨300元/吨，涨幅18.59%；超过国内玉米到港价，国内外价差为71元/吨；同期大连玉米期货价格为265美元/吨，国内外期货价差136美元/吨（图113）。根据中国海关总署数据，2019年我国进口玉米主要来自乌克兰，进口量达413.74万吨，占进口总量86.4%，美国进口仅占6.6%，美国玉米到港价上涨对国内市场影响有限。

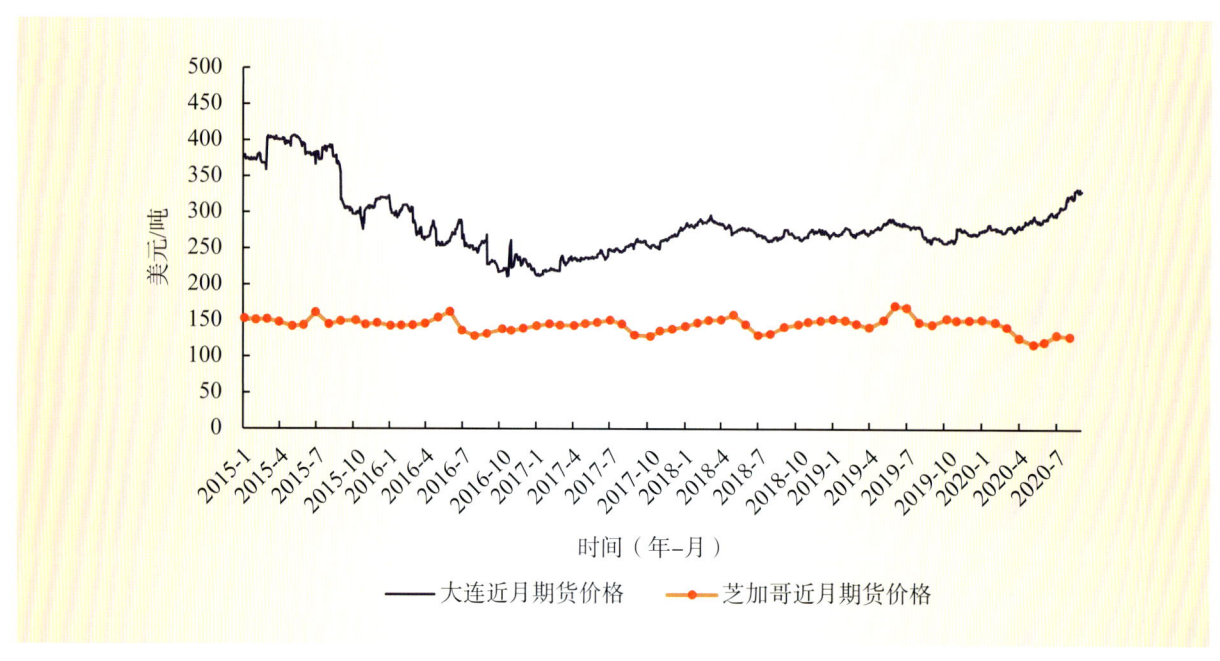

图113　国内外玉米近月期货价格走势对比图

（注：芝加哥近月期货价格为月度数据，大连近月期货价格为每日收盘价汇率数据来自中国外汇交易中心。数据来源于国家粮油中心、大连商品所、Wind）

自2020年3月2日起，我国开展了对美加征关税商品市场化采购排除工作。3月美国玉米到岸税后价格迅速回落至1 679元/吨，环比下降502元/吨，国内外价差314元/吨。由于国内玉米价格上涨，国内外价差呈现增长趋势。截至8月，美国玉米到港价为1 652元/吨，环比上涨77元/吨；国内玉米到港价上涨至2 420元/吨，环比上涨88元/吨；国内外价差768元/吨。同期，国内外玉米期货价差为199美元/吨，环比上涨20美元/吨，同比上涨80美元/吨（图114，图115）。

（三）玉米价格影响因素分析与后期展望

国内玉米价格是市场供求作用的结果。在供给方面，2019年我国玉米总产量为2.6亿吨，进口为479万吨，占国内市场比重很小；在需求方面，2019年我国玉米总需求为2.8亿吨，以饲用消费和工业消费为主，替代饲料的供应形势也会影响玉米市场需求。后期来看，玉米供给面临国内生产环境和国际贸易环境的不确定性，而玉米需求受到饲料市场、深加工业和替代品的影响。

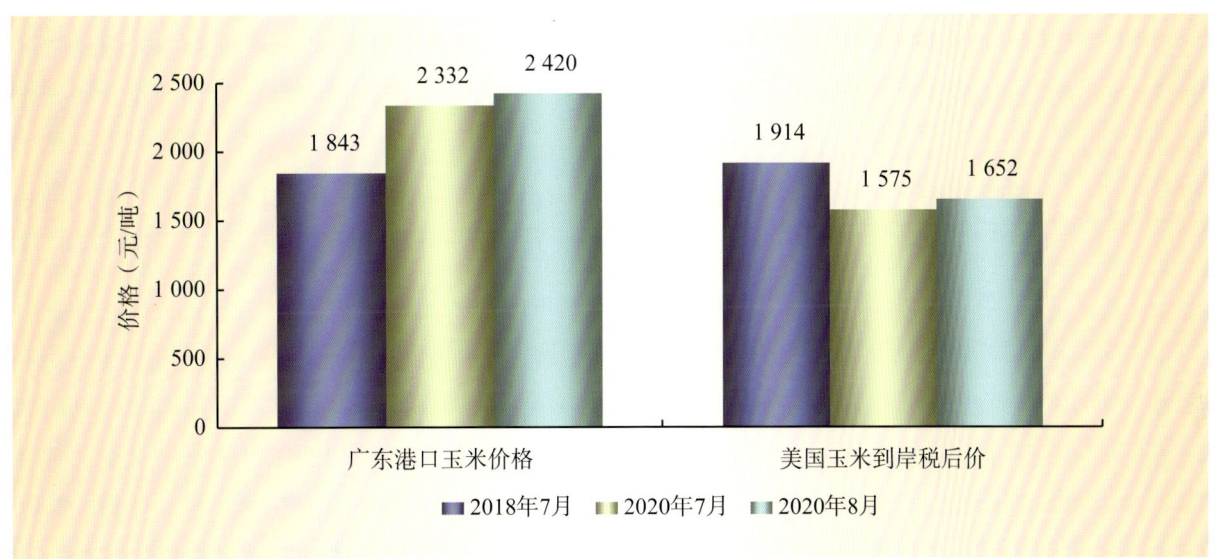

图114　2020年8月国内外玉米到港价格与上月及上年同比情况

（数据来源：国家粮油中心）

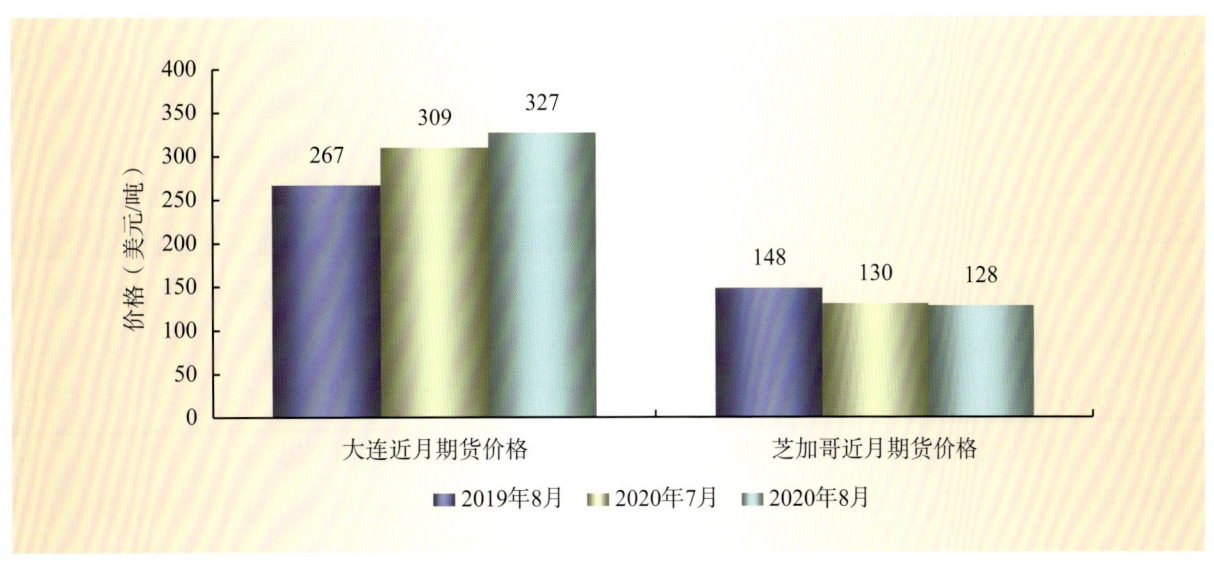

图115　2020年8月国内外玉米期货价格与上月及上年同比情况

（数据来源：国家粮油中心、大连商品所、Wind）

1. 玉米供给

国内玉米供给主要来源于生产、库存和进口。2020年8月临储玉米拍卖完毕，后期国内玉米供应形势主要受当期生产和进口的影响。

（1）玉米生产　2016年以来，我国玉米供给侧结构性改革成效明显，种植面积向优势产区集中。截至2019年，累计调减5 527万亩（368万公顷），产量减少284万吨，降幅达到1.08%。2020年受大豆振兴计划的影响，东北玉米播种面积已经有所减少。9月初，吉林省受第八、九、十号台风的影响，全省普降大到暴雨，部分地区发生玉米大面积倒伏现象。假设玉米倒伏500万亩（1亩≈667平方米，15亩=1公顷，全书同），每亩产能0.42吨，减产损失率15%，玉米损失约31.3万吨。加之草地贪夜蛾、干旱等影响，贸易商和农户普遍持有减产预期，产生惜售心理，后期可能通过减少玉米市场供给而抬高价格。未来年度由于镰刀弯政策和轮作政策，玉米播种面积难以出现较大幅度的增长，玉米市场增加供给主要依靠单产提高。从近5年的玉米单产情况来看，年增长率约为1.5%。根据中国农业科学院预测，未来十年内我国玉米消费年均递增1.7%。未来我国玉米的单产水平直接影响国内玉米供应形势，进而影响玉米价格。

（2）玉米进出口　近年来国内玉米配额保持720万吨/年，其中，60%为国营贸易配额。2019年我国玉米进口为479万吨，同比增长36%；玉米出口为2.6万吨，同比增114.4%；累计净进口476.4万吨，同比增35.8%。由于玉米进口占国内市场比重很小，玉米国际价格对国内价格的直接影响较小，但是玉米进口量通过改变国内玉米供应形势而影响玉米价格。随着中美贸易形势好转和国内玉米供需缺口加大，我国玉米进口量呈现上涨趋势。根据农业农村部数据，2020年1月至7月，我国玉米进口457万吨，同比增加30.7%；出口2 163.4吨，同比减少85.9%。

2. 玉米需求

2019年，我国玉米总需求为2.8亿吨，其中饲料消费需求达到1.8亿吨，占62.6%，处于主导地位；工业消费需求达到0.8亿吨，占28.1%。

（1）饲料消费　饲用消费一直占据玉米消费结构的主导地位。据国家统计局数据显示，2019年猪牛羊禽肉产量总计7 649万吨，同比减少10.2%；禽蛋产量为3 309万吨，同比增长5.8%；牛奶产量为3201万吨，同比增长4.1%。中国饲料工业协会数据显示，2019年全国工业饲料总产量2.29亿吨，同比减少3.7%，其中，猪料减少26.6%，占比从上年的43.9%下降到33.5%；禽料快速增长，占比从上年的41.4%提高到50.6%。禽料等消费增加，部分弥补了猪料消费的减少。猪肉是我国居民最重要的动物性食物，约占居民肉类消费量的2/3。2018年年末以来，非洲猪瘟疫情的冲击使得我国生猪行业产能下降，市场上猪肉供给不足，造成猪肉价格不断上涨。2020年以来，猪肉价格保持高位震荡。截至8月，大中城市生猪平均出场价为37.25元/千克，环比上涨1.61%；同比上涨64.47%。猪价上涨带动生猪养殖利润持续处于高位，使得饲料市场对玉米价格的上涨不敏感，猪粮比价保持高位震荡。截至8月，猪粮比价为15.79，同比上升4.75（图116）。

后期来看，我国肉蛋奶消费呈上涨趋势，带动饲料消费需求增长。据农业农村部监测，7月全国生猪存栏环比增长4.8%，连续6个月增长，同比增长13.1%；能繁母猪存栏环比增长4.0%，连续10个月增长，同比增长20.3%；猪饲料产量701万吨，环比增长10.3%，同比增长36.8%，连续2个月增长。生猪产能的恢复和养殖业的兴盛，拉动饲料玉米的需求，抑制市场价格下跌空间。

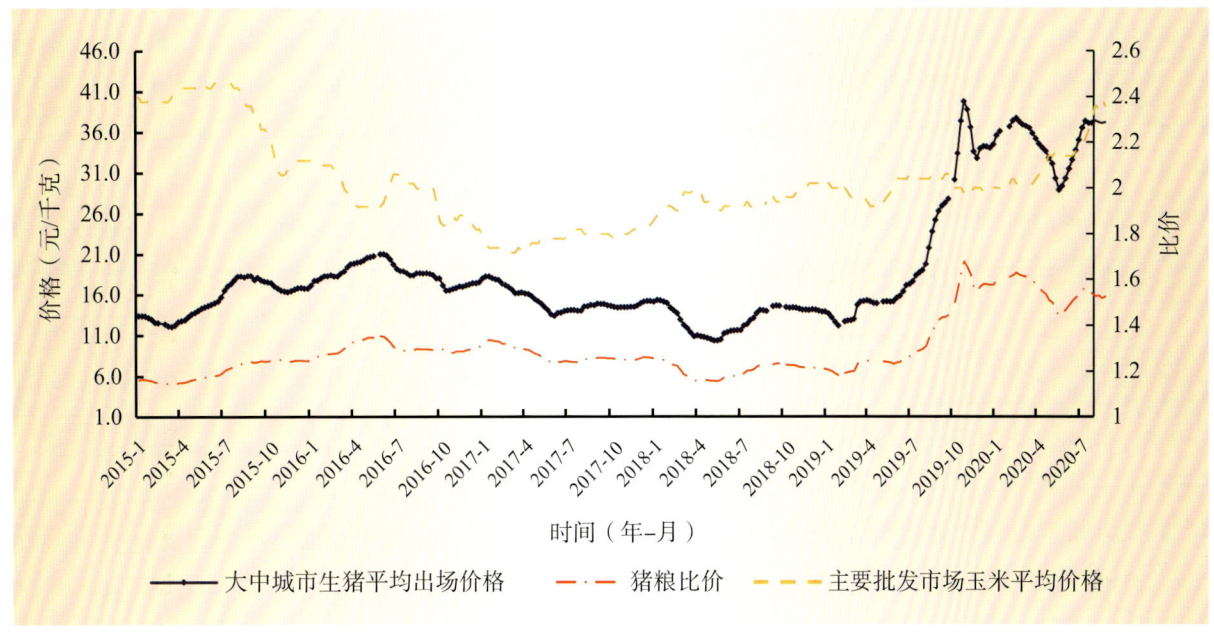

图116 全国大中城市生猪平均出厂价格、玉米均价和猪粮比价走势图
（数据来源：国家粮油中心、中华粮网、中国玉米市场网）

（2）工业消费 玉米工业消费主要用于生产淀粉和酒精。2019年玉米淀粉产量约为3 500万吨，同比增长12.2%；玉米酒精产量约为450万吨，同比增长1.1%，增速均比上年减缓。据国家粮油信息中心数据，2019年全年，国内玉米淀粉行业和酒精行业平均开工率分别为69%、62.1%，同比分别下降4.4、0.2个百分点。2020年以来，由于原料玉米价格大幅上涨以及疫情抑制下游需求等因素影响，国内玉米深加工消费量出现收缩。国家粮油信息中心8月估计，2019—2020年度，国内淀粉行业产能保持扩张势头，预计玉米深加工产能在1.23亿吨左右，同比增加约1 000万吨；但国际油价处于低位导致以玉米为原料生产的燃料乙醇亏损严重，加之重度不宜存稻谷去库存力度加大，国内玉米燃料乙醇产量预计明显下降，国内玉米工业消费需求增速放缓。

（3）玉米替代品 玉米是我国最重要的能量饲料。由于我国从美国进口的玉米量较少，贸易摩擦对玉米市场的直接影响较小，但间接影响取决于玉米替代品的贸易形势。由于我国对美国进口高粱等产品加征25%关税、对澳大利亚进口大麦进行反倾销立案调查等，2019年，大麦、木薯、高粱、DDGS这4种主要替代品进口总量为974万吨，同比减少19.6%。替代品进口大幅减少，以及豆粕价格高企等，使得饲料企业调增玉米的使用量，弥补了部分猪料消费的减少。此外，我国是大豆进口大国，大豆的国际贸易形势间接影响国内玉米市场。美国是我国重要的大豆进口国之一，如果通过增加国内大豆产量减少进口，大豆将会在一定程度上挤占玉米的播种面积和产量，进而影响玉米的进出口格局、国内市场供需形势和价格。2020年1—7月，我国小麦进口428.5万吨，同比增1.2倍；大麦进口285.5万吨，同比减15.7%；高粱进口229.4万吨，同比增9.4倍；DDGs进口3.1万吨，同比减29.8%；木薯进口222.7万吨，同比增1.3%；大豆进口5 513万吨，同比增17.7%。替代品的大量入市可以部分填补玉米饲料的供需缺口，平抑玉米价格高涨。

二、中国玉米贸易分析

（一）近十年中国玉米进出口贸易量趋势演变

1. 中国玉米进口数量呈"增长—下降—波动增长"趋势变化

2010—2012年，中国玉米进口数量呈增长趋势，2012年，中国玉米进口数量最多为520.71万吨。2012—2014年，中国玉米进口数量呈下降趋势，2014年，中国玉米进口数量最少为259.85万吨。2014—2015年，中国玉米进口数量呈增长趋势。2015—2017年，中国玉米进口数量呈下降趋势。2017—2019年，中国玉米进口数量呈增长趋势（图117）。

2. 中国玉米出口数量呈"增长—下降—增长—下降—增长"趋势变化

2010—2012年，中国玉米出口数量呈增长趋势，2012年出口数量最多为25.73万吨。2012—2016年出口数量呈下降趋势，2016年，出口数量最少为0.39万吨。2016—2017年出口数量呈增长趋势。2017—2018年出口数量呈下降趋势。2019年出口数量呈增长趋势，较2018年有所增加（图117）。

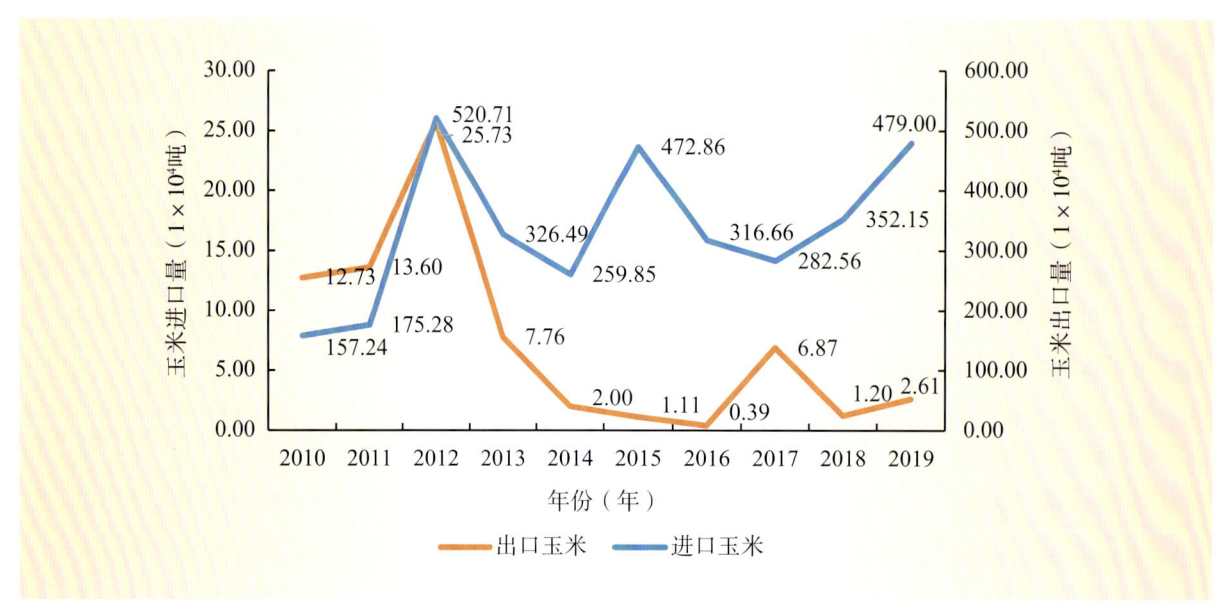

图117 玉米进出口贸易量趋势演变

（二）近十年中国玉米主要贸易国变化趋势演变

1. 中国玉米进口市场没有明显变化，不同进口市场的进口比重发生明显变化，乌克兰已经成为中国玉米主要进口市场

中国从美国市场进口玉米的比重呈逐年下降趋势，已经由2010年的94.87%下降到2018

年的8.73%。中国从乌克兰市场进口玉米的比重呈逐年增长趋势，由2013年的2.83%增长到2019年的84.29%。从老挝、缅甸进口玉米的比重占总进口比重呈逐年小幅度增长（表24）。

表24　中国玉米进口市场及其进口比重变化　　单位：%

2010年		2013年		2015年		2018年		2019年	
国家	比重	国家	比重	国家	比重	国家	比重	国家	比重
美国	94.87	美国	90.46	乌克兰	79.16	乌克兰	81.30	乌克兰	84.29
老挝	2.47	老挝	2.83	美国	10.91	美国	8.73	美国	7.01
德国	1.04	乌克兰	2.80	老挝	3.55	老挝	5.16	老挝	3.80
缅甸	0.71	阿根廷	2.05	保加利亚	3.53	缅甸	3.38	缅甸	3.59
泰国	0.50	缅甸	0.78	俄罗斯	1.30	俄罗斯	0.69	俄罗斯	0.66

2. 中国玉米出口市场及其出口比重变化不明显，朝鲜和越南依然是中国最大的两个玉米出口市场

2010年，中国出口到朝鲜的玉米占总出口比重的70.54%，2015—2019年，朝鲜和越南两大出口市场出口的玉米占玉米总出口量的60%以上，2019年出口到朝鲜市场的玉米占玉米出口比重的90%。中国出口到韩国市场的玉米比重呈下降趋势，2010年比重占玉米出口总量的8.18%，2019年比重仅占玉米出口总量的0.83%。中国出口到加拿大市场的玉米比重呈大幅度下降趋势，2018年比重占总出口量的26.18%，2019年出口到加拿大市场的玉米比重占总出口量的3.66%（表25）。

表25　中国玉米出口市场及其出口比重变化　　单位：%

2010年		2015年		2018年		2019年	
国家	比重	国家	比重	国家	比重	国家	比重
朝鲜	70.54	朝鲜	62.14	越南	40.25	朝鲜	65.26
日本	19.87	越南	21.98	加拿大	26.18	越南	25.07
韩国	8.18	韩国	8.64	朝鲜	19.48	加拿大	3.66
蒙古	0.82	安哥拉	2.36	安哥拉	4.81	安哥拉	3.14
巴基斯坦	0.59	泰国	1.26	韩国	2.56	韩国	0.83

（三）近十年中国玉米贸易方式变化情况

从进口贸易方式占比来看，由表17可知，我国玉米进口主要贸易方式在不同的年份表现出差异，2010年，我国玉米进口主要贸易方式为边境小额贸易，其次是一般贸易，其他贸易方式占比很小；2015年，主要贸易方式为边境小额贸易，其次是一般贸易；2017年、2018年主要贸易方式为一般贸易，其次是其他贸易，边境小额贸易占一定的份额。2019年主要贸易方式为边境小额贸易，其次是一般贸易，其他贸易占比很小。

表26 中国玉米进口贸易方式　　　　　　　　　　　　　　　　　　　　　　单位：%

贸易形式	2010年	2015年	2017年	2018年	2019年
一般贸易	35.11	49.43	54.24	54.43	31.27
边境小额贸易	64.82	50.57	0.09	17.89	65.07
其他贸易	0.07	0.00	45.67	27.69	3.66
无偿援助和赠送	0.00	0.00	0.00	0.15	0.04
保税仓库进出境	0.05	0.00	45.67	1.58	1.13
保税仓储转口货物	0.02	0.00	0.00	25.96	2.49

从出口贸易方式看，2017年、2018年我国玉米出口主要贸易方式为一般贸易，其次是其他贸易，边境小额贸易占一定的份额。2019年出口主要贸易方式为边境小额贸易，其次是一般贸易，其他贸易占比很小。

（四）近十年中国玉米贸易价格变化情况

1. 玉米进口价格波动变化，2010—2019年玉米进口价格整体呈现"增加—下降—增加"趋势

2011年玉米进口价格最高为2 680.01美元/吨，2011—2015年，进口玉米价格呈下降趋势，2015年最低为1 591.14美元/吨，2015—2019年，进口玉米价格呈增加趋势（图118）。

2. 玉米出口价格呈大幅度波动变化，2010—2019年玉米出口价格整体呈现"增加—下降—增加"趋势

2010—2016年，玉米出口价格呈快速增长趋势，2016年最高为932.35美元/吨，2017年出现大幅度下降，为361.98美元/吨，2018年、2019年又有大幅回升，2019年为1 069.14美元/吨，为2010年以来的最高值。

3. 玉米进出口价差呈"增加—下降—增加"趋势

2010年、2011年玉米进口价格处于相对高位，且进口价格增长幅度较大，而玉米出口价格处于相对低位，且出口价格增长幅度较小，因此玉米价差较大；2012—2016年，玉米进口价格下降，而出口价格上升，因此玉米价差呈缩小趋势；2017—2018年，进口价格小幅度增加，而出口价格大幅度增加，因此，玉米价差较2014—2016年有所扩大。

图118 玉米进出口价格及进出口价差变化情况

本部分主要完成人：张蕙杰，仇焕广

第十二章
中国饲料产业情况

一、中国饲料产量概况

我国饲料工业起步于20世纪70年代，2011年以来，我国饲料产量跃居世界第一。2014—2019年，我国饲料产量呈先快速增长后高峰回落的总体态势（图119）。其中，2014—2018年我国饲料产量由1.97亿吨增长到2.38亿吨，增长了约0.41亿吨，年均增长率达到了4.84%。2018年开始因为我国环保政策的倒逼和非洲猪瘟疫情的逐步扩散，导致我国生猪存栏量出现较大下滑，直接引发了2019年我国饲料产量出现高峰回落态势，即下降到2.29亿吨，同比下降了约0.09亿吨。2020年随着我国强有力的扶持生猪存栏恢复的政策落地，导致生猪存栏量逐渐接近常年水平，促使我国饲料产量呈现快速恢复态势。

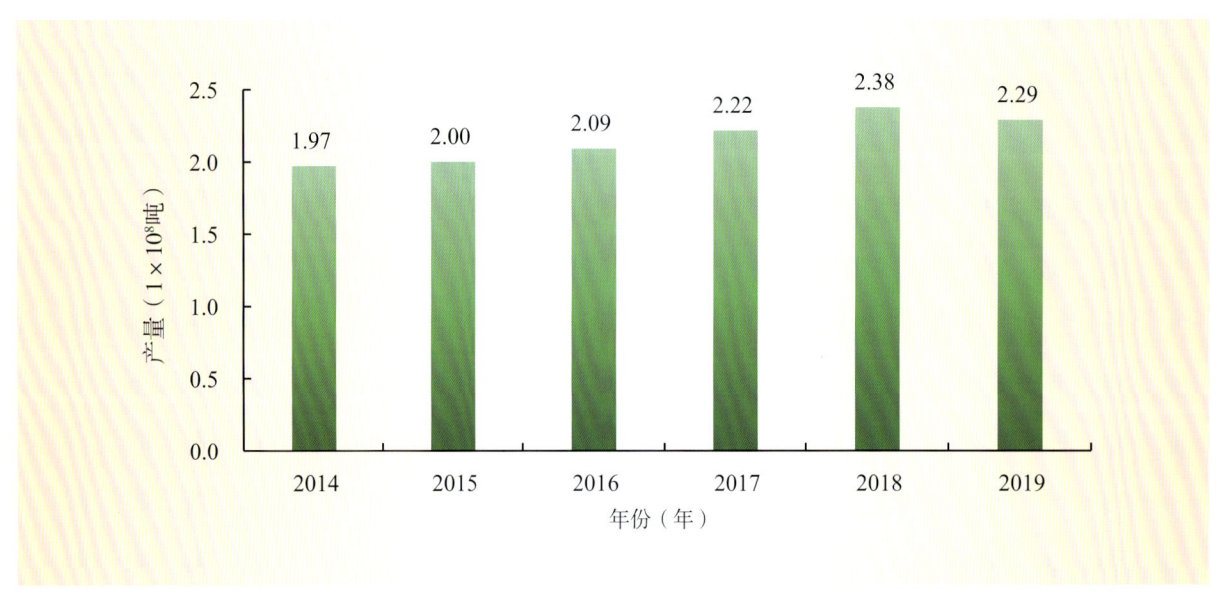

图119　2014—2019年全国饲料产量变化趋势

（数据来源：《饲用谷物市场供需状况报告》第230期、251期）

二、不同饲料种类产量情况

(一)中国配合饲料产量变化情况

2014—2019 年,我国配合饲料产量呈现先增长后下降的总体态势(图 120)。其中,2014—2018 年我国配合饲料产量由 1.69 亿吨增长到 2.16 亿吨,增长了 0.47 亿吨,年均增长率达到了 6.33%。2019 年因为生猪存栏量的断崖式下跌,导致需求不足触发配合饲料产量呈现下降趋势,即下降到 2.10 亿吨,同比下降了 0.06 亿吨,同比降低 2.78%。

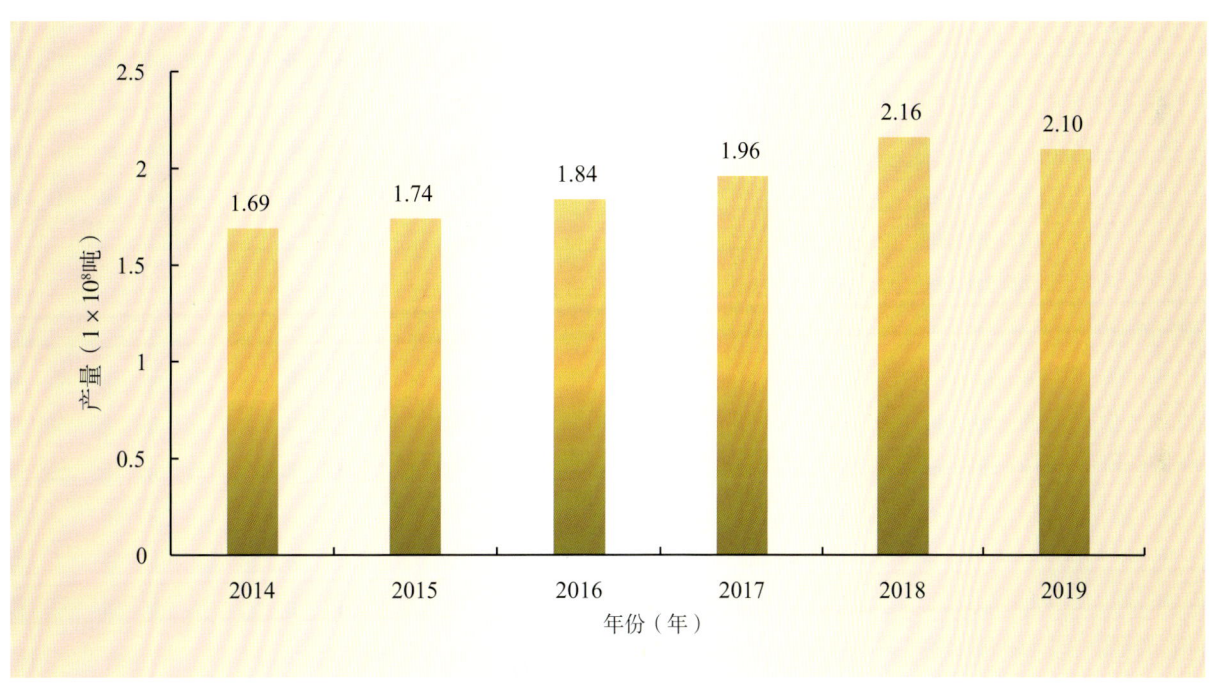

图 120　2014—2019 年全国配合饲料产量

(数据来源:《饲用谷物市场供需状况报告》第 230 期、251 期)

(二)中国浓缩饲料产量变化情况

2014—2019 年,我国浓缩饲料产量呈现持续下降态势,由 0.22 亿吨下降到 0.12 亿吨,下降了约 0.10 亿吨,年平均递减率达到了 11.4%(图 121)。主要是基于饲料工业发展的趋势导致,一个是我国规模化养殖的兴起,规模化养殖场比较喜欢使用配合饲料,以便于进行品控管理;二是我国散户养殖逐渐退出,对于浓缩料需求逐步减少。

(三)中国添加剂饲料产量变化情况

2014—2019 年,我国添加剂饲料产量呈先缓慢增长,后快速回落态势(图 122)。2014—

2016年，我国添加剂饲料产量由0.064亿吨增长到0.069亿吨，增长了约0.005亿吨，年均增长率为3.83%。从2017年开始，我国添加剂饲料产量进入快速下降周期，由0.069亿吨下降到2019年的0.054亿吨，下降了约0.015亿吨，年均递减率达到了11.54%。

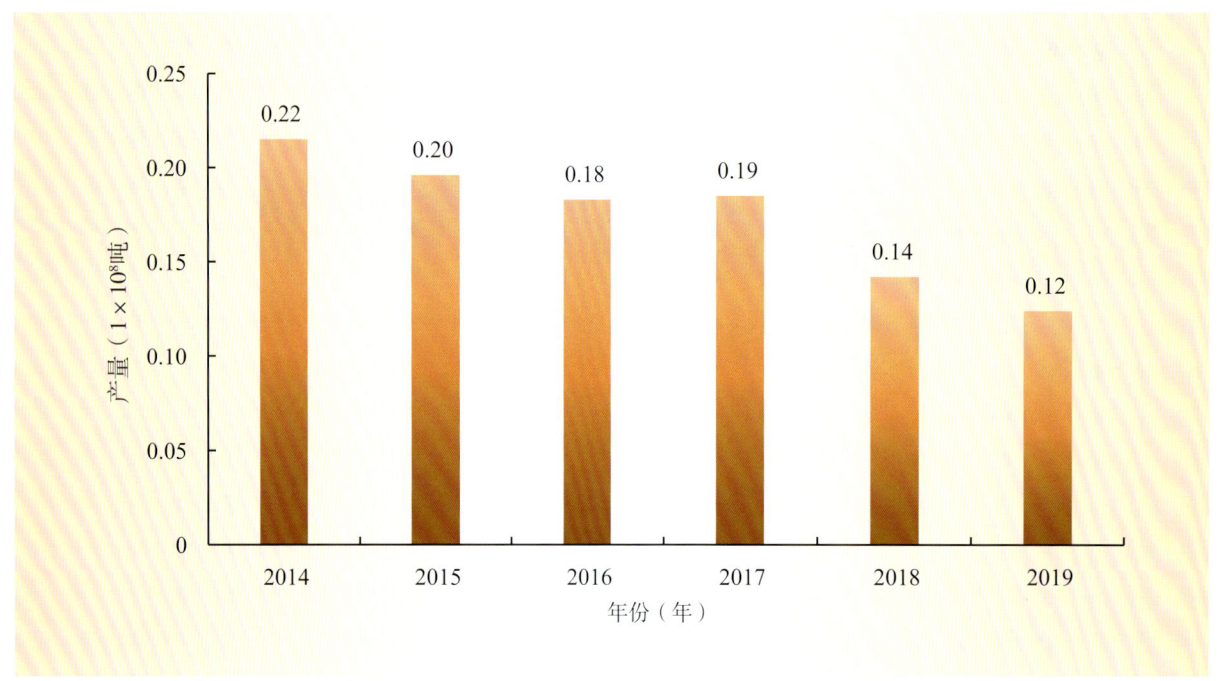

图121　2014—2019年全国浓缩饲料产量

（数据来源：《饲用谷物市场供需状况报告》第230期、251期）

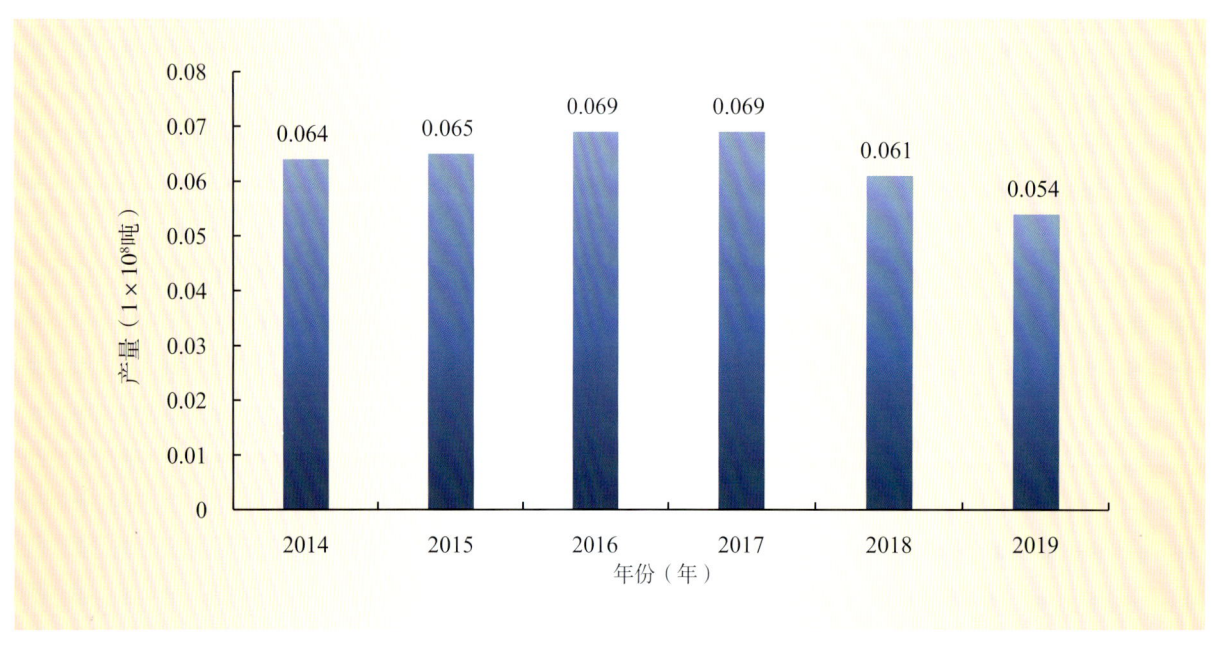

图122　2014—2019年全国添加剂饲料产量

（数据来源：《饲用谷物市场供需状况报告》第230期、251期）

三、不同畜禽饲料产量情况

（一）中国猪饲料产量变化情况

2014—2019年，我国猪饲料产量呈先下降，后快速增长，再快速回落的态势（图123）。2014—2015年，我国猪饲料产量由0.86亿吨降低到0.83亿吨，降低了约0.03亿吨。从2015年开始，我国猪饲料产量进入快速增长周期，由0.83亿吨增长到2018年的0.97亿吨，增加了约0.14亿吨，年均增长率达到了5.33%。2019年，受我国环保政策和非洲猪瘟疫情的影响，我国生猪存栏量大幅下滑，导致猪饲料产量呈快速下降趋势，即下降到0.77亿吨，同比下降了0.20亿吨，同比降低20.6%。

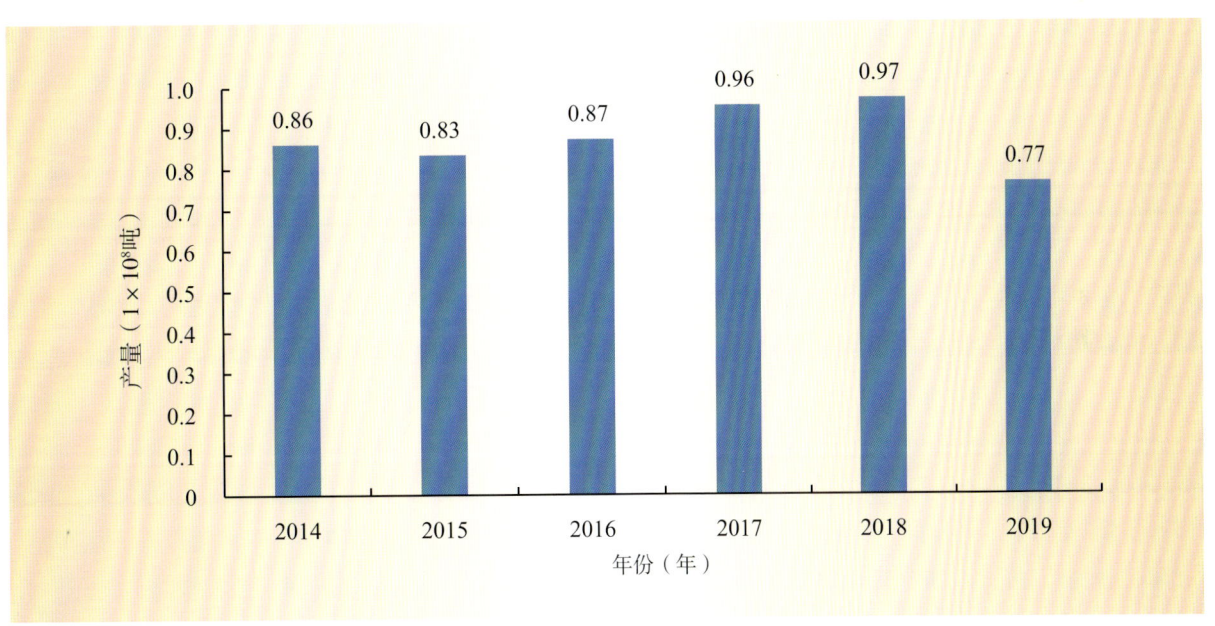

图123 2014—2019年全国猪饲料产量

（数据来源：全国畜牧总站、中国饲料工业协会）

（二）中国家禽饲料产量变化情况

2014—2019年，我国家禽饲料产量呈先缓慢增长，后快速增长的态势（图124）。2014—2018年，我国家禽饲料产量由0.79亿吨增加到0.95亿吨，4年时间增加了约0.16亿吨，年均增长率为4.72%。2019年，我国家禽饲料产量快速增长，达到1.16亿吨，增加了约0.21亿吨，同比增长22.1%。主要原因是受生猪产能降低的影响，对禽肉和蛋的需求量大幅增加，家禽的养殖量迅速增长，家禽饲料产量迅速增加。

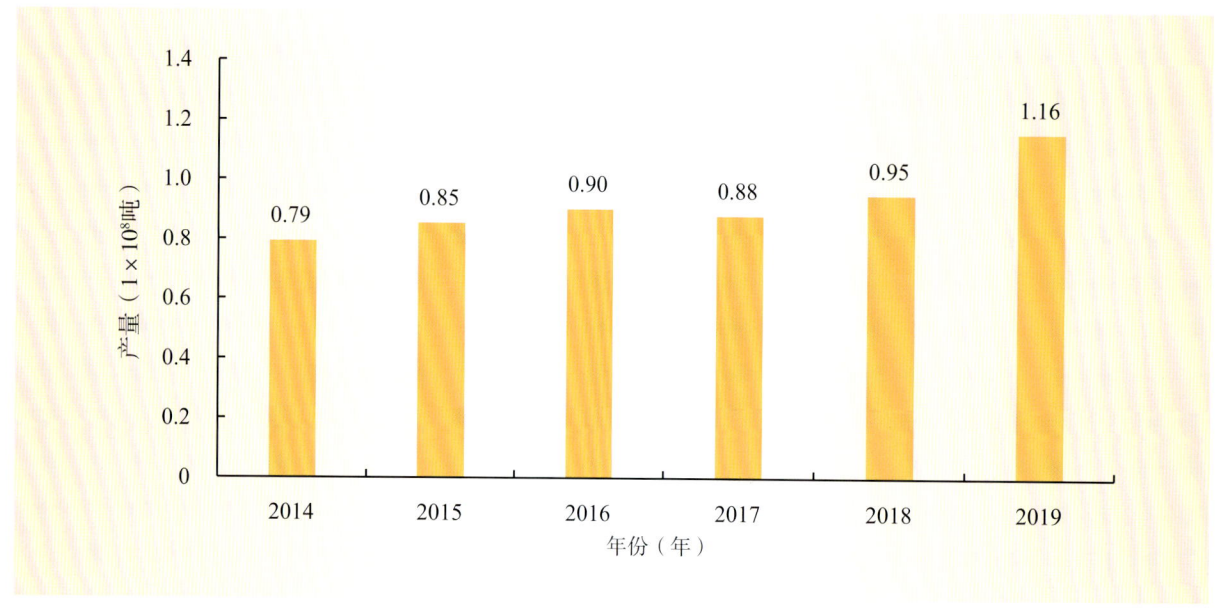

图 124　2014—2019 年全国家禽饲料产量

（数据来源：全国畜牧总站、中国饲料工业协会）

（三）中国反刍饲料产量变化情况

2014—2019 年，我国反刍饲料产量呈先维持稳定，后快速增长的态势（图 125）。2014—2016 年，我国反刍饲料产量基本维持在 0.09 亿吨。从 2017 年开始，我国反刍饲料产量快速增长，由 0.09 亿吨增长到 2019 年的 0.11 亿吨，增加了约 0.02 亿吨，年均增长率为 10.5%。

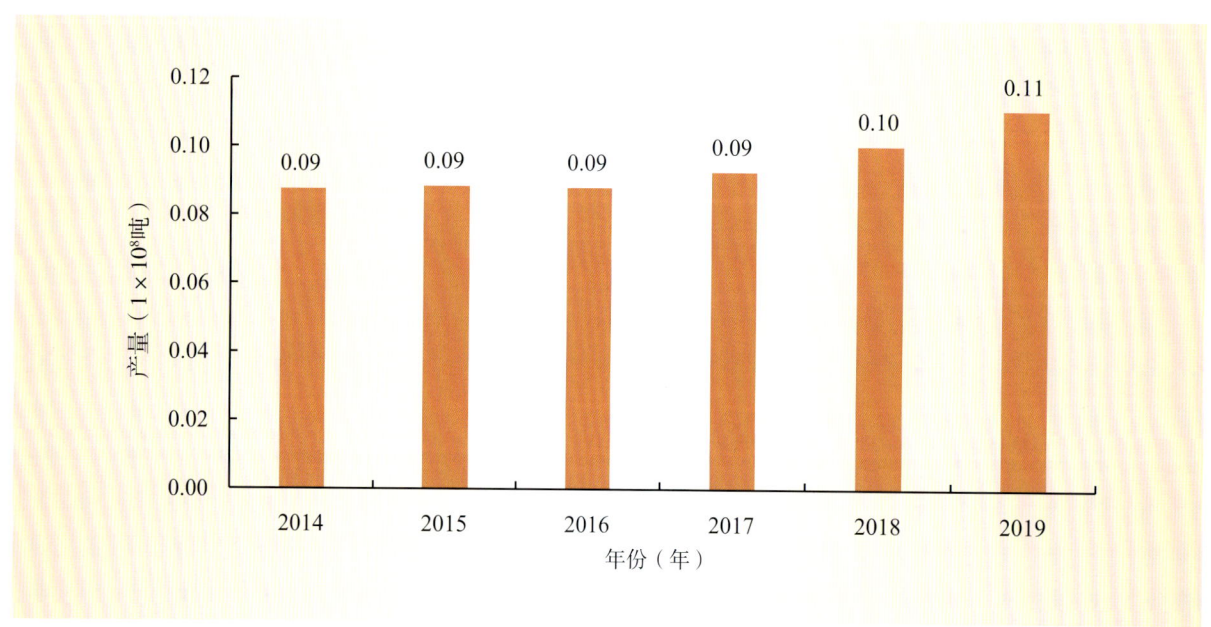

图 125　2014—2019 年全国反刍饲料产量

（数据来源：全国畜牧总站、中国饲料工业协会）

(四)中国水产饲料产量变化情况

2014—2019年,我国水产饲料产量呈先维持稳定,后快速增长的态势(图126)。2014—2015年,我国水产饲料产量基本维持在0.19亿吨。从2016年开始,我国水产饲料产量快速增长,由0.19亿吨增长到2019年的0.22亿吨,增加了约0.03亿吨,年均增长率为5.01%。

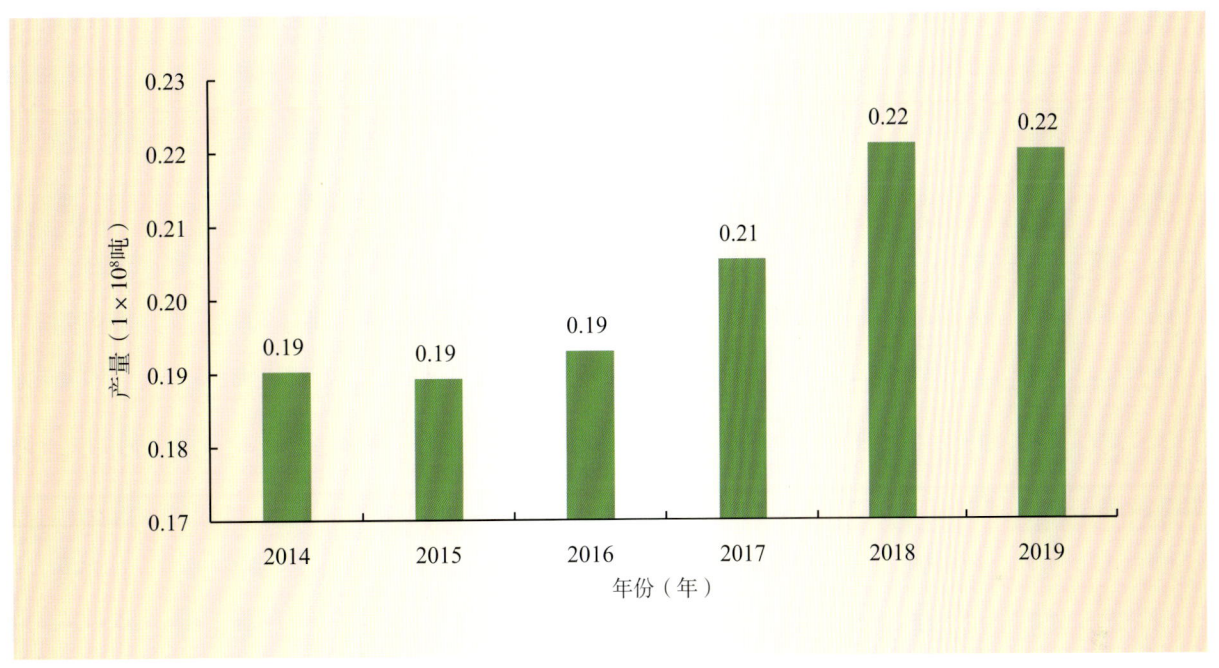

图126 2014—2019年全国水产饲料产量

(数据来源:全国畜牧总站、中国饲料工业协会)

四、中国饲料生产情况

(一)中国饲料玉米消费分布情况

2015—2020年,我国饲料玉米消费由135 000千吨增长到190 000千吨,大概增长了55 000千吨,平均每年递增率达到了7.07%;我国各省份饲料玉米消费均出现了不同幅度的增长,其中养殖大省饲料玉米消费出现倍数级别增长;一般省份饲料玉米消费出现数量级别增长,肉类需求共振驱动饲料玉米消费呈现强势上行态势。我国饲料玉米消费超千万吨的大省由最初的2个(山东和广东)增加到2020年的7个(河北、辽宁、江苏、山东、广东、广西、四川),其中山东、广东2个省份饲料玉米消费量均超过二千万吨量级,分别达到了26 750千吨和21 900千吨(表27)。

表 27 中国饲料玉米分省消费量统计表　　　　　　　　　　　　　　　　　　　单位：千吨

名称	2015 年	2016 年	2017 年	2018 年	2019 年	2020 年
全国	135 000	170 000	210 000	200 000	196 000	190 000
北京	1 100	1 500	2 500	1 900	1 850	1 800
天津	900	1 200	1 700	1 430	1 500	1 480
河北	7 450	9 000	10 800	10 100	10 400	10 300
山西	1 300	2 000	2 400	2 300	2 600	2 600
内蒙古	2 000	3 000	3 500	3 380	3 400	3 500
辽宁	5 900	7 800	10 600	9 800	11 400	11 600
吉林	2 700	3 300	3 800	3 900	3 530	3 700
黑龙江	3 300	4 300	6 200	4 300	4 400	4 600
上海	890	1 270	1 700	1 500	1 500	1 480
江苏	8 200	9 500	12 000	12 000	11 300	10 800
浙江	3 600	4 700	4 000	3 500	3 300	3 000
安徽	3 500	4 500	5 600	6 200	6 200	6 150
福建	5 400	6 300	7 200	6 900	6 800	6 700
江西	8 000	9 500	12 300	11 000	8 700	8 500
山东	15 250	19 800	26 100	27 300	28 800	26 750
河南	7 900	9 100	14 000	10 600	8 900	8 400
湖北	6 300	7 100	7 500	8300	8 200	8 000
湖南	8 150	10 500	12 000	11 900	9 800	9 000
广东	15 350	20 000	25 000	24 100	23 100	21 900
广西	6 310	8 000	9 400	11 000	10 100	10 000
海南	3 450	3 800	3 860	3 850	3 750	3 800
重庆	2 100	2 800	3 300	3 250	3 180	3 100
四川	8 250	11 300	12 870	11 200	12 000	11 900
贵州	1 200	1 400	1 500	1 450	1 300	1 100
云南	2 850	3 300	3 800	3 200	3 700	3 700
西藏	10	10	20	10	10	10
陕西	1 500	2 000	2 900	2 300	2 800	2 500
甘肃	800	1 100	1 200	1 050	1 100	1 100
青海	50	70	100	80	80	80
宁夏	240	350	450	550	600	650
新疆	1 050	1 500	1 700	1 650	1 700	1 800

数据来源：饲用谷物市场供需状况报告，第230期、251期。

根据数据统计，饲料玉米消费分布呈现如下特点及趋势：一是一些经济发达地区对于养殖这个"高污染"行业的容忍度不断降低，导致一些地区内养殖产能不断降低，抑制了需求的增长，比如浙江；二是一些经济欠发达地区因为环境承载能力的限制和当地居民的饮食习惯，导致养殖业产能提高受限和需求一直不振，比如西藏和青海；三是我国饲料玉米地区消费前十名座次发生一些变化，辽宁替代湖北成为我国前十名饲料玉米消费大省；一个是我国饲料玉米地区消费前三名一直被广东、山东和四川占据，并且前三名消费玉米量级占比从 2015 年的 28.8% 提高到 2020 年的 31.9%，提高约 3.09%。

（二）中国饲料加工产能区位分布情况

目前，我国饲料产量超千万吨省份已经由 2015 年的 8 个增长到 2020 年的 9 个，按产量排序分别为山东、广东、广西、辽宁、江苏、河北、湖北、四川、湖南。其中，山东省饲料产量达 38 440 千吨，同比增长 1.72%，广东省饲料产量达 30 760 千吨，同比增长 5.21%；本年度我国有 24 个省份饲料产量同比增长（表 28）。

表 28 中国饲料分省产量统计表　　　　　　　　单位：千吨

名称	2015 年	2016 年	2017 年	2018 年	2019 年	2020 年
全国	200 092	209 175	221 622	237 631	228 854	234 850
北京	2 735	2 622	2 140	1 857	1 556	1 480
天津	2 158	2 111	2 093	2 331	1 945	1 832
河北	13 383	13 420	13 450	13 025	12 311	12 420
山西	2 848	2 857	2 788	3 375	3 472	3 590
内蒙古	2 705	2 786	3 270	3 502	3 789	4 051
辽宁	11 484	10 739	11 933	12 334	13 189	13 567
吉林	4 546	3 214	3 880	4 057	3 731	3 660
黑龙江	6 113	5 829	5 555	3 455	3 457	3 450
上海	1 591	1 622	1 639	1 327	1 203	1 127
江苏	10 277	11 232	12 371	13 443	12 764	13 040
浙江	4 011	4 195	4 248	4 067	3 920	3 885
安徽	5 428	5 982	6 129	7 491	8 174	8 565
福建	8 160	8 825	8 563	8 221	7 994	7 991
江西	8 814	9 020	10 051	10 898	8 438	8 832
山东	22 881	25 872	29 390	35 682	37 789	38 440
河南	12 362	11 371	10 608	10 700	9 299	9 665
湖北	7 906	8 761	9 968	11 543	10 914	11 101

(续表)

名称	2015年	2016年	2017年	2018年	2019年	2020年
湖南	10 749	11 733	12 409	12 672	10 338	10 361
广东	25 730	28 248	29 511	31 880	29 238	30 760
广西	10 583	12 164	13 464	17 012	15 089	15 730
海南	2 255	2 425	2 604	2 907	2 862	2 952
重庆	2 072	2 310	2 783	3 195	3 073	3 089
四川	9 755	10 701	11 053	10 856	10 367	10 655
贵州	989	1 234	1 557	1 856	2 277	2 540
云南	3 286	3 662	4 120	3 794	4 578	4 845
西藏						
陕西	4 270	3 012	2 615	2 546	2 686	2 688
甘肃	873	927	923	951	1 201	1 234
青海	127	112	86	87	82	83
宁夏	260	282	488	587	724	764
新疆	1 720	1 908	1 931	1 981	2 395	2 454

数据来源：饲用谷物市场供需状况报告，第230期、251期。

五、中国饲料企业情况

根据全国畜牧总站公布的《2019年全国饲料工业发展概况》，2019年，我国10万吨以上规模饲料生产厂621家，比上年减少35家；饲料产量10 659.7万吨，同比增长3.7%，在全国饲料总产量中的占比为46.6%，较上年增长3.3个百分点。我国有7家生产厂年产量超过50万吨，比上年减少1家，单厂最大产量110.7万吨。年产百万吨以上规模饲料企业集团31家，在全国饲料总产量中的占比为50.5%，其中，有3家企业集团年产量超过1 000万吨。其中，猪饲料生产厂数量5 432家，比上年减少238家；家禽饲料生产厂数量4 848家，比上年增加313家；反刍和宠物饲料生产厂也分别比上年增加68家和38家。全国散装饲料总量4 414.3万吨，同比增长5.4%；在饲料总产量中的占比为19.3%，比上年提高1.7个百分点。

2020年，《中国饲料工业协会先进集体和先进工作者评选结果公示公告》中评选了2020年全国十大领军饲料企业和2020年全国三十强饲料企业。全国十大领军饲料企业2019年生产的饲料为9 942万吨，占我国饲料总产量的43.2%（图127）。

（一）中国十大领军饲料企业（排名不分先后）

◎新希望集团（New hope Group）

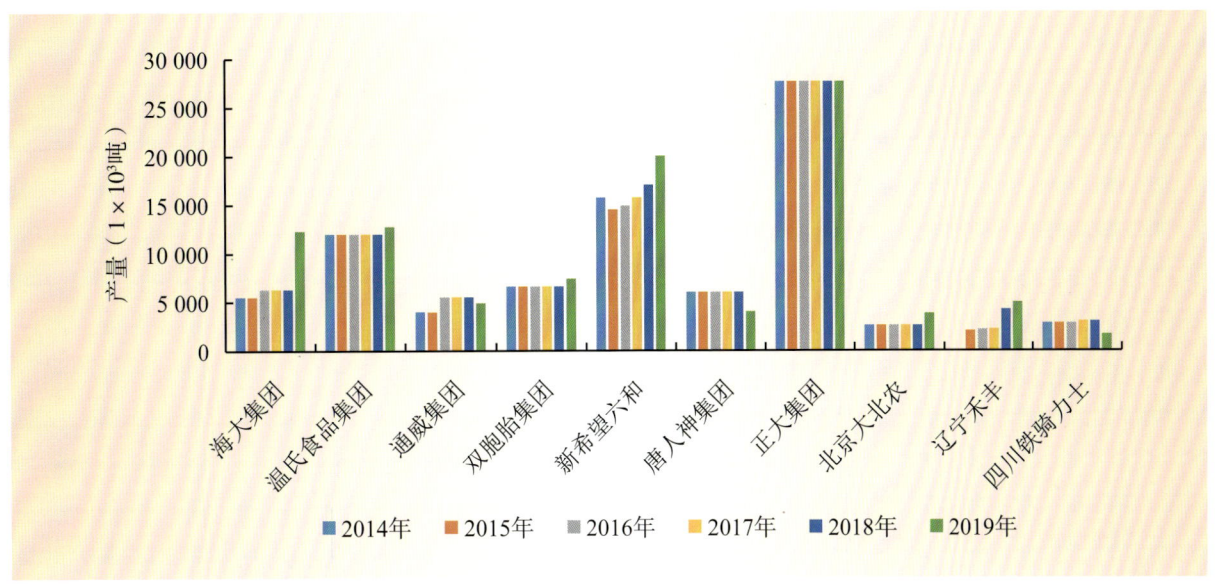

图127　2014—2019年全国十大领军饲料企业饲料产量

（数据来源：Feed Strategy）

◎温氏食品集团（Wen's Food Group）

◎海大集团（Haid Group）

◎双胞胎集团（Shuangbaotai Group，Twins Group）

◎正大集团（CP Group）

◎通威集团（Tongwei Group）

◎唐人神集团（Tangrenshen Group，TRS）

◎大北农集团（Dabeinong Group，DBN）

◎禾丰牧业（Wellhope）

◎铁骑力士集团（Tieqilishi Group，TQLS）

（二）2020年中国三十强饲料企业（排名不分先后）

◎广东恒兴饲料实业股份有限公司

◎中粮饲料有限公司

◎北京大伟嘉生物技术股份有限公司

◎中牧实业股份有限公司

◎四川特驱投资集团股份有限公司

◎广东粤海饲料集团股份有限公司

◎湖南九鼎科技（集团）有限公司

◎福建傲农生物科技集团股份有限公司

◎正邦集团有限公司

◎江苏正昌集团有限公司
◎安佑生物科技集团股份有限公司
◎谷实生物集团股份有限公司
◎播恩集团股份有限公司
◎湖南正虹科技发展股份有限公司
◎广西扬翔股份有限公司
◎桂林力源粮油食品集团有限公司
◎正大康地集团
◎布勒（常州）机械有限公司
◎山东和美集团有限公司
◎新疆泰昆集团股份有限公司
◎山东天普阳光生物科技有限公司
◎潍坊中基饲料有限公司
◎山东亚太中慧集团有限公司
◎福建天马科技集团股份有限公司
◎山东和美华集团有限公司
◎江苏丰尚智能科技有限公司
◎山东布恩饲料集团有限公司
◎山西锦绣大象农牧股份有限公司
◎四川省旺达饲料有限公司
◎深圳市金新农科技股份有限公司

本部分主要完成人：屠焰，薛树媛

第十三章
中国玉米加工产业情况

一、中国玉米加工产业概况

玉米作为我国第一大粮食作物，是我国重要的粮食资源。2019 年，我国玉米总消费量为 2.8 亿吨，主要用于饲料、食品、深加工三大领域（图 128）。我国玉米食品主要包括鲜食玉米和玉米主食两大系列，形成了百余个产品，深加工产品则主要包括淀粉、淀粉糖、酒精、氨基酸和有机酸等多种产品。

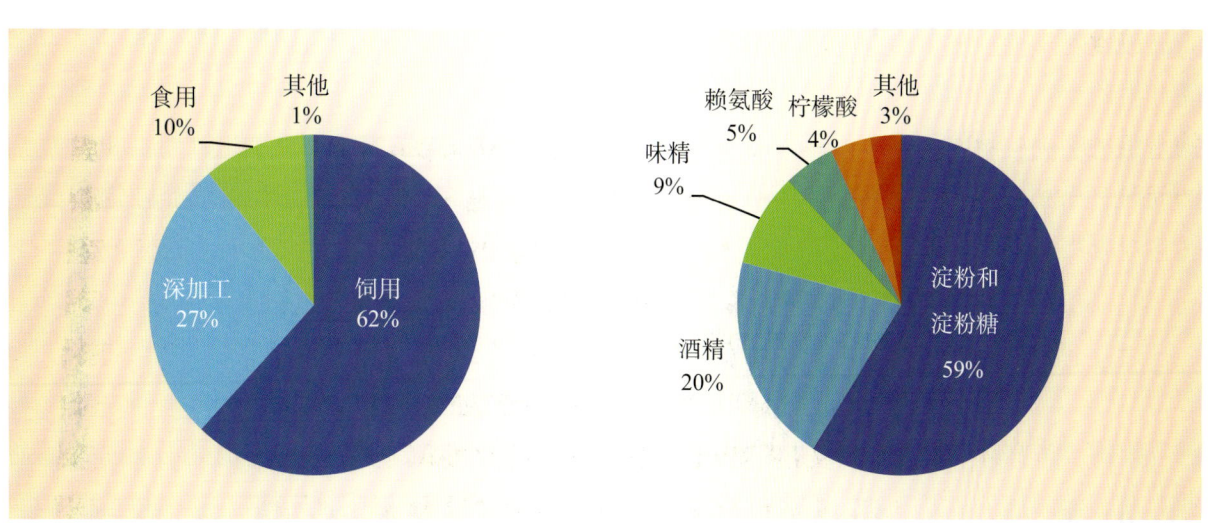

图 128 中国玉米总消费以及深加工消费占比

（数据来源：国家粮食和物资储备局）

二、中国玉米食品加工情况

玉米具有较高的营养价值和保健作用。长久以来，广大消费者对于玉米的食用方法依然局限于简单鲜食或粗加工玉米主食。随着食品加工技术的创新，玉米加工食品逐渐呈现精细化和多样化，出现玉米重组米、玉米即食面等新型玉米主食。

（一）鲜食玉米

我国鲜食玉米品种南北差异明显，以广西壮族自治区、广东省为代表的南方地区主要种植甜玉米，种植面积占全国80%以上，而北方地区主要为糯玉米，种植面积占全国55%以上。截止到2019年，中国鲜食玉米总种植面积已超过2 200万亩，国审品种超过56个，市场消费量达570亿穗，成为继玉米饲料和玉米深加工之后又一新兴的玉米产业。

目前，甜玉米主要以玉米穗、甜玉米粒、甜玉米罐头、鲜食玉米沙拉等形式在市场上销售，其中真空包装的整穗加工约占60%，速冻切粒包装形式占15%。糯玉米每年产量约200亿穗，其中20%不经加工直接鲜穗消费，30%直接速冻贮藏用于反季节消费，其余约50%的糯玉米采用蒸煮后真空包装形式。全国鲜食玉米生产加工企业已发展到1 800余家，其中大中型企业占15%，主要包括广东宏安食品有限公司、甘肃黄羊河集团食品有限公司、河北德力食品有限公司、吉林省农嫂食品有限公司、黑龙江原野食品有限公司等。

（二）玉米主食

玉米籽粒经粉碎制成粉可加工成为玉米饼、玉米糁和玉米面条等传统主食。此外，还是新型玉米主食品和玉米休闲食品的主要原料，现市场上已经有的产品有玉米重组米、玉米挂面、高筋改性玉米粉、玉米馒头、玉米饺子、玉米脆片等。玉米加工专用粉的研制是目前玉米主食品开发的重点。吉林农业大学、中国农业科学院农产品加工研究所等采用玉米粉生物改性、质构重组场辅助生物修饰、多级变温挤出和玉米粉老化控制关键技术，解决了玉米粉加工特性差的问题，开发了系列玉米主食专用粉，并在长春中之杰食品有限公司等中型食品企业进行成果转化与应用。

三、中国玉米深加工情况

我国玉米深加工企业规模不断扩大，拥有玉米综合加工能力亚洲第一、世界第三的大型企业。在玉米深加工研发方面，节能、减排等技术已在发展中国家处于领先地位。预计到2020年年底，全国深加工企业玉米年消耗量将接近7 000万吨。

我国的玉米深加工企业主要分布在玉米主产区，即东北三省和华北黄淮等地区。从各省玉米深加工企业的玉米实际加工量所占比例来看，山东和河北所占比例最高，合计占全国的45%左右（图129）。

我国玉米深加工产品多达几百余种，主要产品类型有玉米淀粉及淀粉糖、氨基酸、有机酸、和玉米酒精等几大类。

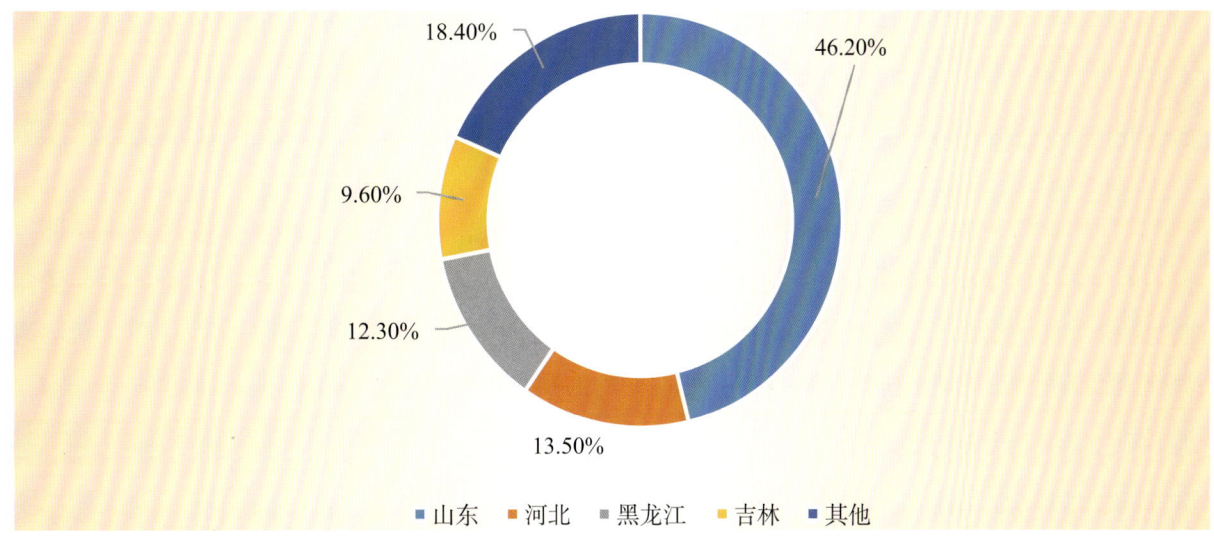

图129 国内玉米淀粉企业产能区域分布

（数据来源：中国淀粉工业协会）

（一）玉米淀粉

玉米淀粉的加工主要有干法和湿法两种，玉米淀粉生产企业多数采用的是湿法加工。2019年，玉米淀粉年产量超过100万吨的企业集团有9家，产量累计占比超过50%。其中，诸城兴贸是最大的玉米的淀粉生产企业，产量达到411万吨，市场占有率13.3%。此外还有中粮生化总公司、黑龙江金象和长春大成集团有限公司等（图130）。

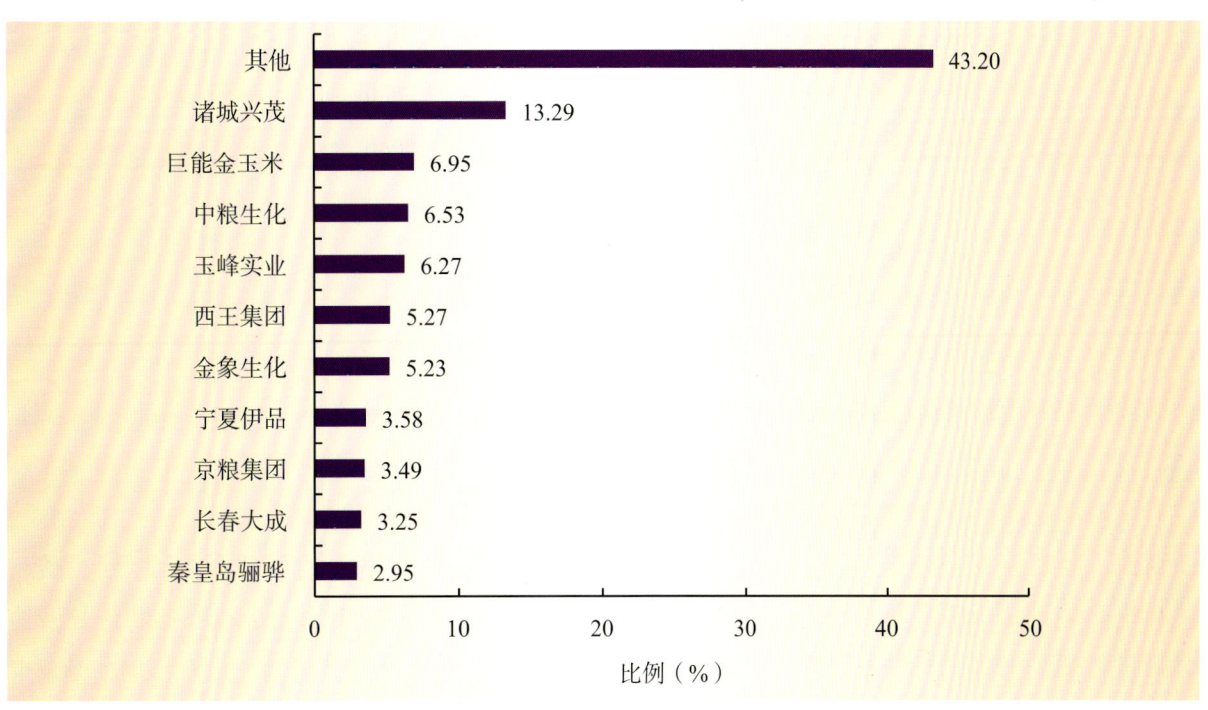

图130 2019年前十玉米淀粉企业市场占有率

（数据来源：中国淀粉工业协会）

（二）变性淀粉

近年来，我国变性淀粉的消费需求整体呈增长趋势，近7年的复合增长率约3%。从产区来看，我国变性淀粉生产主要集中在山东、广西、浙江、广东、江苏和江西，这6个省份变性淀粉产量占总产量的85%以上。根据中国淀粉工业协会统计数据（图131），2019年变性淀粉产量为175.78万吨，比2018年增加9.91万吨，同比增长5.98%，其中产量10万吨以上的品种有复合变性淀粉、氧化淀粉、阳离子淀粉、醋酸酯淀粉、磷酸酯淀粉和预糊化淀粉，这六种产品产量约占变性淀粉总产量的75.79%（图132）。变性淀粉的主要生产企业见表29。

表29 2019年变性淀粉生产企业产量排名

排名	企业名称	产量（吨）	占比（%）
1	广西农垦明阳生化集团股份有限公司	196 000	11.15
2	杭州纸友科技有限公司	191 500	10.89
3	诸城兴贸玉米开发有限公司	170 600	9.71
4	山东熙来淀粉有限公司	162 000	9.22
5	山东寿光巨能金玉米开发有限公司	99 367	5.65
6	山东福洋科技股份有限公司	98 000	5.58
7	广西高源淀粉有限公司	60 000	3.41
8	潍坊森瑞特生物科技有限公司	55 300	3.15
9	罗盖特（中国）营养食品有限公司	55 000	3.13
10	广东汇美淀粉科技有限公司	54 060	3.08
其他		616 015	35.04
总计		1 757 842	100

数据来源：中国淀粉工业协会。

（三）糊精

淀粉在受到加热、酸或淀粉酶作用下发生分解和水解时，首先转化成为小分子的中间物质，即糊精，主要分为干糊精、麦芽糊精、环糊精三种。麦芽糊精生产方式有三种，包括酸法、酸酶法和全酶法，其中酸法产品生产过程较为困难。由于在各领域的应用量较小，麦芽糊精的整体需求量较低，中国淀粉工业协会数据显示2017年中国麦芽糊精厂家数量为13家，2018年减少至11家，主要有西王集团有限公司，诸城东晓生物科技有限公司，沂水大地玉米开发有限公司，秦皇岛骊骅淀粉股份有限公司、孟州市金玉米有限责任公司，嘉吉生化有限公司等企业。

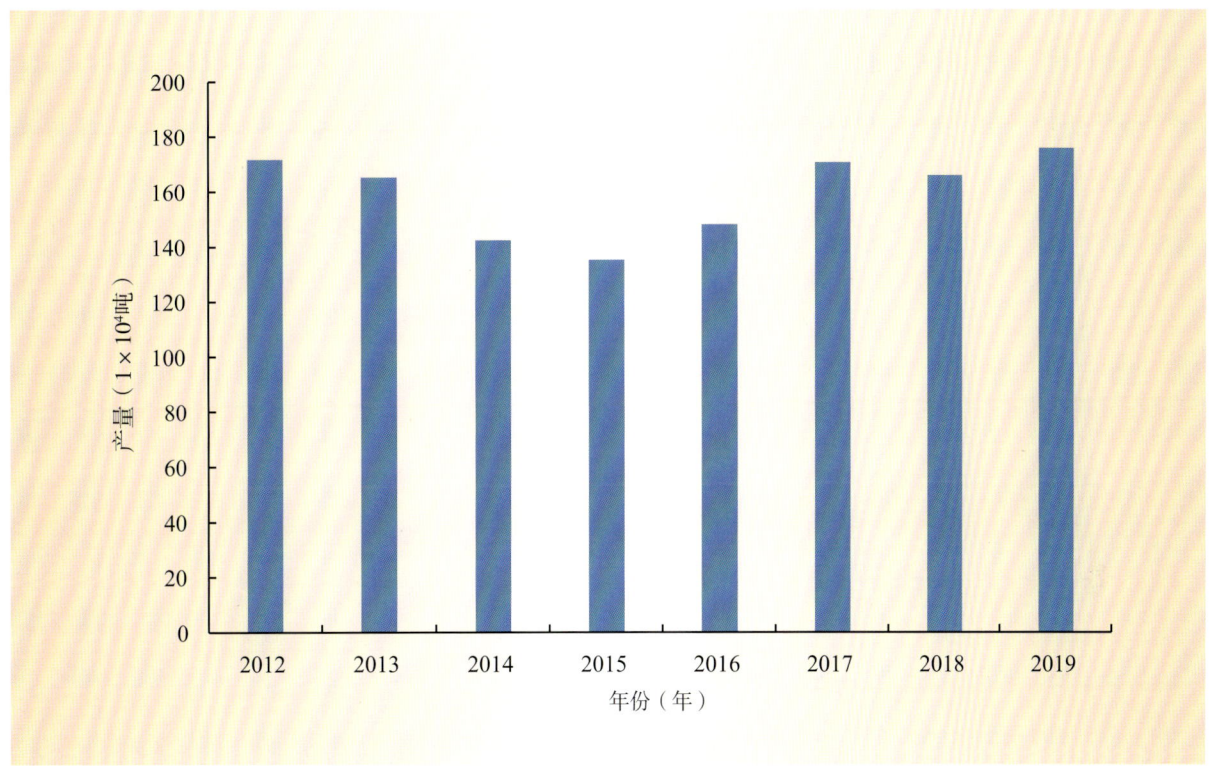

图131　2012—2019年中国变性淀粉产量

（数据来源：中国淀粉工业协会）

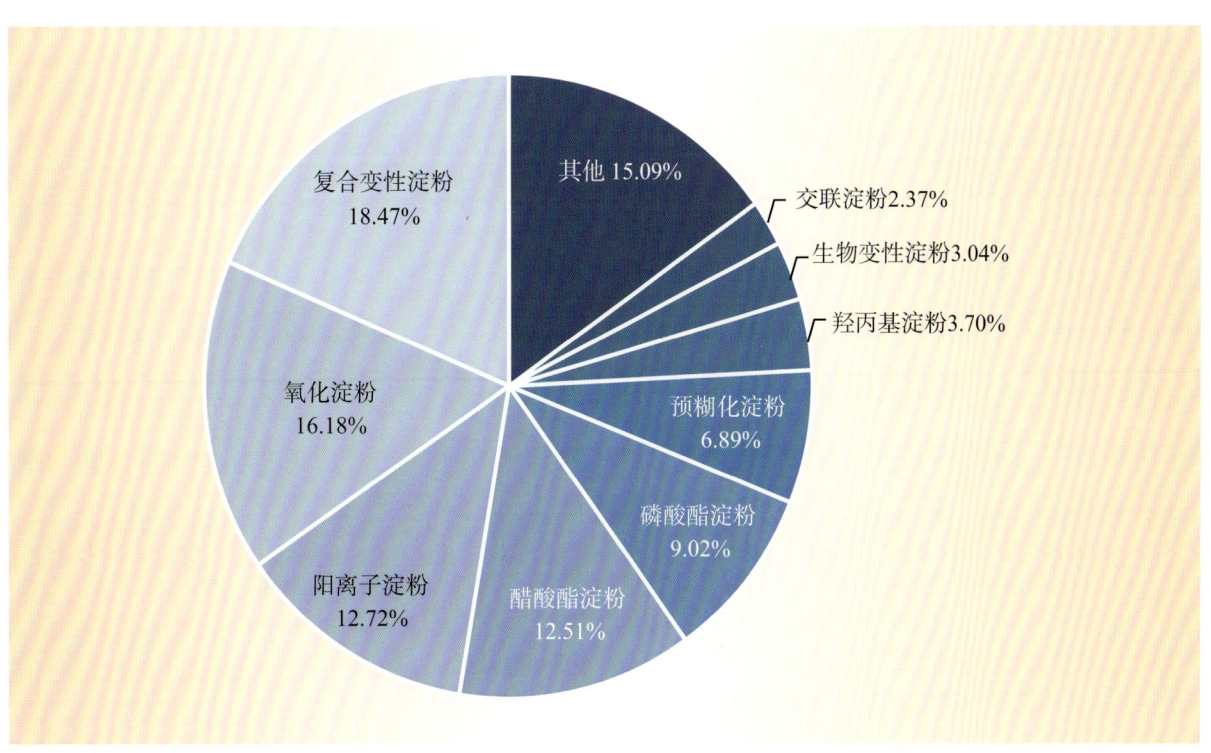

图132　中国变性淀粉产量分布

（数据来源：中国淀粉工业协会）

（四）淀粉糖

通过酸法、酸酶法和双酶法可将玉米淀粉降解为淀粉糖系列产品。我国淀粉糖产品种类丰富，液体糖以果葡糖浆、麦芽糖浆和葡萄糖浆为主，固体糖以结晶葡萄糖、麦芽糊精为主（图133）。据协会报表企业统计，2019年，淀粉糖总产量1 435万吨，比上年增长5.97%（图134）。其中，液体淀粉糖产量985万吨，比上年增长3.9%；固体淀粉糖产量451万吨，比上年

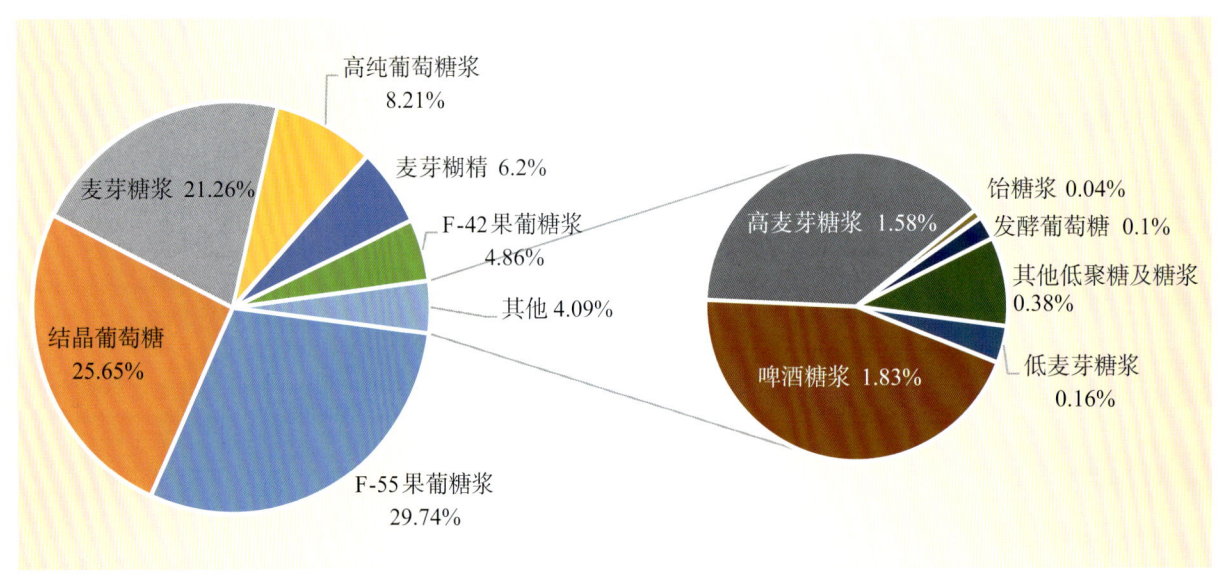

图133　2019年淀粉糖各品种所占比重

（注：液体淀粉糖包括果葡糖浆、麦芽糖浆、高纯葡萄糖浆、高麦芽糖浆、啤酒糖浆、低聚异麦芽糖、发酵葡萄糖、饴糖浆；固体淀粉糖包括结晶葡萄糖、麦芽糊精、结晶果糖。数据来源于中国淀粉工业协会）

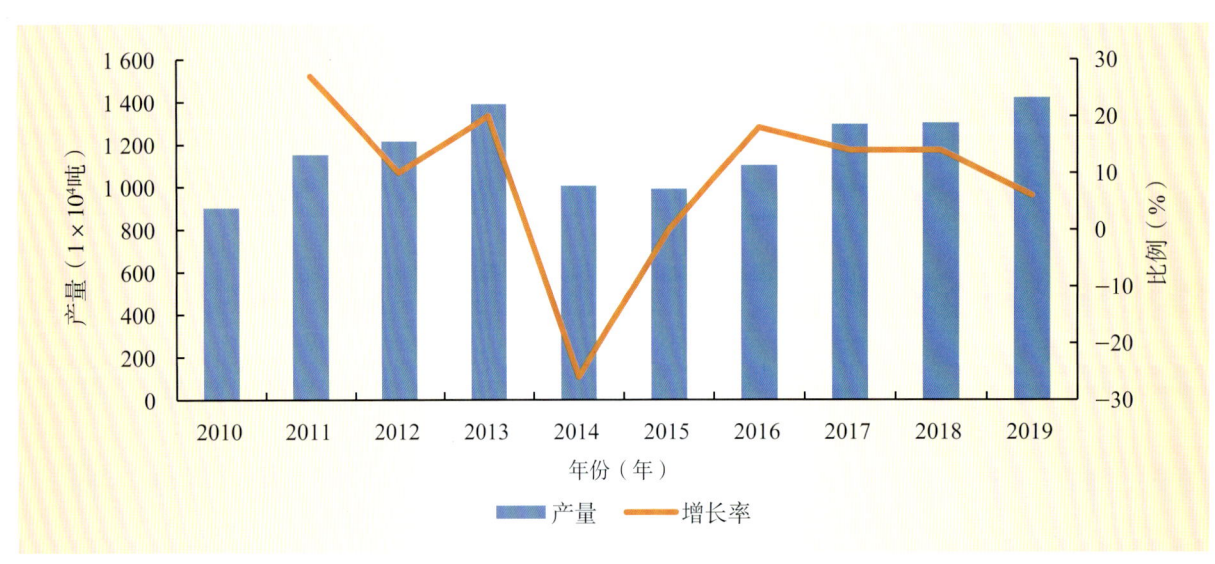

图134　2010—2019年中国淀粉糖产量变化

（数据来源：中国淀粉工业协会）

增长10.8%（图135）。从地区情况看，淀粉糖生产主要集中在原料产区。山东省、广东省、河北省和吉林省的产量超过百万吨，位居前四位。淀粉糖代表性生产企业有广州双桥、西王糖业、诸城兴贸、中粮生物科技和嘉吉投资等（表30）。

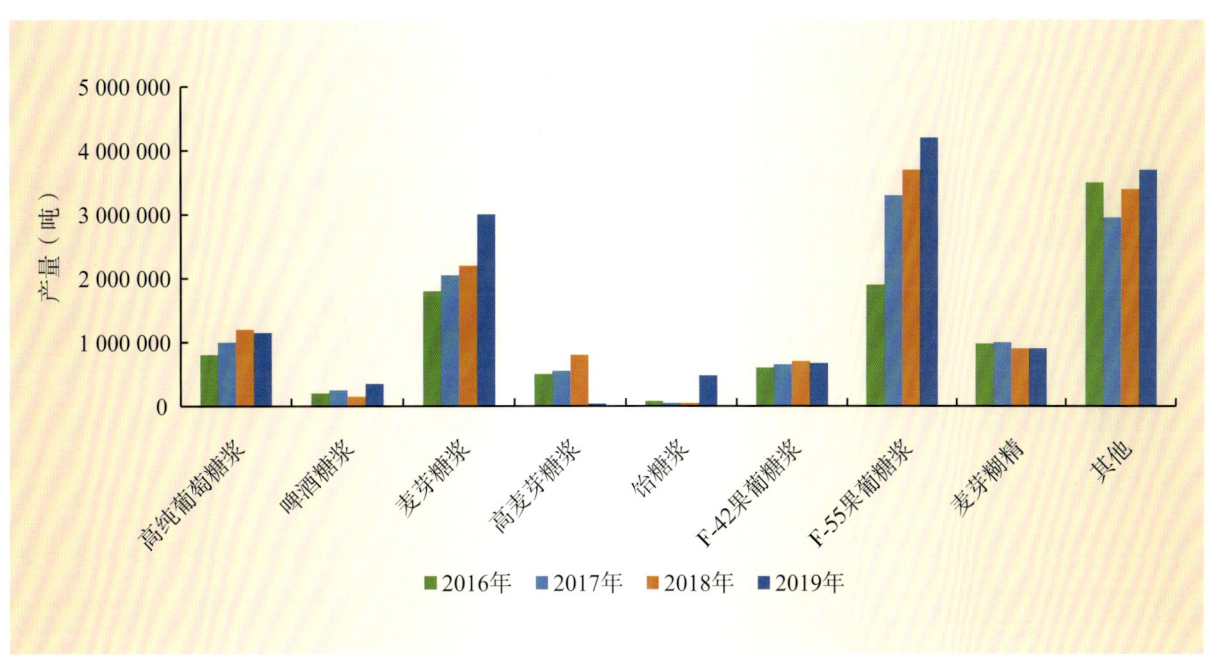

图135　2016—2019年淀粉糖各品种产量年度变化

（数据来源：中国淀粉工业协会）

表30　2019年淀粉糖总产量前十强生产企业

单位	地区	淀粉糖产量（吨）	市场占有率（%）
广州双桥股份有限公司	广东省	1 279 900	8.92
山东西王糖业有限公司	山东省	1 242 831	8.66
诸城兴贸玉米开发有限公司	山东省	1 086 143	7.57
中粮生物科技股份有限公司	北京市	1 083 774	7.55
嘉吉投资（中国）有限公司	上海市	821 000	5.72
山东鲁州食品集团有限公司	山东省	770 148	5.37
肇庆焕发生物科技有限公司	广东省	648 768	4.52
阜丰集团	山东省	620 000	4.32
玉锋实业集团有限公司	河北省	613 279	4.27
山东中谷淀粉糖有限公司	山东省	517 039	3.60
合计		8 682 882	60.49

数据来源：中国淀粉工业协会。

(五）糖醇（功能性糖）

糖醇的应用领域非常广泛，主要应用于食品、药品、日化产品及其他化工原料。近年来，作为无糖食品配料及医疗配料的需求日益增长。大多数糖醇的传统制备方法是在高温高压条件下以镍做催化剂对糖进行加氢反应得到的，其生产速度快，易于大规模生产，但反应条件苛刻，副反应多，污染大。近年来出现了用生物合成糖醇的方法，主要包括酶法和微生物法。这两种方法安全、环境友好且产物特异性高，但目前生产能力还较低，生产成本也较高。根据中国淀粉工业协会数据，2019年全国糖醇总产量为126.02万吨，比上年增长12.35%（图136）。山东天力药业有限公司、肇庆焕发生物科技有限公司是我国玉米糖醇的代表性企业，产量占据全国总产量的一半。

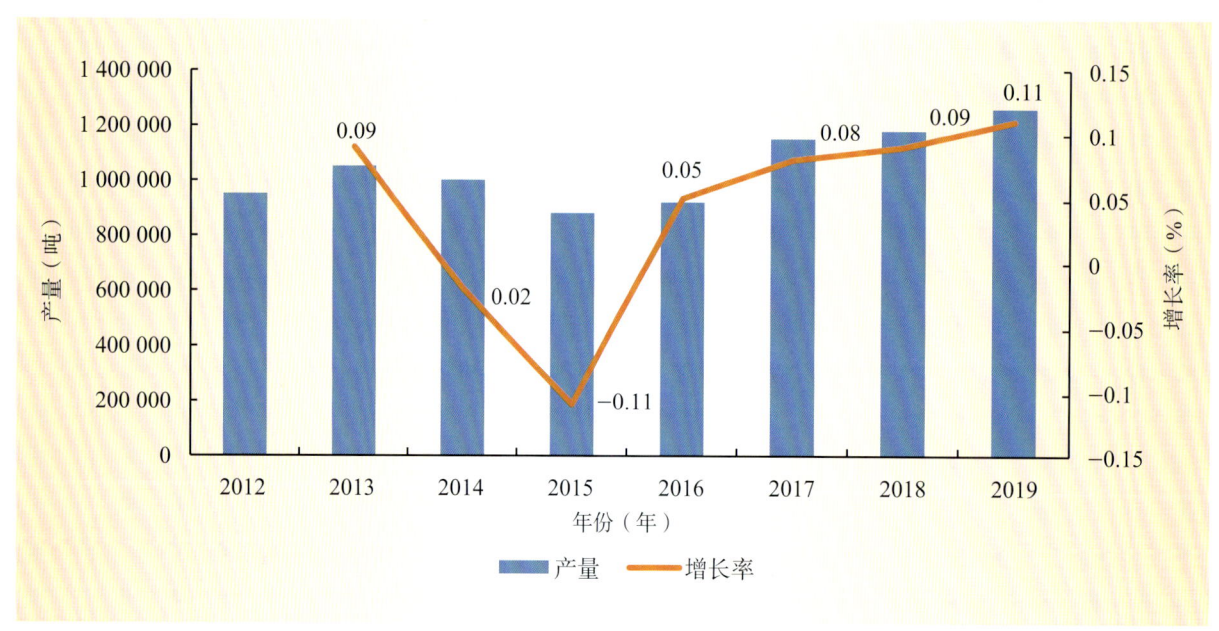

图136　2012—2019年中国糖醇产量变化

（数据来源：中国淀粉工业协会）

（六）酒精及燃料乙醇

燃料乙醇是玉米深加工最主要的代表性产品。目前，我国玉米酒精产能可达到800多万吨，2019年实际产量300多万吨，其中50%用于工业乙醇，10%左右用于汽车燃料。近几年，新技术的开发应用增强了玉米燃料乙醇产业的盈利能力。如在乙醇干法工艺中引入湿法研磨工序，提高出酒率与提油率。玉米酒精和燃料乙醇的代表性企业包括中粮生化能源（肇东）有限公司、河南天冠企业集团有限公司、中兴能源（内蒙古）有限公司和吉林燃料乙醇有限责任公司等。表31为近年我国主要定点燃料乙醇企业的产量情况。

表 31　2015—2019 年中国主要燃料乙醇生产企业产量统计　　　　单位：万吨

企业	产能	2015 年	2016 年	2017 年	2018 年	2019 年 *
中粮生化能源（肇东）有限公司	30	29	31	31	32	32
吉林燃料乙醇公司	60	62.5	65	62	58	56
中粮生物化学（安徽）股份有限公司	60	58	56	66	55	58
河南天冠股份有限公司	70	73	32	35	28	20
广西中粮生物质能源有限公司	20	8.5	13	13	13.5	14
山东龙力生物科技有限公司	5	3	3	1	0.5	0
中兴能源（内蒙古）有限公司	10	1	0	0	0	0
国投广东生物能源有限公司	15	—	—	—	8	14
吉林辽源市巨峰生化科技有限责任公司	25	—	—	—	5	20
江苏联海生物科技有限公司	30	—	—	—	5	5
国投生物能源（铁岭）有限公司	30	—	—	—	—	18
国投生物吉林有限公司	50	—	—	—	—	20
黑龙江万里润达生物科技有限公司	30	—	—	—	—	5
黑龙江宏展集团	60	—	—	—	—	20
合计	495	235	202	208	205	282

数据来源：国家能源生物液体燃料研发中心。* 为 2019 年预测数据。

（七）赖氨酸产业发展情况

中国赖氨酸菌种研发起步于 20 世纪 60 年代，2000 年开始产能迅猛扩张，据统计，2018 年中国赖氨酸产能达 267 万吨，同比增长了 5.1%，赖氨酸产量达 170.8 万吨，同比增长了 18.9%（图 137）。发酵法是工业生产赖氨酸最重要的方法。但目前实现工业化的只有糖蜜、淀粉和醋酸

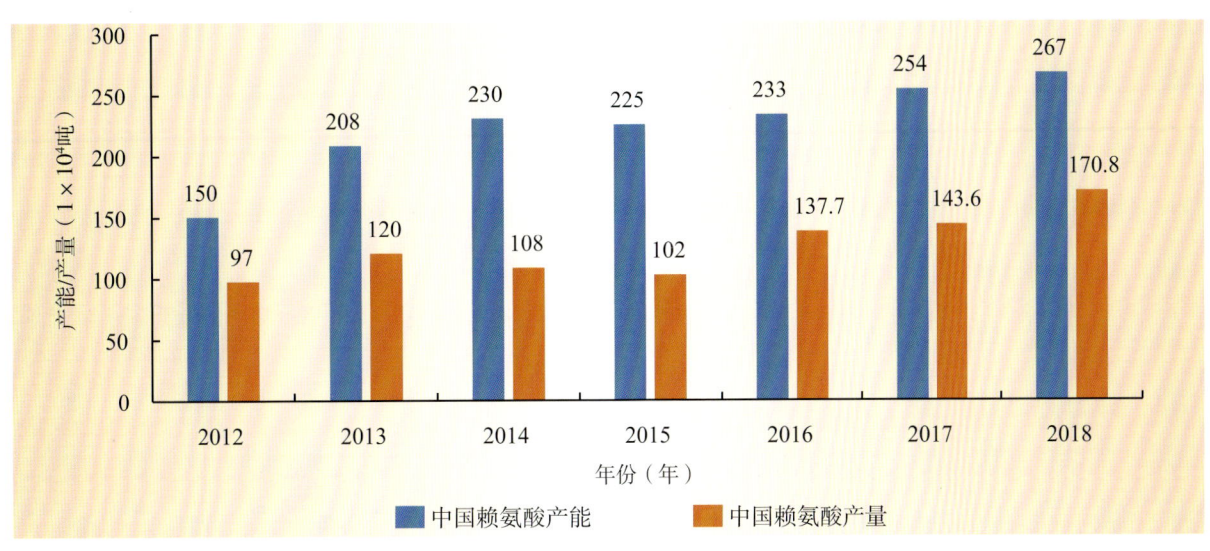

图 137　2012—2018 年中国赖氨酸产能与产量

3种。长春大成集团是我国赖氨酸生产的主要企业，2018年产量已达到50万吨。

（八）玉米油

玉米油是利用玉米淀粉生产分离得到的玉米胚芽，采用低温压榨和溶剂浸出的方法制备获得。从未来发展来看，玉米油制备要引入水酶法生物炼制，能够提高油品质，同时使胚芽蛋白作为优质的食用蛋白，用于食品工业重要配料。玉米油的销量呈现逐年增长的趋势，代表性企业主要有山东三星玉米产业科技有限公司、西王集团有限公司、益海嘉里投资有限公司、中粮集团有限公司等。其中，西王集团、三星集团的产能最大，分别达到了年产180万吨和50万吨。

本部分主要完成人：刘景圣

第十四章
中国玉米产业政策

农业是我国的立国之本，作为农业生产中的主要农作物，玉米种植产业规模不断扩大，为国民经济持续增长作出了重要的贡献，保障玉米生产和有效供给对我国粮食安全和畜禽生产具有重要意义，为此，国家出台了一系列农业产业政策。本节将重点对我国玉米生产支持政策、玉米深加工政策、玉米流通及贸易政策的发展现状进行系统梳理，探寻未来政策改革的方向。

一、生产支持政策

玉米的生产支持政策通常涉及种植、收储等环节，通过补贴、收购等手段来实现稳定价格、调整产量、保护农民生产积极性的目的，我国在不同的阶段，根据国内外市场环境进行了多次政策改革，先后出台了玉米临时收购政策、目标价格政策和生产者补贴政策等，以下将对中国玉米生产支持政策的演变及现状进行梳理。

（一）临时收储计划

2004 年，我国粮食市场化流通格局初步形成后，国家先后出台小麦、稻谷最低收购价格政策和玉米、大豆等品种的临时收储政策。2007 年以前我国玉米种植户普遍增产，在国内玉米供需矛盾突出、价格下行压力加大、农民增产不增收等背景下，为缓解供需矛盾、稳定玉米价格、保护种植户利益，2008 年正式开始实施玉米临时收储政策，主要有分批收储、支持价格等实现方式。

一是采用分批收储形式，平衡市场供给。2008 年 10 月至 2009 年 4 月，国家在东北（玉米主产区之一）实行了玉米分批收储政策。在短短半年之内，收储次数高达 4 次，总量高达 4 000 万吨，约占东北地区玉米总产量的 50%，一定程度上缓解了价格跌势。二是出台价格支持政策，确保农民增收。2008 年，我国在内蒙古、辽宁、吉林、黑龙江等省份出台了每千克分别为 1.52 元、1.52 元、1.5 元、1.48 元的玉米支持价格，支持价格均高于各省玉米市场均衡价格，确保了收储政策的顺利开展，保护了玉米种植户的收益，稳定了玉米种植积极性。

2008—2014 年，临时收储价格不断攀升，逐年提升的玉米临储价格，使玉米国内市场价格与进口完税价格差距逐渐减少。2010 年，我国从主要的玉米出口国转变为玉米进口国。2015 年，玉米当年收储数量达到12 543万吨，较2008年玉米收储量增加了2.52倍。这一阶段，我国玉米产量、库存量、进口量三量齐增，国内玉米库存数量直线增长，国储压力加剧，年供给量过剩，比价关系扭曲，国内外价差倒挂且逐年扩大，下游产业萎缩，临储玉米库存最高量级达2.38亿吨。

（二）生产者补贴政策

2016年6月，"按照市场定价、价补分离的原则"，财政部印发《关于建立玉米生产者补贴制度的实施意见》，并且正式取消在辽宁、吉林、黑龙江和内蒙古自治区的玉米临时收储政策，改为对玉米生产者的补贴政策，该政策与2014年的目标价格补贴政策思路基本相同，即玉米上市后，价格随行就市，政府不对玉米市场价格进行直接干预，但为了弥补玉米价格下跌给农民带来的损失，政府向玉米生产者提供补贴。生产者补贴资金由中央财政统一拨付，在黑龙江、吉林、辽宁和内蒙古4个地区实施。原则上，玉米生产者补贴仅在玉米优势种植区域开展，非优势种植区不享有该项补贴。

（三）粮改饲政策

2015年，国家启动实施"粮改饲"试点工作，中央财政投入资金3亿元，在河北、山西、内蒙古、辽宁、吉林、黑龙江、陕西、甘肃、宁夏和青海10省（区）选择30个牛羊养殖基础好、玉米种植面积较大的县开展以全株青贮玉米收储为主的粮改饲试点工作。2016年和2017年中央一号文件提出继续推进和扩大"粮改饲"试点，补贴资金也分别增加到10亿元和20亿元。

从实地调研来看，各县"粮改饲"补贴主要以补贴饲草收储加工和消费，而不是直接补贴饲草种植者。实际操作中可以分为两种方式：一是依托一定数量的养殖大户、合作社等完成饲草加工任务，根据完成的任务量确定项目补贴金额，一般为20万～100万元。补贴对象主要是规模较大的青贮饲草加工企业、使用饲草的养殖场或合作社。这种补贴方式的优点在于项目易于实施与监管，短期内推广饲草种植较快。但缺点在于只对青贮饲料加工和消费大户进行补贴，对小规模青贮和饲草加工及消费者不公平。二是不区分大户和小户，一律按照饲草加工和使用数量进行补贴，补贴标准一般为50～60元/吨。这种补贴方式的优点在于所有参与饲草青贮加工的主体均可享受补贴，带动范围较广。同时，由于参与主体较多，大幅增加了补贴核查和实施的难度。

虽然在"粮改饲"政策的支持下，我国苜蓿、青贮玉米等饲草面积明显增长，但饲草地占我国耕地面积的比例仅为3%左右。不仅显著低于欧美、澳大利亚等国家（地区），也显著低于日本（13.2%）、韩国（9.5%）等人均耕地资源稀缺国家。因此，在传统农耕区大力推行草田轮作，不仅有利于推进我国农业供给侧结构性改革，保障我国总体食物安全，同时，牧草种植能起到防沙固土、涵养水分、培肥地力、减少污染等作用，也有利于实现农业生产绿色和可持续发展。

（四）耕地轮作休耕政策

为有效应对农业供给侧结构性改革，农业农村部于2016年出台《探索实行耕地轮作休耕制度试点方案》，支撑范围主要为东北三省一区、长江流域以及黄淮海地区，推广"一主四辅"种植模式："一主"，实行玉米与大豆轮作，发挥大豆根瘤固氮养地作用，提高土壤肥力，增加优质食用大豆供给；"四辅"，实行玉米与马铃薯等薯类轮作，改变重迎茬，减轻土传病虫害，改善土壤物理和养分结构。实行籽粒玉米与青贮玉米、苜蓿、草木樨、黑麦草、饲用油菜等饲草作物轮作，以养带种、以种促养，满足草食畜牧业发展需要。实行玉米与谷子、高粱、燕麦、红小豆等耐旱耐瘠薄的杂粮杂豆轮作，减少灌溉用水，满足多元化消费需求。实行玉米与花生、向日葵、油用牡丹等油料作物轮作，增加食用植物油供给。

2018年，东北产区占全国玉米播种面积的比重为40.36%，玉米生产向优势产区集中趋势明显。2019年，已实施3年到期的东北地区轮作试点面积退出，我国重点支持长江流域水稻油菜、黄淮海地区玉米大豆轮作试点。随着该政策的实施，玉米区域布局将逐渐改变，轮作补贴在调整种植结构的同时，一定程度上将减少优势产区玉米的种植面积。

二、流通、贸易政策

随着中国粮食市场化发展的深入，玉米市场出现了供需失衡、价格波动等现象。为了稳定国内市场、保护种粮农民利益，进入新世纪以来，通过调整了一系列粮食流通和贸易政策，用价格手段对国内粮食市场进行宏观调控。但是，某种程度上，目前包括玉米流通和贸易的市场政策，也阻碍了粮食市场化发展，托高了粮食企业的经营成本，给调控体系带来潜在的经营风险。玉米流通和贸易政策在存储补贴、交易市场化等方面需进一步改革。

（一）深加工政策

根据玉米市场价格走势，国家实施了加工需求调节。当玉米价格上涨过快时，限制玉米深加工规模；在玉米价格出现下跌风险时，实施深加工补贴。2007年9月，国家对玉米深加工实行行业准入，严格控制盲目过快发展。其中，规定所有新建和改扩建玉米深加工项目，必须经国务院投资主管部门核准；将玉米深加工项目，列入限制类外商投资产业目录；玉米深加工业用粮规模占玉米消费总量的比例控制在26%以内。2008年下半年，玉米价格下跌，国家在启动临时收储的同时，从需求入手调控市场。为此，2009年8月，经国务院批准，对吉林、辽宁、黑龙江、内蒙三省一区内的玉米深加工企业进行补贴，补贴规模在10万吨以上的非饲料深加工企业，补贴标准为150元/吨。

在玉米价格恢复上涨之后，玉米深加工又出现过快发展的苗头，为控制这一趋势，国家在2011年4—6月又暂停了玉米深加工企业收购玉米增值税抵扣政策。2013年下半年以来，包括玉米在内的库容压力，对粮食市场调控政策构成了挑战，为了尽快消化库容，国家于2014年7月对东北玉米深加工企业竞购加工国家临时收储玉米实施补贴，中央财政补贴标准为100元/吨。随后2015年，国家发展和改革委员会发布的《关于玉米深加工项目管理有关事宜的通知》，政府继续提出"坚持减量淘汰或等量淘汰的原则，严格控制新增玉米加工量。

2016年，国家发布《外商投资指导目录》征求意见稿，取消外资进入玉米深加工行业的限制，自此，玉米深加工投资限制已经出现悄然放松的苗头。2017年4月17日，国家发展和改革委员会官方网站发布消息称，根据国务院印发的《企业投资项目核准和备案管理条例》，结合当前玉米市场供求形势以及玉米深加工行业发展情况，现决定废止2015年公布的《国家发展改革委办公厅关于玉米深加工项目管理有关事项的通知》。各地要加大对本地区玉米供求形势监测分析，加强玉米深加工项目建设事中事后监管，促进玉米供需平衡，保障国家粮食安全。

（二）生物燃料乙醇政策

2001年，为了解决大量"陈化粮"处理问题，调整能源结构，经国务院同意，启动了生物燃料乙醇试点。当时，我国面临着库存中存在着大量陈化粮的问题，而适度发展燃料乙醇能够有效去玉米库存、平衡玉米供需。燃料乙醇以1∶3的比例消耗玉米，能够充分带动粮食市场，在不影响粮食生产力的情况下，合理消化玉米存量。2002年，原国家经济贸易委员会等8部门联合印发《车用乙醇汽油使用试点方案》和《车用乙醇汽油使用试点工作实施细则》，提出在河南省、黑龙江省试点燃料乙醇封闭推广销售，自此，我国燃料乙醇的产业化之路拉开帷幕。2004年，车用乙醇汽油扩大试点，试点范围逐渐扩展至黑龙江、吉林、辽宁、河南、安徽等5省及湖北、山东、河北和江苏等4省的部分地区。

到2006年12月，当时的国家发改委等部门连续下发了《关于加强生物燃料乙醇项目建设管理促进产业健康发展》和《关于加强玉米加工项目建设管理的紧急通知》，2007年，出台《可再生能源中长期发展规划》等，要求立即暂停核准和备案玉米加工项目，并对在建和拟建项目进行全面清理。相关规定提到，暂停核准和备案玉米加工燃料乙醇项目，"十一五"期间项目继续实行核准制，其建设项目必须经国家投资主管部门、财政部门核准，停止粮食乙醇项目的审批，今后燃料乙醇的发展必须以不占用耕地、不消耗粮食和不破坏生态环境为前提。2017年，国家发展改革委员会、国家能源局、财政部等15部委联合印发的《关于扩大生物燃料乙醇生产和推广使用车用乙醇汽油的实施方案》，提出"到2020年，全国范围内将基本实现车用乙醇汽油全覆盖；到2025年，力争纤维素乙醇实现规模化生产"。

（三）关税及配额

2001年12月，中国正式加入WTO，国内深化贸易管理体制改革步入新的发展阶段，农产品贸易领域进一步削减关税水平、降低市场准入标准。中国农产品关税税率的平均水平从入世初期的20%左右，下降到2005年过渡期结束以后的15.2%，此后基本保持稳定，成为世界上农产品关税水平最低的国家之一。同时，我国对粮食进口实行进口配额关税管理，玉米作为粮食品种，进口受配额限制，中国对外贸易实行代理制，国营贸易企业成了进口代理商，进口主体通过投标获得配额。根据《农产品进口关税配额管理暂行办法》，玉米国营贸易配额须通过国营贸易企业进口，非国营贸易配额通过有贸易权的企业进口，有贸易权的最终用户也可以自行进口。配额的分配与再分配由国家发改委和商务部负责管理。

2004年至今，我国每年玉米进口配额为720万吨。国营贸易在进口配额中所占比重为60%；配额内关税为1%，最惠国关税为65%，配额外关税为180%（表32）。2019年，对美国进口玉米额外征收25%的关税。2020年2月，《关于开展对美加征关税商品市场化采购排除工作的公告》决定开展对美加征关税商品市场化采购排除工作，根据相关中国境内企业的申请，对符合条件、按市场化和商业化原则自美采购的进口商品，在一定期限内不再加征我国对美301措施反制关税。

表32 中国玉米的关税税率

类型	税率（%）
配额内关税	1
最惠国关税	65
配额外关税	180

数据来源：《2020年进口暂定税率等调整方案》。

（四）出口退税政策

中国积极利用国内和国际两个市场资源，通过出口退税等措施，调节玉米及加工品出口。为了应对世界性的粮食价格上涨，自2007年12月20日起，我国取消玉米等原粮及制粉的出口退税；自2008年1月1日起至12月31日止，对玉米原粮及制粉开征出口暂定关税；自2008年1月1日起，对玉米制粉实施临时出口配额许可证管理。

国际金融危机爆发后，中国面临严峻的外贸形势。2009年6月初，财政部、国家税务总局联合发布《关于进一步提高部分商品出口退税率的通知》，从2009年6月1日起，将玉米淀粉、酒精的出口退税率提高到5%。2010年6月下旬，财政部和国家税务总局联合公布了《关于取消部分商品出口退税的通知》，自2010年7月15日起，国家决定取消部分钢材、有色金属加工材等406个税则号商品的出口退税，其中包括玉米淀粉和酒精。但自2010年取消出口退税政策后，我国玉米淀粉出口量连年下滑，至2014年出口量仅5.6万吨，比2010年减少31万吨。2015年调整出口退税政策，自2015年1月1日起，国家调整部分玉米深加工产品的出口退税，退税率由0～9%均调整至13%。

三、种质资源保护及进出口政策

（一）中国种质资源保护政策

《中华人民共和国种子法》第九十二条规定，种质资源是指选育植物新品种的基础材料，包括各种植物的栽培种、野生种的繁殖材料以及利用上述繁殖材料人工创造的各种植物的遗传材料。我国已建立起了以《中华人民共和国种子法》为核心、《农作物种质资源管理办法》等为补充的完备的法律法规体系，已形成以国家作物种质长期库为核心、10 座中期库和 43 个种质圃为支撑、214 个原生境保护区为补充的作物种质资源保护体系。

2019 年，国务院办公厅发布了《关于加农业种质资源保护与利用的意见》（国办发〔2019〕56 号），将农业种质资源定位为保障国家粮食安全与重要农产品供给的战略性资源、农业科技原始创新与现代种业发展的物质基础。同年，农业农村部发布《农作物种质资源保护与利用三年行动方案》，明确提出推动加入《粮食与农业植物遗传资源国际条约》，营造种质资源国际合作与交流良好环境；到 2021 年，全面完成国家作物种质长期库新库建设，打造"一带一路"国际化资源保护中心，满足我国未来 50 年种质资源保存的战略需求。

（二）种质资源共享利用情况

截至 2019 年年底，我国作物种质资源长期保存总量达到 517 299 份，保存总量稳居世界第二位，有效增加了我国战略资源储备。2019 年，向全国有关科研院所、高等院校和企业共 37 家单位提供玉米种质资源共享服务 1 083 份；进行资源鉴定和展示 100 多份，推动了不同生态区育种单位新品种选育，促进了我国玉米基础研究，产生了较好的社会效益。2019 年，在北京市顺义区开展了玉米种质资源现场展示交流活动，来自全国各地科研、教学及企业等 60 余代表参加鉴定与交流。

（三）种质资源进出口政策

目前，我国农作物种子进口审批主要依据《中华人民共和国种子法》《农业转基因生物安全管理条例》《农作物种子生产经营许可管理办法》《进出口农作物种子（苗）管理暂行办法》等。我国向境外提供或与境外机构（个人）合作利用种质资源审批依据《中华人民共和国种子法》《中华人民共和国行政许可法》《农作物种质资源管理办法》等。《中华人民共和国种子法》（第五十六条与第五十八条）与《进出口农作物种子（苗）管理暂行办法》（第三条）明确规定：大田种子进出口应出具生产经营许可证；试验用种和种质资源不需生产经营许可证；个人不得从事种子进出口业务、不得向外提供种质资源；主管部门及其工作人员不得从事相关业务等。

2016 年财政部、海关总署、国家税务总局联合印发的《关于"十三五"期间进口种子种源税收政策管理办法的通知》（财关税〔2016〕64 号），对免税政策目标、免税品种范围、免税申请条件等进行了要求。2017 年，农业农村部印发了《"十三五"期间进口种子种源税收政策实施办法》，对免税申请确认程序、免税标准确认原则等作出了规定和要求。目前，玉米种质资源出口及对外合作利用，评审依据主要为 2003 年制定的对外提供作物种质类原则和一类名录。

本部分主要完成人：仇焕广

第三篇

近期中国玉米种业及产业发展展望与建议
（2021—2025 年）

CHAPTER 3
PROSPECTS AND SUGGESTIONS FOR THE DEVELOPMENT OF CHINA'S CORN SECTOR (2021–2025)

第十五章
中国玉米产业发展存在问题

一、玉米生产领域

(一) 玉米生产稳定性差,年际间产量波动大

玉米是我国粮食增产的重要作物,也是导致粮食产量波动的主要原因。我国玉米生产主要集中在中低产田,受干旱影响较大,导致单产下降。2018年,东北干旱导致玉米单产下降4.17%。此外,病虫害频发,玉米螟虫近年来平均发生面积为2.8亿亩,2019年,跨境迁飞性害虫草地贪夜蛾首次入侵我国,从云南开始逐步向北扩散蔓延,25个省份发现主要为害玉米的草地贪夜蛾,其扩散速度快、影响范围大。玉米大斑病近年来平均发生面积为6 750万亩,发生比较普遍,局部为害重,茎腐病、穗腐病也日益成为主要病害。

(二) 玉米生产高度分散,经营规模过小

2013年中央一号文件提出发展新型农业经营主体以来,各类新型经营主体取得飞速发展,我国玉米生产规模化经营面积呈现上升趋势。国家统计局数据显示,到2018年,全国家庭承包耕地流转面积超过5.3亿亩,但30亩以下的农业经营户仍然占94%以上。我国玉米生产明显缺乏规模效应,高度分散的小农经营组织方式不利于玉米单产水平提高,影响我国农业生产水平提升。

(三) 玉米规模化、机械化生产水平低

我国玉米区域生态和生产条件差异很大,造成规模化、生产机械化程度不高。2019年,玉米生产全程机械化发展报告显示,截至2018年,全国玉米耕、种、收及综合机械化率分别达到97.33%、88.73%、75.85%和88.31%。2019年,玉米机耕率达97.8%左右,机播率超过90%,机收率超过80%,综合机械化率预计超过90%。机收以果穗收获为主,后续脱粒和晾晒用工成

本仍然较高，籽粒直收仅占5%～6%，主要集中于黑龙江农垦系统，而美国等发达国家已实现籽粒直接收获。由于长期使用小机械浅耕浅松，限制了土壤潜力的发挥，耕地黑土层变薄、变浅等问题凸显。

（四）玉米生产成本高、竞争力不强

中美都是世界玉米生产大国，但由于经济发展水平、农业生产规模、农业生产方式、科技投入和保障手段等不同，我国与美国玉米生产发展形成了较大差距。美国玉米生产成本优势和竞争力明显，虽然我国玉米单产不断增加，但生产成本增长更快。2015年，成本利润率自2000年以来首次出现负值，2017年，我国玉米单位产量成本为2.04元/kg，比美国高出1.08元/kg，是美国的2.1倍。美国良种方面投入约是我国2倍，转基因玉米占比90%，肥料利用率也高于我国。

二、玉米种业领域

（一）技术创新能力仍需提高

我国玉米原创性技术仍然较少，目前，我国自有自主知识产权和重大应用价值的关键基因缺乏，重要性状形成的遗传基础与调控网络、复杂性状间遗传关系和多环境应答机制等研究不系统，导致玉米育种理论和方法创新滞后，尚未形成有重要指导意义的理论技术体系。2013—2018年，在玉米育种基础研究方面，中国发表论文量和专利量均为全球第二，但与处于全球第一位的美国相比还有明显差距。此外，转基因技术、基因编辑技术、全基因组选择技术等技术原创性不足，分子育种技术、育种大数据分析、信息化以及相关系统开发与应用不够，育种芯片设计与制备系统等缺乏，迫切需要强化自主创新。

（二）品种增益贡献率不高

在过去的30多年里，全国玉米种植面积从3亿亩增加到6.2亿亩，面积的扩大对玉米增长的贡献率超过70%，而单产贡献率则不到30%。比较单产相对增益速度，玉米为0.8%，而小麦则高达2%。与国外比较，玉米单产年增益美国为145千克/公顷，阿根廷244千克/公顷，而中国只有35kg/hm^2，玉米种业整体竞争力弱是重要原因。

（三）我国企业创新主体地位尚未完全建立

我国玉米种业科技领域联合协作、协同创新的格局尚未完全形成，制约了科研院所、高校、企业等各类创新主体协作，限制了人才、资本、信息、技术等创新要素自由流动。一是具备种业科技创新能力的玉米企业数量较少，企业创新能力方面与国际先进水平仍有较大差距，2019年，

我国1 697家玉米种子企业中，育繁推一体化企业仅48家；二是企业整体研发投入不足，2019年，20余家上市玉米种子企业（含新三版）研发投入为6.35亿（占营业收入的3.6%），与拜耳（孟山都）公司每年15亿美元以上的研发投入差距巨大；三是企业自主选育品种的数量虽多，但同质化现象仍然突出，玉米种子企业选育的品种数量呈"井喷式"上升，但大部分仍未跳出先玉335或郑单958的框架，短时期内品种同质化问题很难从根本上得到解决。

（四）种质资源和知识产权保护力度不强

现行的植物新品种保护政策尚不能有效实现鼓励原创的作用发挥，转基因技术应用审批周期长，铤而走险者非法获得巨额利润，对基因编辑等前沿技术的管理框架不明确，玉米种子企业在前沿技术领域的创新投资举棋不定，更限制了社会资本进入的积极性。

（五）玉米种业市场集中度和产值规模增长乏力

我国玉米种业近年来受制于临储政策开放、种植结构调整、劳动力成本上涨等政策性因素，玉米种企市场集中度和总市值双徘徊的现象，持续性高增长动力不足。2019年，国内销售本企业杂交玉米种子销售量前五名、前十名、前二十名企业分别销售玉米种子占全国玉米商品种子使用量（106 828万千克）的14.16%、22.46%和32.1%，分别比2013年下降了6.8、11.53、17.21个百分点（图138）。

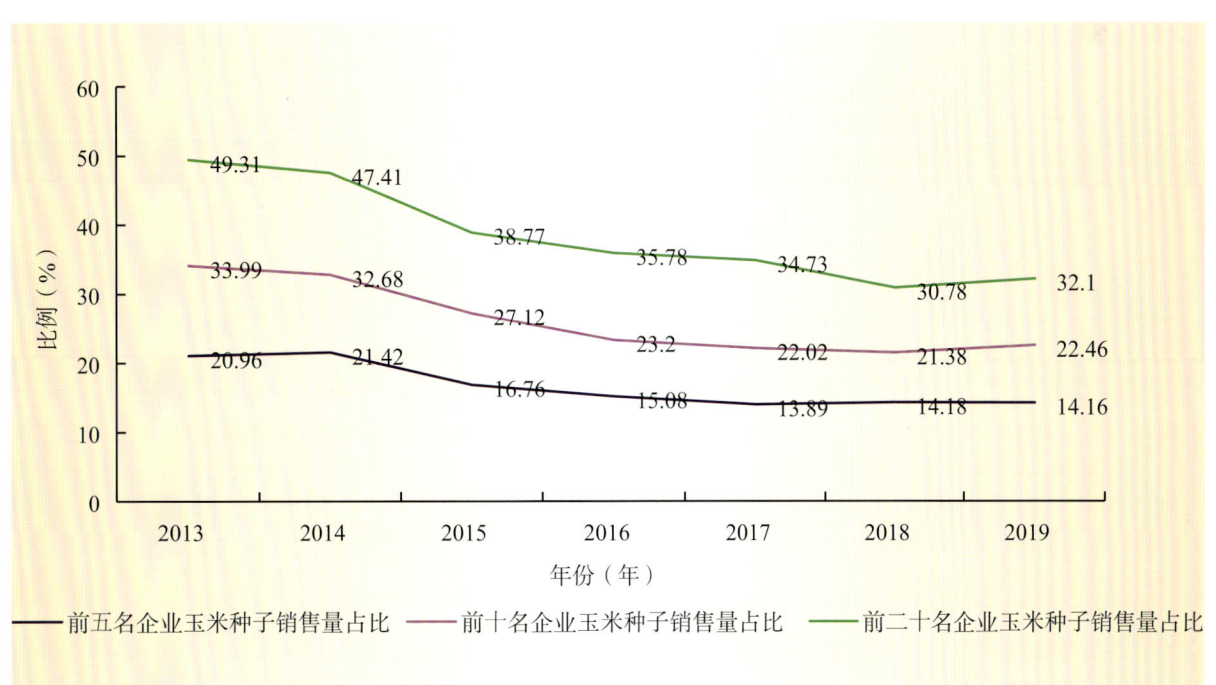

图138　中国前五名、前十名、前二十名企业玉米种子销售量占比

（资料来源：2014—2020年《中国种业发展报告》数据整理）

三、玉米消费领域

（一）供需矛盾更突出

目前，我国临储存玉米库存的消化殆尽，导致我国玉米供需缺口呈现长期化、区域化、阶段化供需矛盾。短周期看，产区与销区的供需不匹配矛盾更加突出；长周期看，玉米供需由宽松向紧平衡转变趋势明显。

（二）深加工产需匹配更趋于区域化

我国东北三省一区玉米深加工产能继续保持高增长态势，国家粮油信息中心数据显示，2018年，我国东北三省一区玉米深加工产能已经占全国玉米深加工产能的58.5%，随着新增产能的提高，未来有可能其玉米深加工产能占到全国的60%以上，有可能未来东北三省一区的玉米外运量进一步减少，甚至有可能促使东北三省一区由玉米主产区变成玉米消费大区。

（三）国内玉米替代上量

目前，我国小麦、水稻库存高启，而且有些地区库存已经超过3年时间周期，有陈化粮增多趋势，所以未来我国政府有关部门可能采取定向拍卖方式，通过低价来加快小麦和水稻的去库存进度，尤其酒精企业有可能大量采购陈化小麦与水稻，对玉米有可能形成大量替代。

四、玉米加工领域

（一）针对适宜加工的玉米品种监测体系尚未建立

我国玉米品种多，但是没有根据加工用途对现有品种进行鉴选，不同产地背景、不同玉米品种的基础数据缺乏，无法有效指导玉米加工生产。

（二）玉米深加工产品结构不合理

目前，我国玉米深加工产品低值产品多、高端产品少，中间产品多、终端产品少，缺乏核心技术支撑，玉米装备的综合利用率低，产业链延伸不充分。尽管近年来我国玉米深加工企业规模不断扩大，深加工研发方面，也已获得一批玉米深加工新技术，但是总体调整速度较慢，亟待进行转型升级。

（三）玉米食品创制能力不足

我国玉米的食用还以初级产品为主，缺少个性化、工业化、功能化的玉米食品供给，玉米食品的创制能力明显落后于欧美国家，不能满足国民营养健康的需求。

五、玉米贸易领域

（一）中国玉米的对外贸易优势在急速下降，处于贸易竞争劣势地位

我国玉米的显性比较优势指数下降非常迅速，从2015年的2.68%下降到2018年的0.013%，成为所有粮食作物中显性比较优势最低的。贸易竞争优势指数表明，玉米在2005年还有一些贸易竞争优势，但此后的竞争优势变化基本与小麦的变化趋势相同，处于竞争劣势地位。

（二）中国玉米内外差价呈现不断扩大态势

在我国玉米生产连增的背景下，国内玉米价格开始全面高于国际价格，内外价差不断扩大，玉米进口受价差驱动的特征显著，进口价格"天花板"效应增强，内外价差还受国际市场周期性波动的影响，当国际市场价格处于谷底时，内外差价问题将更加突出。此外，人民币升值也加剧了价差的扩大。

第十六章
中国玉米产业发展展望

一、玉米生产展望

（一）玉米播种面积将恢复性小幅增加

2010—2020年，我国玉米生产经历了快速增长（2010—2015年）和调整下降（2016—2020年）两个阶段，2015年种植面积创历史最高，达到4 497万公顷（6.75亿亩）。2016年，国家取消玉米临时收储政策，改变为在东北三省和内蒙古实施玉米生产者补贴政策，播种面积开始出现下降，2020年下降到近年来的最低4 126万公顷（6.19亿亩），较2015年调减370万公顷（5 557万亩），超过了"十三五"调减333.3万公顷（5 000万亩）的预期目标。受新冠疫情影响，玉米价格快速增长，农民种植玉米意愿更加强烈，玉米种植面积快速反弹可能性极大，但同时考虑到国家宏观调控政策影响，这种恢复性增长将有序稳定。预计未来5年，玉米种植面积将小幅增加，2025年达到41 700万公顷（6.26亿亩）（图139）。

（二）玉米单产水平将不断提高

2010—2020年，我国玉米单产水平不断提高，2020年比2010年每公顷提高863.27千克，增长15.83%，年平均增长率1.65%。受种植面积调减、粮食功能生产区建设等变化，2020年在东北地区受到干旱、台风三连击的影响下，玉米单产仍达到6 316.95千克/公顷，比上年增长0.46千克/公顷。近5年年均增长率已达到1.8%，随着玉米科技水平提升，预计未来5年单产年均增长率可提高到2%左右，到2025年单产可达到6 975千克/公顷（465千克/亩）（图140）。

（三）玉米总产量呈现稳步上升

2010—2020年，我国玉米总产量呈增长态势，年均增长3.17%。2011年突破2亿吨，2014年突破2.5亿吨，2015年创历史最高，达到2.65亿吨。2016—2018年，总产量略有所下降。

第三篇　近期中国玉米产业发展展望与建议（2021—2025 年）
CHAPTER 3　PROSPECTS AND SUGGESTIONS FOR THE DEVELOPMENT OF CHINA'S CORN SECTOR (2021–2025)

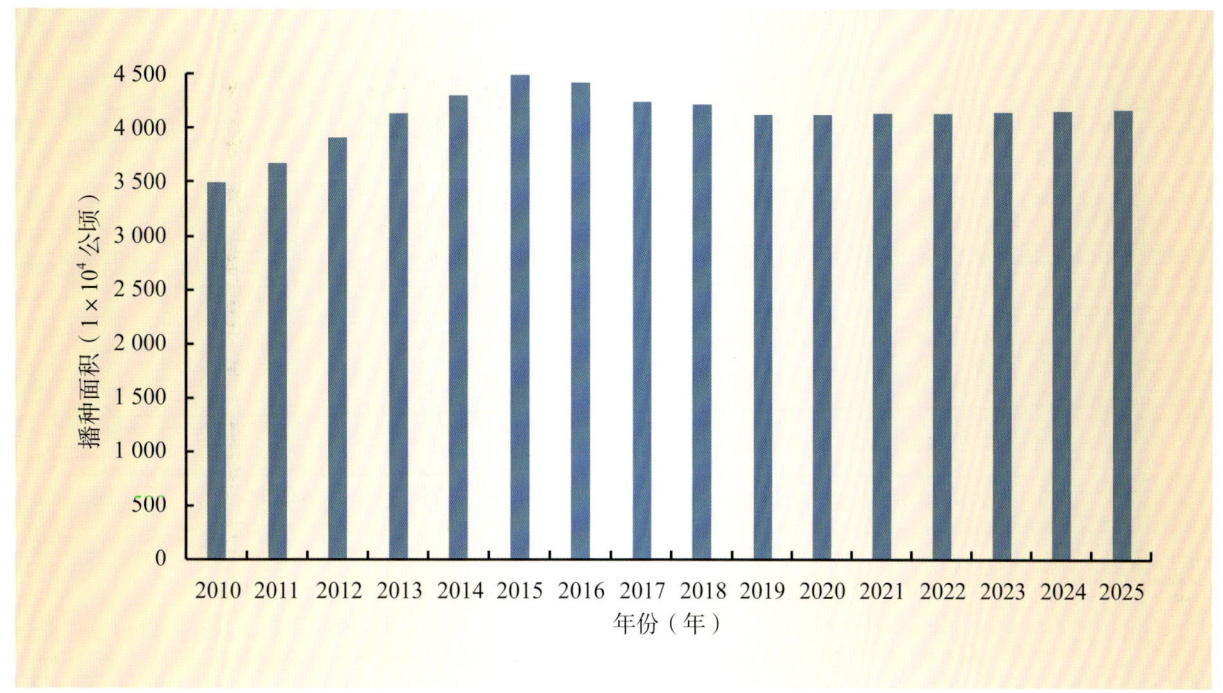

图 139　2010—2025 年中国玉米播种面积变化趋势

（注：2010—2020 年资料来源于国家统计局，2021—2025 年为预测数据）

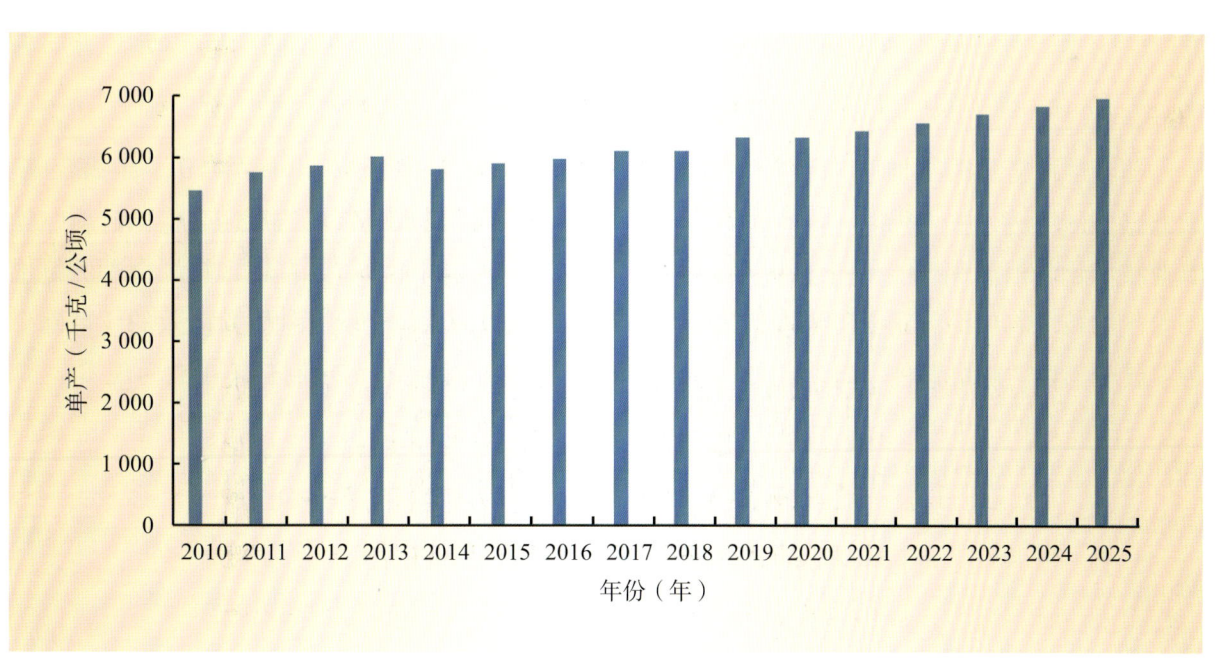

图 140　2010—2025 年中国玉米单产变化趋势

（注：2010—2020 年资料来源于国家统计局，2021—2025 年为预测数据）

2019 年后产量有所回升，达到 2.61 亿吨，较 2018 年增加 360 万吨。随着单产水平的提高和种植面积的小幅增加，未来 5 年玉米总产量将进一步上升，预计将达到 2.9 亿吨（图 141）。

· 175 ·

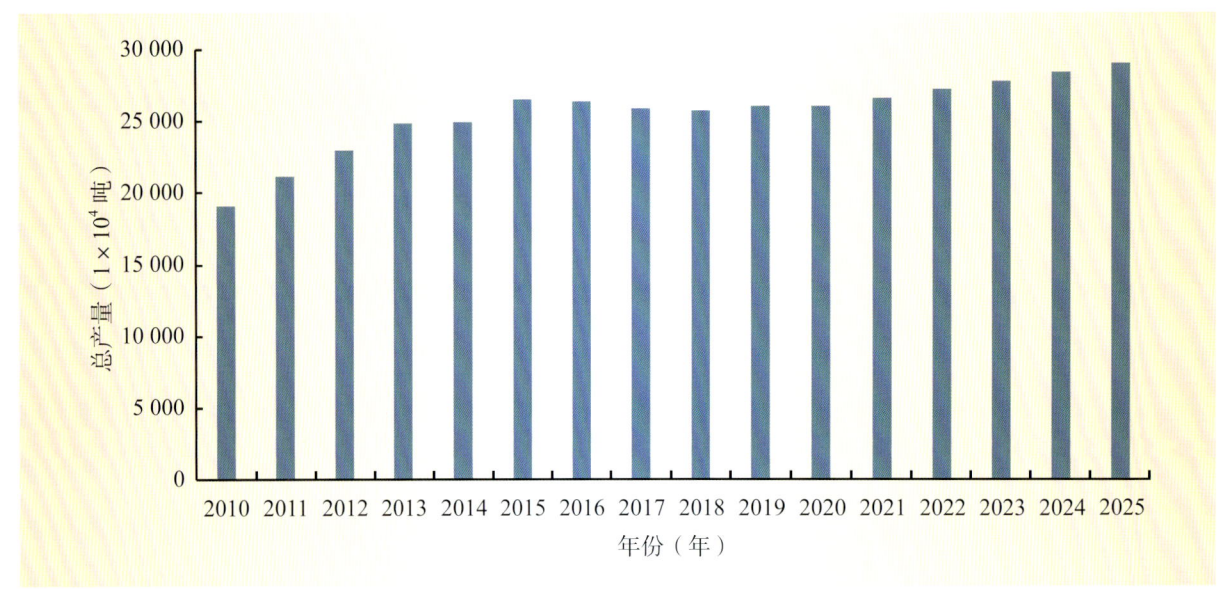

图 141　2010—2025 年中国玉米总产量变化趋势

（注：2010—2020 年资料来源于国家统计局，2021—2025 年为预测数据）

二、玉米种业展望

（一）玉米基础前沿和育种核心技术不断突破和创新，推动玉米种业向高新化方向发展

随着学科交叉融合加速，新兴学科不断涌现，前沿领域不断延伸，以基因编辑、生物合成、大数据、区块链、人工智能、机器人等为代表的革命性技术向农业领域的渗透必将掀起新一轮农业技术创新浪潮和智能化产业的兴起。从目前玉米种业应用领域看，基因编辑、全基因组选择等生物技术将广泛应用于玉米性状改良与品种创制，育种由"经验育种"向高效的"精确育种"转变，由"随机育种"向"定向、可设计"转变，新品种"按需定制"正在成为现实。育种由"经验育种"向高效的"精确育种"转变，由"随机育种"向"定向、可设计"转变，新品种"按需定制"正在成为现实。

（二）我国劳动力逐渐短缺的国情和提升产业竞争力的需求，推动玉米种业向机械化方向发展

农村劳动力大量流动与不断减少，人工越来越贵。在过去 15 年中，我国乡村人口比例已由 2003 年的 59.5% 降至 2019 年的 39.54%；新型农业经营主体不断形成，城乡发展加快融合，国民经济与农村发展的关联度显著增强；农地流转显著加快，适度规模经营发展迅猛；全国玉米生产耕作模式已经由密植耕作方式向全程机械化发展，全程机械化率已经超过 50%。今后，玉米生产机械化、集约化、规模化、产业化程度将显著提升，培育推广符合种、管、收全程机械化

作业的玉米新品种将成为主要方向。

（三）保护生态环境、推进农业绿色发展的理念，推动玉米种业向生态化方向发展

推进绿色发展是农业发展观的一场深刻革命，绿色、健康、可持续的"生态农业"已成为现代农业发展的主流方向。未来将更加重视生态环境保护与修复，致力于研发低能耗、高效能的绿色技术与产品。新品种研发将以产量为核心向优质专用、抗病抗逆、资源高效、适宜轻简化、机械化的多元化方向发展；养分水资源综合管理技术将大幅降低玉米生产成本；玉米生物灾害绿色防控等技术正成为农业绿色发展的重要技术保障。

（四）饲料进入无抗时代推动玉米向能量型转变

2019年7月9日，农业农村部发布第194号公告，为维护我国动物源性食品安全和公共卫生安全，将停止生产、进口、经营、使用部分药物饲料添加剂，并对相关管理政策作出调整。公告中提出如下具体时间节点，即自2020年1月1日起退出除中药外的所有促生长类药物饲料添加剂品种，此前已生产、进口的相应兽药产品可流通至2020年6月30日。自2020年7月1日起，饲料生产企业停止生产含有促生长类药物饲料添加剂（中药类除外）的商品饲料，此前已生产的商品饲料可流通使用至2020年12月31日。政策导向变化标志着我国自2020年7月1日起市值规模8 000亿元的饲料行业将进入到"无抗时代"（饲料禁抗、养殖减抗、产品无抗），这对饲料行业发展将产生具有深远意义的重大影响，同时会倒逼玉米产品标准重新定义，能量型玉米呼之欲出。

（五）增强我国种子企业国际竞争力以应对外来挑战的发展路径，推动玉米种业向集团化、专业化方向发展

第四次种业科技革命正在推动种业研发、生产、经营和管理发生着深刻变革，千亿元规模的种业市场、成长中的我国种子企业正面临新一轮国际竞争与合作浪潮。未来，我国玉米种业发展将呈现两极化共同发展的格局。一是大型领军企业集团化趋势进一步明显，以育繁推一体化、全产业链和跨界融合为标志，对于小农户、大市场和科研院所的连接将日趋紧密，并诞生一批具有国际影响力的民族种业企业；二是在创新链、产业链的专业化环节，将诞生一批以专业育种、生产、加工、经营和测试检测为主要业务的中小型科技型企业，在玉米种业领域具有鲜明的产品特色、区域特色、专业化服务特色和较高的技术壁垒，将与大型领军企业集团形成有效互补和协同。

三、玉米消费展望

在疫情影响总体消费、非洲猪瘟疫情仍在、加工企业因原料成本高企而开工率相对偏低等影响下，2020年国内玉米消费需求仍未恢复到2018年的水平，但随着饲料养殖行业逐渐回暖，加

之深加工新增产能陆续投放，预计后期国内玉米消费呈恢复增长态势。

（一）食用消费呈现稳步增长态势

随着我国人口基数增加，人民收入的逐步提高和新的饮食习惯的形成，水果玉米、甜糯玉米越来越受到消费者欢迎与青睐，食用消费呈现稳步增长态势。

（二）工业消费呈现快速增长态势

我国玉米工业消费刚刚经历了一轮爆炸式增长阶段，2020年开始，预计我国工业消费仍保持快速增长，主要是因为玉米深加工企业的新增和扩建产能陆续落地，以及环保政策倒逼的可降解材料包装的广泛应用和元气森林等新功能性饮料对玉米代糖的新需求，将导致我国玉米工业消费仍然呈现快速增长态势。

（三）饲用消费呈现高速增长态势

随着我国人民生活水平的不断提高导致对于高蛋白食品"肉、蛋、奶"的需求越来越巨大，尤其生猪产能的逐步恢复与提高会是未来我国饲用玉米需求增加的主要驱动因素。另外，随着国内玉米价格由临储时代的高位逐步回落，导致国外进口饲用替代的大麦、高粱、DDGS失去了比价优势，多因素共同作用下促使饲用玉米消费将呈现高速增长态势。

（四）种用消费呈现趋于稳定态势

我国玉米供需缺口逐步加大，导致玉米价格陆续出现反弹，通过价格传导机制会逐步刺激我国农户种植玉米的积极性恢复，触发我国玉米播种面积出现回升趋势。据统计，2019年，我国玉米播种面积是6.19亿亩，基本保持稳定在6.2亿亩左右，种用消费呈现稳定态势。

四、玉米价格展望

（一）国内玉米价格面临很大的自然风险不确定性

短期来看，随着夏玉米集中批量上市，玉米价格可能会出现短暂回落，并且随着前期拍卖玉米陆续出库，加之小麦、大麦及高粱等饲料替代品入市，玉米供应环境将改善，但是玉米价格下跌空间较为有限：一是国内生猪产能恢复良好，而国内饲料企业库存有限，后期对饲料玉米有刚性需求，需要积极建立新粮库存；二是临储玉米库存基本消耗完，未来年度国内玉米市场仍然存在产需缺口；三是贸易商和农户存在减产预期和看涨心理，囤货和惜售积极性提高。未来年度玉米生产环境的自然因素直接影响玉米的播种、生长、收获和运输，进而影响玉米的市场供应形势。因此，国内玉米价格面临很大的自然风险不确定性。

（二）贸易与税收政策将成为主要影响因素

尽管目前国内玉米供需存在缺口，但是从全球玉米整体供需情况来看，世界玉米处于供过于求的格局。未来国内玉米市场的不确定性因素主要在于进口规模与税收，这取决于全球玉米及其替代品贸易政策和畜产品贸易政策。若未来玉米及其替代品进口政策放松，将在一定程度上打压国内玉米价格；若畜产品尤其是肉类进口持续扩大，将压缩国内玉米消费空间，增加未来玉米市场的不确定性。汇率方面，美国货币政策将影响国际玉米价格，进而影响我国玉米进出口格局。

五、玉米加工展望

自 2016 年年底，《"健康中国 2030" 规划纲要》《国民营养计划（2017—2030 年）》《健康中国行动（2019—2030 年）》等国家相关规划纲要的相继出台，促进了健康产业的蓬勃发展。玉米在食品中将不仅仅是作为口粮的补充，还将作为重要的谷物资源用于健康食品领域。玉米食品专用品种的遴选、利用玉米组分开发健康食品原料和配料、基于玉米的主食工业化、方便休闲食品开发等将为成为玉米食用加工的主要趋势，预计在食品及相关领域消费量将提高到 15%～20%。

（一）代糖需求逐渐增多

赤藓糖醇是一种新开发的四碳糖醇，主要原料是玉米淀粉，目前作为代糖多适用于多种食品。据统计，当下全国销售火爆的无糖类饮料元气森林主要原料就是赤藓糖醇，新需求有可能诱发新的增量供给。目前，国内 A 股上市公司保龄宝等主营赤藓糖醇的玉米深加工企业都在满负荷生产，并纷纷通过二级市场增发来进行产能的扩建，以满足市场的巨大需求。

（二）环保新政下可降解材料的需求扩张

为解决环境污染问题，国家发展和改革委员会、生态环境部发布《关于进一步加强塑料污染治理的意见》，以 2020 年、2022 年、2025 年为节点，明确了控制"白色污染"的时间表及限用、禁用范围。目前，我国"限塑令"环保政策再次升级，为可降解材料迎来发展新机遇，而可降解材料的主要原料就是玉米变性淀粉。目前普通淀粉和高直链淀粉是可降解材料的主要原料，但是高直链淀粉的降水可降低到 1% 之内，不会产生气泡；高直链淀粉耐高温，高温稳定情况下不会碳化；高直链淀粉成膜性比较好，成膜产品优势突出。随着新需求的陆续演化，有可能诱发新的增量供给。

六、玉米贸易展望

从净进口角度看，未来玉米净进口呈现大幅增加。一方面，随着玉米需求量不断增加和国内库存释放殆尽，需求的增速快于产量的增速，产需缺口进一步扩大，进口将成为常态。另一方面，随着中美贸易关系缓和，从美国进口的玉米将不断增加，根据中国农业产业模型（CASM）预计2020年玉米净进口量为305.19万吨，2021年将突破1 000万吨达到1 325.25万吨（图142）。

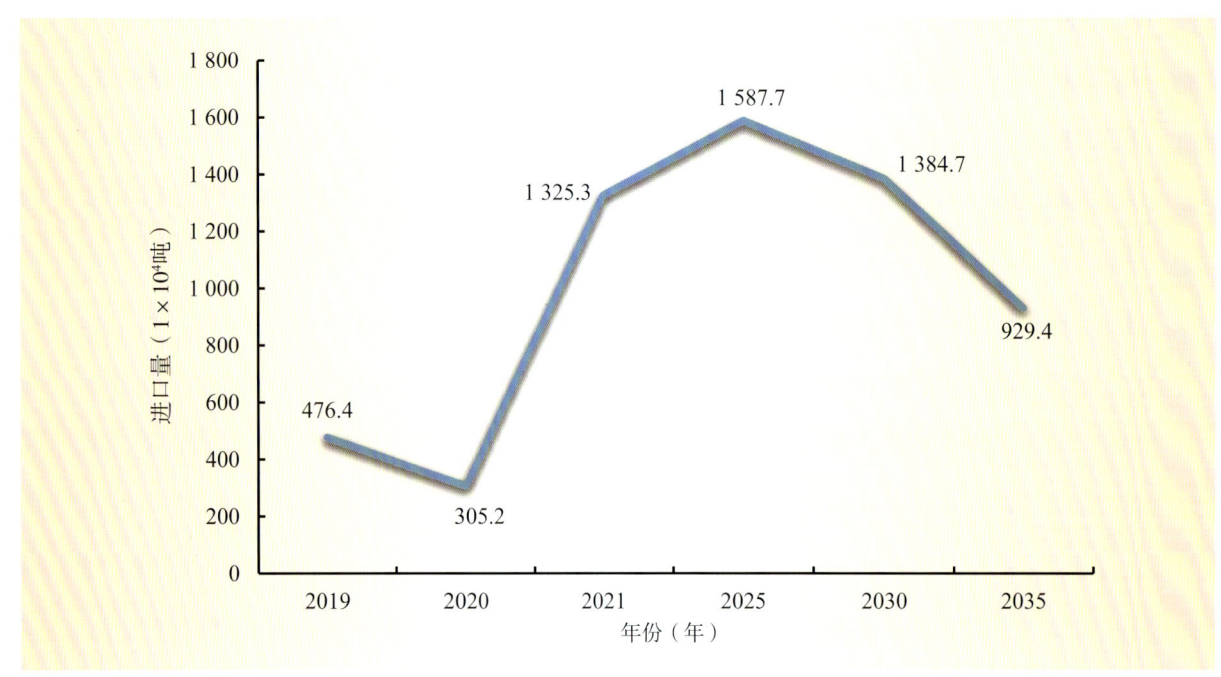

图142 玉米净进口量（预测）

（注：根据《中国农业产业发展报告》预测结果整理）

第十七章 中国玉米产业发展建议

一、玉米生产发展建议

（一）进一步夯实玉米生产基础的高标准化

2020年12月，中央经济工作会议将要加强高标准农田建设作为2021年重点任务。然而，由于我国地形地貌多样，不同地区的气候、土壤等地理环境各不相同，各地在推进高标准农田建设过程中，没有既定模式可以遵循，建设和验收的标准差异大，还需要进一步探索建设模式和体系。同时，要把土壤改良、培肥地力、耕地质量监测网点建设等作为高标准农田建设项目实施的重要内容，加快补齐农田基础设施短板，提高水土资源利用效率，切实增强农田防灾抗灾减灾能力，确保耕地综合生产能力和增产能力持续提升。

（二）进一步优化玉米种植的区域化布局

要充分针对各区域的优势和特点，优化我国玉米种植的区域。对于优势、集聚的玉米产区，北方春播玉米区和黄淮海夏播玉米区种植面积大、土地平整、地力肥力水平高，可划定为玉米粮食生产功能区，大力实行规模化、集约化、机械化作业，建设成为国家粮食安全产业带。西北灌溉玉米区气候干燥，降水稀少，但光热资源丰富，昼夜温差大，植物病虫害较轻，灌溉系统发达，增产潜力很大，可划定为玉米制繁种生产功能区，建设成为国家种子安全产业带，确保我国良种有效供应。

（三）进一步推动玉米全程机械化、生产数字化和绿色化

今后，玉米生产机械化、集约化、规模化、产业化程度将显著提升，培育推广符合种、管、收全程机械化作业的玉米新品种将成为主要方向。加快发展数字农情，利用卫星遥感、航空遥感、地面物联网等手段，动态监测玉米种植类型、种植面积、土壤墒情、作物长势、灾情虫情，

及时发布预警信息，提升种植业生产管理信息化水平。加快建设玉米病虫害测报监测网络和数字植保防御体系，实现重大病虫害智能化识别和数字化防控。推广优质专用、抗病抗逆、资源高效、适宜轻简化、机械化的玉米新品种。

二、玉米消费市场建议

（一）引导玉米主食化消费

随着中西饮食文化的不断交融以及粮食加工技术的进步，我国居民尤其是城镇居民的生活方式和粮食消费结构发生显著的变化，玉米主食化将成为国内外消费者的共识。未来，加大玉米加工技术的研究，加快营养丰富的合成米、合成面和高档营养食品，以及一些谷物和动物混合制成的食品成为人们日常消费的选择。

（二）科学布局玉米深加工产能，调整产业结构

在尊重市场规律的基础上，对玉米深加工产能进行整体的、科学的布局，正确引导投资，防止造成低水平重复建设和恶性竞争，促进产业良性健康发展。鼓励企业调整玉米深加工产品结构，进行技术改造升级，开发新产品，实现产品换代，通过关停并转淘汰落后产能，达到规模化经营，实现高水平、高质量、高效益的可持续发展。

三、玉米种业创新发展建议

（一）加强玉米育种科技创新和专利布局

加强自主创新，突破关键技术，重视基因编辑技术、转基因技术在玉米育种领域的深入研究与应用，在目标基因挖掘、启动子、转化方法、数量性状位点、重组DNA构建体等热点技术分支方面加强研发，培育更多优良玉米品种并及时将技术创新成果进行专利保护，获得一批核心专利。其次，要注重对国际种业巨头核心专利的跟踪和预警，通过技术跟踪，了解其研发重点和热点，明晰其技术研发脉络，在此基础上开展技术挖掘和布局，进行后续开发和外围专利申请，以获得实力较强企业的专利技术交叉许可，积极争取市场话语权。

（二）加强玉米种质资源保护和利用

开展玉米种源"卡脖子"技术攻关，鉴定发掘一批优异种质和优异基因。探索开展玉米资源保护与利用权益改革试点，研究制定资源赋权政策，推动建立资源共享利用和交易平台，鼓励育繁推一体化玉米种业企业逐步成为种质创新利用的主体。加强玉米种质资源鉴定评价和身份管

理，构建种质资源惠益共享和激励约束机制，通过契约关系明晰种质资源所有权，放活种质资源保藏单位运营权，赋予相关各方收益权，让育种创新要素高效流动起来。

（三）多种创新主体协同创新，推动玉米生物育种产业化

针对种业翻身仗任务部署，加强国家种业创新力量战略布局，支持成立实体化创新联合体，推进科研院所、高校、企业科研力量优化配置和资源共享，构建以企业为主体、基础公益研究为支撑、"产—学—研—用"融合的国家玉米种业创新体系。加大玉米生物育种产业化各环节的基础性研究和应用型研究，加快我国玉米生物育种产业化进程。

（四）大力扶持培育世界一流玉米种子企业

充分发挥政策和市场多方力量，打造现代玉米种子企业，完善现代企业制度，营造优良企业文化，弘扬企业家精神。一方面，坚持育繁推一体化发展方向，加快打造国家玉米种业航母；另一方面，立足资源禀赋和自身优势，打造具有科技内涵、技术专长、独特模式等核心竞争力的区域性、特色化、专业型玉米种子企业。

四、玉米加工业发展建议

（一）加快加工专用品种的培育和鉴选

加工专用品种缺乏成为限制玉米在食品、深加工等领域技术升级和产品开发的关键问题。因此，应加强对现有玉米品种的遴选，建立现有品种营养特性、加工特性等数据库，明确其适宜加工的领域。

（二）推进玉米深加工产品结构调整和新型产品创制

深化产品结构调整，进一步加强淀粉下游产品的开发创制能力，例如食品级氨基酸、聚乳酸、功能性淀粉及糖醇等，提高玉米深加工企业的国际竞争力。

（三）加强玉米健康食品创制关键技术研究和产品开发

以玉米或玉米加工副产物为原料，采用绿色高效分离技术、生物转化等手段改性玉米食品组分或提取玉米黄素等功能成分，制备健康食品的原料或填料，进一步开展精准营养调控等关键技术和装备研究，开发玉米健康食品。

五、玉米产业政策发展建议

（一）扶持新型农业经营主体，构建完善的社会化服务体系

一方面，要健全和完善玉米专业合作社的管理和运行体系，积极拓宽企业融资渠道；加大对玉米育种和管理人才的培养，提高管理水平，充分发挥合作社在产业化发展中的作用，推进产业化经营。另一方面，加大对大型玉米种植、加工企业的技术改造的投入力度，设立玉米种植、加工立项资金等，鼓励和支持玉米科学种植、精深加工，增加玉米产品的附加值；对具有特色产品的企业优先纳入国家及省级产业化龙头企业，对技改和流动资金贷款进行财政贴息，降低生产成本，提高其效益和创新能力，带动优势产区玉米生产的积极性。

（二）建立玉米市场监测系统，维护玉米产业安全

要加强对国内外玉米供需变化的监测与分析等基础性工作，有效防范和应对风险，维护我国玉米生产和市场稳定。一是强化信息引导与服务，做好国内玉米产销信息的收集、分析、预测及发布工作，加强对国内外玉米市场的实时关注和动态监测，及时为玉米种植户和加工企业提供生产、加工、存贮与销售等信息。二是要进一步强化农业产业损害监测预警，在受到产业损害时，适时发布监测预警信息，方便相关利益主体提前制定应对措施，并且及时有效启动贸易救济措施和贸易补偿措施，维护我国玉米等农业产业安全。

（三）借助贸易政策，有效调控国际市场冲击

在玉米产需缺口趋于扩大的背景下，我国玉米及其替代品的进口压力将逐步加大，要明确玉米在国家粮食安全中的战略地位，设定切实可行的玉米自给率目标，坚决贯彻"谷物基本自给，口粮绝对安全"的方针。继续坚持玉米进口配额管理制度，综合运用关税、关税配额、技术性措施、国营贸易等手段，合理控制玉米进口规模，防止出现玉米及其替代品大规模进口，对我国玉米产业造成冲击。营造良好国际氛围，发展良好国际关系，在农产品进口贸易中发展多方合作，分散风险。

图表索引

图 1　1961—2019 年世界主要作物种植面积 ·· 2
图 2　1961—2019 年世界主要作物单产 ·· 3
图 3　1961—2019 年世界主要作物总产量 ··· 3
图 4　近年来我国人均肉蛋奶消费量 ··· 5
图 5　玉米深加工种类 ·· 5
图 6　1961—2019 年世界谷物及主要作物进口量 ··································· 6
图 7　1961—2019 年世界谷物及主要作物出口量 ··································· 7
图 8　全球玉米生产分布概况 ··· 11
图 9　1979—2019 年全球玉米收获面积 ·· 12
图 10　2019 年全球主要国家玉米收获面积概况 ···································· 12
图 11　2011—2019 年全球玉米产量 ··· 13
图 12　2019 年世界主要生产国玉米产量（单位：亿吨）······················· 13
图 13　2011—2019 年全球玉米单产 ··· 14
图 14　2011—2019 年全球主要国家玉米单产变化 ································ 14
图 15　2007—2019 年世界耕地面积变化 ·· 15
图 16　世界各洲际氮肥施用量年份间变化 ·· 16
图 17　1990—2018 年世界杀虫剂使用量变化 ······································· 17
图 18　全球转基因玉米种植面积 ·· 20
图 19　2011 年美国玉米种子价格 ··· 24
图 20　1996—2011 年美国玉米种子价格变化 ······································· 25
图 21　国际玉米育种领域年度发文态势（2014—2019 年）···················· 28
图 22　全球玉米育种领域重要国家发文量与 CNCI ······························· 29
图 23　玉米育种领域发文量排名前 10 的机构及被引频次分布（2014—2019 年）········· 29
图 24　全球玉米育种领域重要国家合作图 ··· 30
图 25　全球玉米育种领域重要机构合作 ·· 30

图 26	全球玉米育种领域主要专利申请人（2014—2019 年）	31
图 27	全球玉米育种技术市场分布（2014—2019 年）	31
图 28	全球玉米育种专利主要技术来源国（2014—2019 年）	32
图 29	TOP10 申请人 / 专利权人合作关系图（2014—2019 年）	33
图 30	全球玉米育种领域近六年研究前沿（2014—2019 年）	33
图 31	全球玉米育种领域近六年主题聚类网络图	34
图 32	玉米育种领域技术热点	34
图 33	全球玉米消费情况（2000—2019）	39
图 34	全球食用、种用及工业玉米消费情况（2000—2019 年）	40
图 35	全球食用玉米消费情况（2000—2019 年）	41
图 36	全球工业玉米消费情况（2000—2019 年）	42
图 37	全球种用玉米消费情况（2000—2019 年）	42
图 38	全球饲料用玉米消费情况（2000—2019 年）	43
图 39	全球小麦饲料消费情况（2000—2019 年）	44
图 40	全球食品、酒精及工业大麦消费情况（2000—2019 年）	45
图 41	全球饲用大麦消费情况（2000—2019 年）	45
图 42	全球食品、酒精及工业高粱消费情况（2000—2019 年）	46
图 43	全球饲用高粱消费情况（2000—2019 年）	46
图 44	全球食品、酒精及工业用粗粮消费情况（2000—2019 年）	47
图 45	全球饲料用粗粮消费情况（2000—2019 年）	48
图 46	国际玉米期货价格与现货价格	50
图 47	本月国际玉米价格与上月及上年同期对比情况	50
图 48	世界玉米生产、消费和库存消费比（2020 年 7 月）	51
图 49	美国玉米生产、消费和库存消费比（2020 年 7 月）	52
图 50	2015—2020 年 5 月美国燃料乙醇与车用乙醇产量	52
图 51	全球玉米库存量（2020 年 7 月）	53
图 52	2010—2019 年全球玉米出口贸易量趋势	54
图 53	2010—2019 年全球玉米进口贸易量趋势	54
图 54	2014—2019 年全球饲料产量变化趋势	58
图 55	2014—2019 年全球猪饲料产量	59
图 56	2014—2019 年全球家禽饲料产量	60

图 57	2014—2019年全球反刍饲料产量	60
图 58	2014—2019年全球水产饲料产量	61
图 59	2014—2019年全球宠物饲料产量	62
图 60	2014—2019年全球排名前十位饲料企业产量变化情况	62
图 61	加工用消费占比及各国深加工情况占比	66
图 62	玉米在食品中的应用	67
图 63	2019年主要国家和地区的燃料乙醇产量	68
图 64	美国转基因玉米种植面积占比	75
图 65	2011—2020年中国玉米播种面积变化	81
图 66	2010—2019年四大主产区玉米播种面积	82
图 67	2011—2020年中国玉米总产量	83
图 68	2010—2019年四大优势产区玉米总产量变化	84
图 69	2019年四大优势产区玉米总产量占全国比例	84
图 70	2011—2020年中国玉米单产情况	85
图 71	2010—2019年四大主产区玉米单产情况	86
图 72	玉米单位种植面积的总成本变化趋势	87
图 73	2016—2018年玉米单位种植面积的投入结构	87
图 74	中国玉米主产区及美国土壤耕层深度对比示意	88
图 75	2010—2019年中国农业供水总量	89
图 76	2008—2018年中国单位面积氮肥施用量与美国、欧洲施用量对比	89
图 77	2008—2018年中国单位面积杀虫剂使用量与美国、欧洲使用量对比	90
图 78	近10年全国和地方审定品种及品种保护数量	94
图 79	中国玉米育种领域年度发文趋势	97
图 80	中国玉米育种领域发文地区分布	98
图 81	中国玉米育种领域机构分布	99
图 82	中国玉米育种专利本国申请省市分布	100
图 83	中国玉米育种领域主要专利申请人（2014—2019年）	100
图 84	中国玉米育种领域词云分布	101
图 85	2003—2019年全国杂交玉米制种面积情况	102
图 86	2003—2019年全国杂交玉米种子总产量情况	102
图 87	2003—2019年全国杂交玉米制种单产情况	103

图 88	2013—2019年全国杂交玉米亩用种量	104
图 89	2010—2019年全国杂交玉米种子使用总量	104
图 90	2009—2019年杂交玉米种子市场零售价	105
图 91	2011—2019年中国玉米种子市值变化趋势	105
图 92	2019年玉米种子市值排名前10位省份	106
图 93	2000—2019年前5位玉米品种的种植集中度（CR5）	108
图 94	2013—2019年全国玉米种子企业数量	108
图 95	隆平高科全球研发布局	110
图 96	2014—2019年种用玉米进出口情况	111
图 97	2019年中国种用玉米进口国别（按进口额）	112
图 98	2019年中国种用玉米出口国别（按出口额）	112
图 99	中国玉米消费情况（2014—2019年）	119
图 100	中国食用玉米消费情况（2014—2019年）	120
图 101	中国饲用玉米消费情况（2014—2019年）	121
图 102	中国肉类产量情况（2014—2019年）	122
图 103	中国生猪出栏情况（2014—2019年）	122
图 104	中国工业玉米消费情况（2014—2019年）	123
图 105	中国玉米深加工产能情况（2014—2019年）	124
图 106	中国种用玉米消费情况（2014—2019年）	124
图 107	中国玉米播种面积变化情况（2014—2019年）	125
图 108	中国小麦消费情况（2014—2019年）	126
图 109	中国稻谷消费情况（2014—2019年）	127
图 110	国内产销区平均批发价格和大连玉米近月交割期货价格走势图	129
图 111	2020年8月国内玉米价格与上月及上年同期对比情况	131
图 112	国内外玉米到国内销区港口价格走势对比图	131
图 113	国内外玉米近月期货价格走势对比图	132
图 114	2020年8月国内外玉米到港价格与上月及上年同比情况	133
图 115	2020年8月国内外玉米期货价格与上月及上年同比情况	133
图 116	全国大中城市生猪平均出厂价格、玉米均价和猪粮比价走势图	135
图 117	玉米进出口贸易量趋势演变	136
图 118	玉米进出口价格及进出口价差变化情况	139

图 119	2014—2019年全国饲料产量变化趋势	140
图 120	2014—2019年全国配合饲料产量	141
图 121	2014—2019年全国浓缩饲料产量	142
图 122	2014—2019年全国添加剂饲料产量	142
图 123	2014—2019年全国猪饲料产量	143
图 124	2014—2019年全国家禽饲料产量	144
图 125	2014—2019年全国反刍饲料产量	144
图 126	2014—2019年全国水产饲料产量	145
图 127	2014—2019年全国十大领军饲料企业饲料产量	149
图 128	中国玉米总消费以及深加工消费占比	151
图 129	国内玉米淀粉企业产能区域分布	153
图 130	2019年前十玉米淀粉企业市场占有率	153
图 131	2012—2019年中国变性淀粉产量	155
图 132	中国变性淀粉产量分布	155
图 133	2019年淀粉糖各品种所占比重	156
图 134	2010—2019年中国淀粉糖产量变化	156
图 135	2016—2019年淀粉糖各品种产量年度变化	157
图 136	2012—2019年中国糖醇产量变化	158
图 137	2012—2018年中国赖氨酸产能与产量	159
图 138	中国前五名、前十名、前二十名企业玉米种子销售量占比	171
图 139	2010—2025年中国玉米播种面积变化趋势	175
图 140	2010—2025年中国玉米单产变化趋势	175
图 141	2010—2025年中国玉米总产量变化趋势	176
图 142	玉米净进口量（预测）	180

表 1	2011—2019年全球主要国家商品种子市场规模	23
表 2	1975—2016美国玉米的成本与收益	25
表 3	2016—2019年全球高影响力期刊发表玉米生物学基础研究论文数量	28
表 4	全球种业前二十强企业情况	35
表 5	1990—2014年全球农业投入私营研发支出	36
表 6	2016—2018年全球种子进出口额前十情况	38

表 7	2010—2019 年全球玉米进出口贸易	55
表 8	全球玉米出口贸易量前十位的国家	55
表 9	全球玉米进口贸易量前十位国家	56
表 10	燃料乙醇生产代表性企业	69
表 11	燃料乙醇研究代表性科研机构	69
表 12	全球淀粉糖生产代表性企业及生产情况	70
表 13	玉米油生产代表性企业	72
表 14	玉米生产政策性补贴国际比较	88
表 15	近 10 年克隆或鉴定的玉米重要性状相关基因	92
表 16	2014—2019 年推广面积前 10 位玉米品种	107
表 17	2019 年玉米上市企业营业收入	109
表 18	2014—2019 年中国种子进出口贸易额变化趋势	110
表 19	2019 年度北京市玉米种业企业科研投入前八位单位情况表	114
表 20	2019 年北京种业企业玉米国审品种分布情况	114
表 21	2019 年北京种业企业省审玉米品种分布情况	115
表 22	持证玉米企业经营类型分布情况	116
表 23	2019 年玉米种子企业商品种子销售额前十强	117
表 24	中国玉米进口市场及其进口比重变化	137
表 25	中国玉米出口市场及其出口比重变化	137
表 26	中国玉米进口贸易方	138
表 27	中国饲料玉米分省消费量统计表	146
表 28	中国饲料分省产量统计表	147
表 29	2019 年变性淀粉生产企业产量排名	154
表 30	2019 年淀粉糖总产量前十强生产企业	157
表 31	2015—2019 年中国主要燃料乙醇生产企业产量统计	159
表 32	中国玉米的关税税率	165